秘书实务

陈韵 邹远志 武端理 主编

清华大学出版社

北京

内 容 简 介

本书将秘书工作相关知识内容进行简化,将知识融入具体的虚拟任务或模拟场景之中,目的就是让学生在模拟的情境中或在真切的案例中对知识加以内化,从而有效提高职业素养与实践能力。本书内容主要围绕文档管理、会务工作、接待工作、对外事务管理、办公室事务管理、沟通与协调、信息工作与调查研究和督查与危机管理展开。

本书可作为高职高专院校经管、中文、新闻、文秘等相关专业教材,也可作为秘书和办公室事务工作人员参考用书。扫描前言下方二维码可下载本书教学课件及习题参考答案。

图书在版编目(CIP)数据

秘书实务/陈韵,邹远志,武端理主编. —北京:清华大学出版社,2021.11
ISBN 978-7-302-58400-1

Ⅰ.①秘… Ⅱ.①陈… ②邹… ③武… Ⅲ.①秘书学－高等职业教育－教材 Ⅳ.①C931.46

中国版本图书馆 CIP 数据核字(2021)第 114941 号

责任编辑:张 弛
封面设计:常雪影
责任校对:赵琳爽
责任印制:沈 露

出版发行:清华大学出版社
    网 址:http://www.tup.com.cn,http://www.wqbook.com
    地 址:北京清华大学学研大厦 A 座   邮 编:100084
    社 总 机:010-62770175   邮 购:010-62786544
    投稿与读者服务:010-62776969,c-service@tup.tsinghua.edu.cn
    质量反馈:010-62772015,zhiliang@tup.tsinghua.edu.cn
印 装 者:三河市龙大印装有限公司
经 销:全国新华书店
开 本:185mm×260mm 印 张:15   字 数:369 千字
版 次:2022 年 1 月第 1 版   印 次:2022 年 1 月第 1 次印刷
定 价:49.00 元

产品编号:088266-01

编　委　会

前　言

　　秘书实务是高校文秘专业或文秘方向的一门核心专业课程。本书根据对作为社会职业的秘书岗位群所涵盖的基本能力的分析,有针对性地选取了八个方面的秘书实务内容进行基于任务驱动式教学与场景式教学的有机编排,可以用作应用型大学及职业院校培养党政行政秘书及商务秘书的职业核心素养与能力的秘书实务课程的教材。

　　近二十年来,国内从事秘书专业教学与研究的学者及专家对于《秘书实务》教材的开发进行了一系列的探索并取得了一定的成就。很多版本的同类教材在各高职院校及应用型大学中被广泛地采用,为特定时期秘书人才的培养做出了非常大的贡献。不过,由于教材编写的时代性局限或教材的使用定位等方面的原因,现阶段的教材大多需要完善:有的教材在追求体系完整的同时因涉及内容过多而使许多问题未能有效展开介绍,导致教材的可操作性弱化。有的教材由于时代的限制,其内容多面向党政秘书岗位,很难满足当下商务秘书人才培养的需求。有的教材在内容方面虽然做到了取舍精当,同时还根据岗位的实际情况增添了秘书工作中的相关内容,凸显了企业商务秘书工作的特征和办公现代化的趋向,但是在教材内容的行文上却仍然采用传统教材的叙述式写法,而作为"实务"需要的训练性、实操性特点也不明显。凡此种种,都需要在《秘书实务》教材的重新编订中加以改进或在创新性开发中加以避免。当然,有些教材也在内容与体例上做出了大胆的突破,比如有的教材在内容上以秘书国家职业标准为依据来整合设计,其新颖之处在于虚拟了一名高职院校秘书专业的毕业生为主人公,模拟实际工作情景,将其试用期的流程纳入具体的工作情境之中,使整本教材像一部情节轻松的剧本,集资料性、规范性、趣味性于一体,也使一门课程的学习变成了一次全新的秘书工作实务之旅。还有的教材强调案例教学,以实际情景教会学生应当如何做,其最大特点是提倡秘书的"职业化",即将秘书日常的基本工作标准化。这些都为高校秘书实务类教材的编写提供了较新的思路。

　　本书在很大程度上综合了当前已有教材的优点并力求内容上的适用与体例形式上的创新,其特色及创新之处主要体现在:

　　① 教材内容与教学法紧密结合。整本教材按照内容分为九章,每章有"本章概要""学习目标""本章总结""影像展示"及"实战训练"五个模块;每节由"情景导入""任务提示""内容提要""必备知识""拓展阅读""任务参考""思考练习"七个部分组成。"本章概要"主要让学生明了本章的主要内容,让学生做好相关的学习准备。"学习目标"是对应课程学习应该掌握的知识与技能等的二级分解目标,让学生知晓本章的重点所在。"情景导入"主要提供一个与每节内容相关的案例,让学生对所学内容有初步的感性认知。"任务提示"是结合情景导入中所涉案例的相关问题提出一些任务,以任务驱动的方式组织教学。"必备知识"是对每节所涉及的必知的专业知识做清晰而简明的介绍,在够用、管用的前提下尽量删繁就简。"拓展阅读"是对于必备知识之外的其他相关知识的介绍,主要目的在于满足学有余力者开阔视野与加强知识储备之需,同时也是为了让学生在掌握必备知识的基础上能够更为

有效地进行能力的转化。"任务参考"是针对"情景导入"后的"任务提示"所涉及问题的参考答案。事实上,在学习必备知识中,学生已经能够对任务提示中的问题进行解答,本"任务参考"旨在对教学过程的"复盘",是对本节学习的一个情景式的回顾与总结。最后一部分"思考练习"旨在让学生对本节知识进行再次巩固。总之,这种安排的目的就是要让学生在学习中具有明确的任务导向的同时深入具体的情景或场景之中,在遵循知识够用适用的前提下,重点培养学生处理岗位事务的思维能力与实践操作能力。

② 体现出了教育学上的创业教学思维。本书中的每个章节,均是让学生身处特定情景之下去寻求解决问题的各种要素资源,而不是首先给学生灌输大量的意识不到相关性或无法有效实现知识链接的内容,这就改变了传统教学中学生被动接受的状况。与此同时,本书重视实践能力的训练,秘书实务课程因其"实务"性质,不同于一般的理论性课程,因此我们在编写中有意识地对讲授的知识内容进行简化,并将知识融入具体的虚拟性任务或模拟性场景之中,其目的就是让学生在模拟的情境中或在真切的案例中对知识加以内化,从而更为有效地提高学生的职业素养与实践能力。当然,我们也希望有条件的高校在利用本书进行教学时,能够与秘书实训结合起来,通过真实的实践更有效地实现知识向能力的转化。

本书是 2018 年湖南省普通高等学校教学改革研究项目(课题编号:湘教通〔2018〕436号)《职业素养视角下的文秘专业实践教学改革研究》)的成果,是顺应时代的发展,根据秘书学专业课程教学的实际和需要而编写的,由各高校多年从事秘书学专业课程教学的老师执笔:陈韵、邹远志、武端理任主编,编写人员有夏艾青、刘丽红、杨晓玲、韩旭、易建平。

本书在撰写过程中参考了大量的教材和有关网站的文献资料,有的在引文后作了注明,有的列入了参考文献目录,但也有些参考资料,因篇幅等种种原因未能在书中具体说明,在此一并表示感谢。

本书的开发与编写是文秘专业领域里的一次重要探索,当然,由于内容的动态性,加之水平所限,疏漏之处在所难免,恳请专家和读者批评指正。

编 者

2021 年 5 月

教材配套课件

思考练习参考答案

目 录

第一章
绪　　论

📖 本章概要

　　秘书常被称为一个团体组织的"内当家"，这是因为他们承担着单位内部文会事务等日常工作。这项工作做得好与坏直接影响整个单位的工作系统能否正常运转。做个形象的比喻，如果说领导决策层是一个人的大脑，具体的各部门各专员是人体的器官，那么秘书机构就是人体的神经系统，维系着整个人体指令和信息的上传下达，协调着各器官的运作。本章主要围绕秘书实务的概要展开，介绍了秘书实务的含义、主要内容；详细讲述了秘书实务的起源、发展；对秘书实务的特点、作用、意义与要求等方面进行了具体的分析。

✒ 学习目标

1. 理解秘书实务的主要内容。
2. 了解秘书实务的历史。
3. 领会学习秘书实务的作用与要求。

第一节　秘书实务的含义与内容

🔍 情景导入

　　秘书陈晓鸽是星沙商贸集团总经理秘书处新来的大学实习生，公司安排资深秘书蔡军担任她的指导教师。陈晓鸽自认为在学校里就经常撰写新闻稿、活动计划书和工作总结，是公认的笔杆子，对付这些文案工作自然是绰绰有余。蔡秘书交代给她的第一项工作就是布置下午的集团中层干部内部协调会。陈晓鸽这时才发现，原来组织个普通的内部会议并不是通知大家开会，然后自己坐在一旁做个记录那么简单，实际涉及的内容方方面面，事无巨细。她甚至连会场的设备调试、领导的座次都没有在意，要不是蔡秘书最终把关,恐怕要惹大麻烦。

任务提示

(1) 如果你是这位实习秘书,请说说你对秘书实务的理解。

(2) 结合自己参与社会实践的实际经历,谈谈对秘书会务安排的认识与体会。

(3) 收集一个实际案例,分析秘书会务安排的作用、意义和注意事项。

内容提要

本节主要阐述秘书实务的基本内涵,着重探讨现代秘书实务的内容、特点、职能及意义等,强化现代秘书实务的作用发挥。

必备知识

一、 秘书实务的含义

秘书实务的含义是围绕着秘书展开的。从字面意义看,秘书就是掌握机构机密的人,也指这个职位是一个机构内外信息交互和关系沟通的桥梁,随着时代的发展而变得越发重要。党的十九大报告特别指出:"中国坚持对外开放的基本国策,坚持打开国门搞建设,积极促进'一带一路'国际合作,努力实现政策沟通、设施联通、贸易畅通、资金融通、民心相通,打造国际合作新平台,增添共同发展新动力。"[①]在现代社会中,各项工作的社会化程度越来越高,社会化、国家化深入发展。在中国走向世界强国的新时代,信息的沟通和交往越来越成为人类生活中不可或缺的重要部分,而秘书则在这样的时代背景下发挥着更加重要的作用,这是历史赋予他的新价值。

秘书的概念范围相当广泛,秘书在不同的国家和行业,不同的历史时期,实际的地位和职权范围相差非常大。他可能是一个基层的文件管理者和会议的安排者,也可能是一个高级的决策者和领导者。在今天,西方国家的 Secretary,首字母大写的主要指高级管理人员,一般翻译为"大臣""部长"或"卿",而不是普通意义上的文案秘书;首字母小写的一般是指协助上司处理日常事务的辅助人员。如美国的国务秘书 The Secretary of State 一般翻译为"国务卿",类似于我国负责外交和部分国内事务的国务院副总理(美国没有国务院总理和外交部的设置),在美国总统顺位继承中排列第四位,可见是一个相当重要的国家领导人职位。许多国家的部长使用的名称也是秘书(Secretary),有的还是内阁核心成员。例如,日本的内阁官房长官(Chief Cabinet Secretary)实际上就是政府秘书长,在首相不能行使职务 5 天以上时,代理首相职位,是日本内阁中首相以下最重要的阁僚位置。就我国而言,1923 年中国共产党的"三大"开始设立专职秘书,除了负责秘书实务中的文书工作和通信往来以外,"执

---

① 习近平.决胜全面建成小康社会 夺取新时代中国特色社会主义伟大胜利——在中国共产党第十九次全国代表大会上的报告[A]//本书编写组.党的十九大报告辅导读本[M].北京:人民出版社,2017.

行委员会的一切会议,须由委员长与秘书召集之",因此实际负责中央的日常工作,是一个地位非常高和职责非常重要的职位。正因为这种差异性很大的特点,一些学者不主张给秘书下一个确切的定义,而是列举了一些常见的有关秘书概念的提法供大家参考,如陆瑜芳提出了四种学术界较为认可的说法供学习者参考[①];也有学者对秘书进行了较为确切的定义,如郭玲、尤冬克认为"秘书是指以全面处理信息和事务的方式直接辅助领导者(或雇主)实施管理的人员"[②]。

鉴于秘书的职责范围在不同的时代、国家和具体机构之间的差异非常大,故不适合下一个非常确切的较小涵盖面的定义;但为了避免概念的泛化和对秘书工作理解的误读,又不能仅仅列举几个概念仅供参考,或者干脆不作任何定义。基于这样的考虑,我们可以给"秘书"下一个基本的但并不封闭的定义,即秘书就是主要协助个人、某个组织的领导或者领导层进行日常管理和处理日常事务,但其工作范围并不限于此的专业人员。

秘书实务,就是围绕秘书工作的实际事务、具体操作技能和方式方法。目前学术界主要从两个方面进行相关研究和理解,一个是实操视角,另一个是学科视角。前者侧重秘书实务的具体实施,直接为秘书从业人员提供具体的业务指导;后者侧重学术理论探讨,旨在促进该学科的发展和拓展。

(一)实操视角下的秘书实务

秘书实务首先是一项具体的工作,具有较强的实用性和操作性。秘书实务是秘书辅助决策层进行管理,承办具体事务的具体工作,有着不同维度的划分标准。从实务的功能角度分,其内容主要有辅助决策、文档管理、传达反馈、会务接待、部门协调等。从所在岗位涉及的不同性质看,有管理秘书、商务秘书、涉外秘书、科技秘书、律师秘书、私人秘书等。具体而言,秘书实务主要工作有文案、传达、反馈、会务、接待等,这都是秘书日常非常具体的事务。可以说实操视角下的秘书实务涉及方方面面,事无巨细,是秘书工作的一个主要组成部分。它既有日常性的特点,也有突发性的特点,是一个机构正常运转的基石。

(二)学科视角下的秘书实务

从秘书学的学科定位来看,秘书实务是秘书学的一门分支学科。一般意义上的秘书学分为秘书理论学、秘书史和应用秘书学。秘书理论学是采用形而上的方式,以理论建构的姿态对秘书工作的基本概念、理论和规则进行系统定义和阐发的知识体系,也称"秘书学概论"或"秘书工作原理";秘书史研究则是总结和分析秘书工作的起源、发展、沿革及其制度的知识体系,也称"秘书工作史";具体研究和教授各项秘书工作的具体方法、技能和程序的知识体系则是应用秘书学,我们一般称为"秘书实务"。应该说"秘书实务"本身也是一个涵盖面较广的子学科体系,通常还包括"秘书礼仪""秘书修养""涉外秘书实务""政府机关秘书实务"等。

二、 秘书实务的内容

尽管秘书实务涉及的具体内容十分广泛,而且从不同的维度划分,会有不同的结果,但

---

① 陆瑜芳.秘书学概论[M].上海:复旦大学出版社,2012:1-2.
② 郭玲,尤冬克.秘书学导论[M].上海:复旦大学出版社,2007:33.

是总体而言,主要有下面几项内容。

(1) 辅助决策,包括收集、汇总、分析、呈报领导用于决策的各项信息,在领导决策过程中提供意见等。

(2) 文档管理,包括文书撰拟与处理、文书整理与归档(包括电子文档)等。

(3) 会务工作,包括会议(涵盖仪式、典礼、发布会等)前的准备工作、会间的服务与记录、会后的总结与发布。

(4) 对外事务管理,包括迎来送往、会见与会谈、参与商务洽谈与谈判、宴请与参观、安排领导外出活动、陪同领导访问考察、日程与交通食宿安排、对外礼节往来、组织会展与参展等。

(5) 办公室事务管理,包括办公资源与环境配置、办公时间管理与日程安排、办公自动化与通信工作、保密工作、印信工作、值班工作、财务管理等。

(6) 沟通与协调,包括收集下级部门意见、进行部门协调、传达指令、处理客户投诉等。

(7) 督查与危机管理,包括督促检查工作、突发事件处理、危机公关等。

(8) 领导临时交办的其他事务,具有临时性和多样性特征,一般都不是常设业务。例如慰问某位生病员工,代为参加某个对外活动,到某个部门询问业务的进展情况等;甚至可能是一些领导的私事,如代订回老家机票、代购送给妻子的礼物等。这项业务也是秘书实务内容繁杂,难以下一个确切定义的主要原因之一。

拓展阅读

2001 年 7 月,美国钢铁协会和美国商务部指控上海埃力生钢管公司生产并出口到美国的高直缝焊钢管,以低于正常价值的价格进入美国市场,对其相似产品及相关工业造成实质性损害,因而对上海埃力生钢管公司提起反倾销诉讼。对此,上海埃力生钢管公司沉着应诉,依靠日常优质高效的档案管理的成果——齐全完整、内容翔实地反映该新产品的成本、生产总量、国内销售价格,以及向调查国出口的价格及数量等档案材料,据理力争,打赢了曾经被称为"中国入世后中国企业在国际贸易争端中的第一案"的高直缝焊钢管反倾销官司,使美国商务部于 2002 年 5 月对埃力生钢管公司生产的高直缝焊钢管作出了关税为零的最终裁定,而且认为埃力生钢管公司生产的钢管不存在价格低于成本的倾销问题。

在谈到应诉程序时,该公司集团董事长深有感触地说:"他们需要什么材料,我们就准备什么材料。美国商务部的两个官员到现场调查时,我们的发票差不多放满了一个60 平方米的房间。所有的工资单、费用收据,包括一度电、一度水是怎样用的,政府有没有补贴,他们都问得非常详尽。"可见,企业如果没有日常规范的档案管理,就无法应对随时可能发生的贸易争端,也就无法维护企业的合法权益,更无法在 WTO 的环境中最大限度地保护自己。

(资料来源:吴端端. 反倾销案的启示[J]. 中国档案,2003(1):214,引用时略有删减)

 任务参考

就秘书实务的内容而言,实际上不同的组织,不同的秘书具体岗位,其工作内容是不同的。根据团体的性质和规模,有些工作内容会由其他专门的部门负责,例如新闻发布可能会由外宣部门负责;而有些通常由其他部门负责的工作则要由秘书负责,例如办公经费管理。一般来说,机构的级别越高、人员越多、规模越大,秘书人员越多,分工就越细一些,每名秘书实务的专项性和针对性就越强;而一些较小的单位,往往只有一名秘书来包办一切,甚至没有专门的秘书,由其他人员兼任,因此秘书工作的内容具有很大的灵活性。秘书往往是与领导接触最密切的人,也是最方便调动的人员,其具体负责的事务常常由领导临时指派,因此在工作内容的认识上,秘书从业者应该有灵活应变的意识,而不是固守教条去理解。

✦ 思考练习

1. 秘书实务的含义是什么?
2. 秘书实务的内容有什么?
3. 案例分析。

公司最近产品质量爆出了负面新闻,一群记者堵在公司大楼门口要求采访总经理。总经理让秘书小陈去阻挡一下,阐述一下公司对产品质量的立场。但有些同事认为这是公司外宣部门的事情,一直以来都是由他们负责组织发布会和记者打交道的,她不该管这些事情,应该联系外宣部门出面。此时此刻小陈该怎么办呢?

第二节　秘书实务的起源与发展

◎ 情景导入

孔光是西汉时人,字子夏,是孔子的第十四代孙。他为人谨慎,行事恪守法度,从来不做出格的事。他自幼熟读经史,对汉朝的制度法令也很熟悉,入仕成帝、哀帝、平帝三朝,官至御史大夫。

成帝时,孔光任博士、尚书令,掌管中枢十多年。当时中书省又叫温室省,是孔光办公的衙门。但他休假回家,讲起乡情亲情,谈笑风生,兴趣很浓,唯独对朝政只字不提,家人问他温室省院子里栽的什么树,他也故意用别的话岔开。孔光连温室省衙门里种些什么树都不告诉别人,可见他居官谨慎。

自古以来,"不言温树"的故事一直被人传颂,并且被秘书实务领域奉为严守秘密的准则。

任务提示

(1) 如果你是孔光这样的政府高级秘书,如果有亲戚向你打听政府的内部机密,你会怎么说?

(2) 结合自己参与社会工作的实际经历,谈谈严守秘密对秘书工作的价值。

(3) 收集一个历史故事,说说秘书实务在具体时代环境中的作用。

 **内容提要**

本节主要阐述秘书实务的起源、历史沿革与当下的新发展。

必备知识

一、秘书实务的起源

秘书是一个古老的职业，随着历史的发展，其实务范畴发生了很大的变化，基本上无论中外都经历了从政府官职向社会职业转变的过程。秘书这个名称在中国最早出现于汉代，距今已经有 2000 多年的历史了。汉代文献中就多次提到秘书这个词。《汉书·叙传》载有"斿博学有俊材，左将军史丹举贤良方正，以对策为议郎，迁谏大夫、右曹中郎将，与刘向校秘书。每奏事，斿以选受诏进读群书。上器其能，赐以秘书之副。……以永平中为郎，典校秘书，专笃志于博学，以著述为业"。《汉书·刘向传》记载有"诏向领教中五经秘书"。《汉书·刘歆传》："及歆校秘书，见古文《春秋左氏传》，歆大好之。"汉张衡《西京赋》："匪唯翫好，乃有秘书，小说九百，本自虞初。"不过这里的秘书指的还不是从事某种工作的人，而是宫禁秘籍或者谶纬（chèn wěi）图箓。直到东汉后期，秘书才从指物，开始指向管理这些事务的人和机构，如秘书丞、秘书郎，类似于今天的图书馆和档案馆人员，其职责和现代的秘书实务依然存在较大差别。由此看出，秘书这个词，最初就是和文档管理紧密相关的。

作为一种辅助领导者工作的业务，秘书实务的历史则比这个词的历史要久远得多，其职位在古代一般被称为"太史令、史、御史大夫、尚书令、主簿、秘书令、中书令、翰林学士、参军、参事、枢密使、司礼监掌印、军机处大臣上行走、师爷"等。

（一）中国原始母系社会后期的秘书实务

正因为古代的秘书工作的名称与实际的工作内容长期不一致，所以作为一种职业，我们不能顾名思义地去刻板理解，而只能从今天"秘书"这个名称所指的概念去逆向考察。如果从"协助上司管理和处理文书"这样一个基本职能出发，秘书的起源可以追溯到国家的萌芽时期，也是母系社会后期的五帝时期①（约公元前 26 世纪至前 21 世纪）。传说中黄帝时期的仓颉、沮诵、孔甲、大挠、隶首、宾成等人都是黄帝的"史官"，负责帮助黄帝记言录事，其工作职责具有原始意义上的秘书实务概念。其中仓颉还是传说中创造文字的人，为中华文明的发展做出了极大的贡献。黄帝之后尧、舜设百揆、秩宗、纳言等官职兼任秘书工作。《尚书·舜典》记载有："帝曰：龙，朕堲谗说殄行，震惊朕师。命汝作纳言，夙夜出纳朕命，惟允！"意思是舜痛恨说假话和阳奉阴违的做法，于是任命了一个叫"龙"的人担任"纳言"，必须恪尽职守，早晚发布他的命令。可见此时的"纳言"已经开始负责传达部落联盟首领的指令，反馈群众的意见，从简单的记录文献转向协助首领处理政务了。虽然他们的工作范围不广，而且一

---

① 五帝不是"帝"或"王"，因为当时尚没有国家君主的概念，实际指上古时代母系社会后期中国传说中的五位部落首领或部落联盟首领，后人追尊他们为帝，具体说法有多种，如少昊、颛顼、帝喾、尧、舜（《尚书序》，以其经书地位之尊，以后史籍多承用此说）；庖牺、神农、黄帝、尧、舜（《战国策》）；太昊、炎帝、黄帝、少昊、颛顼（《吕氏春秋》）；黄帝、颛顼、帝喾、尧、舜（《大戴礼记》）；黄帝、少昊、颛顼、帝喾、尧（《资治通鉴外纪》）等。

人身兼多职,分工也不太明确,但是已经具备了今天秘书实务概念的雏形。

从这段起源我们可以看出,秘书实务的产生需要有三个条件:第一,人类社会出现了领导集团和领导人,工作范围已经超出个人的精力所限,需要专人协助,这使秘书实务有了存在的需要;第二,社会分工的细化,使秘书实务成为一种专门的工作;第三,文字和文字载体的出现,使秘书实务有了开展的物质条件。总体而言,秘书实务是随着社会的发展和管理体制的不断完善而出现和发展的。随着母系社会的瓦解和国家的诞生,人类文明和社会发展有了长足进步,秘书实务有了更加规范和广泛的内容。

(二)中国奴隶社会中的秘书实务

由于文字在奴隶社会已经出现,国家已经产生,而国家的管理就需要有大量的文书记载君臣的对话、起草和发布统治者的命令、上报民情、协助国君制定政策法令。这些文书必须有人记载、传达和管理,于是形成了比较完备的秘书实务。现存最早的上古政治文献汇编《尚书》记载内容上至唐虞,下至商周,是中国最早的官方史书。"书"在上古专指史官的记载,大量记录了帝王和部落首领的言行、命令、文告、出征誓词和重大事件,包括各代典谟训诰誓命等,按照时代先后分为《虞书》《夏书》《商书》和《周书》四部分。在夏商周三代,记录这些历史文献的史官就是主要的秘书官员。

夏朝(约公元前 21 世纪至前 17 世纪)是我国秘书实务发展的起步期,秘书制度正式确立。夏朝出现了最早的公务文书《典志》,相传朝廷为此设置了管理这些典志的官员"太史令"(又称太史),以及"左右史""秩宗"。"史"就是文书的形成、传达和管理者,同时也掌管宗教、政务、文化等实务。《吕氏春秋》记载,夏桀荒淫无道,太史令终古抱着国家的典志去哭谏,桀不听。后来终古出逃投奔商朝,也成为中国历史上第一位在文献上留下名字的史官。

商朝(约公元前 17 世纪至前 11 世纪)是我国目前有确切文字记载和出土文物印证的秘书实务的开端朝代。殷商时期已经出现了甲骨文,这是目前最早的行文文书。商代秘书的职责是由"巫""史"承担的,主要负责卜筮、祭祀、记史、星历、教育、医药等工作。从事求神占卜等活动的人叫"巫",掌管天文、星象、历数、史册的人叫"史"。不过这些职务往往由一人兼任,统称"巫史"。他们在降神、接神、占卜的时候就是"巫";在起草文件、记录王事、记载天象、保管文书时就是"史"。《礼记·礼运》有记载:"祝嘏辞说,藏于宗祝巫史,非礼也,是谓幽国。"

到了西周时期(约公元前 11 世纪至前 771 年),随着中央统治机关的日趋完备和史官制度的不断规范,史巫开始分家。秘书工作主要由史官负责,包括文书的起草与管理,王室政务活动的安排;而巫则专职负责占卜等职。当时就设立了执掌秘书工作的太史寮,相当于现在的政府秘书处。史官本身的分工更加细化,设置了太史、内史、外史、御史、小史五种官职,办事机构日益庞大,职责范围也从最初的文献记载和保管等纯文史官,扩大到中央机构日常事务的许多方面。西周还设立了女史,以受过良好教育的妇女充任,专门掌管有关王后礼仪和生活诸事,管理后宫事务;或为世妇下属,掌管书写文件等事。《周礼·天官·女史》有记载:"女史掌王后之礼职,掌内治之贰,以诏后治内政。"这是中国历史上有记载的最早的女秘书,也证实早在西周时代,部分女性就受到了良好教育并被委以重任。因此近代"女史"也用来指称拥有良好教育背景的女性。此外,西周还形成较为完备的文书管理体制。为了防止篡改和方便保存,西周形成了文书正副本制度。王命文书除了正本,还有副本,正本泥封加印送出,宣读后交给受命官员,而副本则收藏王宫备案。

到了春秋战国时期(公元前 770 年至前 221 年),由于古代社会逐渐由奴隶社会开始转向封建社会,国家制度的变化,中央集权的不断加强,使秘书工作有了较大的发展。史官的世袭制度被逐步取消,御史的地位日益重要。而传统意义上的史官,其职权范围和地位遭到了极大的削减,从传统的掌管文书机要、出谋划策的统治中枢地位,逐渐退变为记载天子、大臣言行,保管历史典籍的纯粹意义上的史官。与此同时,涉及秘书工作的新官职逐渐在各诸侯国设立,原来集于一人的各项大权被逐渐拆分。这些官职主要对内参与国王决策、起草文书、宣布命令;对外接访、收发文书。

这个历史时期诸侯国各自为政,秘书官职的名称和职权范围也各不相同。如楚国设立"左徒",春申君与屈原就曾任左徒。《史记·楚世家》载有:"楚考烈王以左徒为令尹,封以吴,号春申君。"又《史记·屈原贾生列传》:"屈原者,名平,楚之同姓也,为楚怀王左徒。……入则与王图议国事,以出号令;出则接遇宾客,应对诸侯。"鲁国设立"令正",掌文告辞令,《左传·襄公二十六年》记载有:"子大叔为令正,以为请。"西晋杜预注为:"主作辞令之正。"齐国、魏国、秦国设立"尚书",尚,意"掌",尚书即管理文书的官员。秦属少府,秩六百石,负责在殿中发布文书。赵国设立"御史",实际就是君上的亲随机要秘书。《史记·廉颇蔺相如列传》就记载了渑池相会中,秦国尚书和赵国御史当庭记录君主活动的场景。

除了国家层面的官方秘书,在列强争霸的战国时代,各国诸侯、权贵为了笼络人才,达到称霸的目的,开始广泛网罗人才,从而使一个特殊的知识分子阶层——"士"迅速兴起。"士"是一种特殊的秘书,他们实际扮演了私人秘书的职能,以自己的一技之长为主公在国家政治、军事、外交、经济、安全等方面为主人出谋划策,却不供职于朝廷,不食朝廷俸禄。例如当时的列国诸公子都热衷于私募"士"。成语"毛遂自荐"中的毛遂,就是赵国平原君的"士"。这些士,在风云变幻的战国时期显露了自己的才能和担当。

总体而言,这个时候涉及秘书实务的职位,分工已经非常明确,地位大幅上升,人员配置较多,制度日趋规范,有了较大的参政议事的权力,和今天的高级政务秘书已经非常接近。这个时期的秘书实务已经摆脱了起源时期的探索阶段,随着封建社会中央集权的建立和政治斗争的加剧,以其对领导层管理事务的辅助功能,开始进入规范化快速发展的历史时期。

二、 秘书实务的发展

(一) 中国封建社会中的秘书实务

秦朝(公元前 221 年至前 207 年)是我国第一个统一的中央集权的封建国家,两千多年的封建社会下的秘书实务也由此开始。秦朝废除了商周的诸侯分封制度,改为郡县制,中央直接统领地方,加强了中央集权,急需大量的政务辅助人员和百官督查人员。为了适应这种中央集权统治的需要,秦朝的秘书职位设置与实务范围沿袭了秦国制度,在此基础上又有了极大的发展。体制上比较完备,人员上从中央到地方郡县形成了多层次的庞大秘书队伍。

总体而言,秦朝中央政府的秘书实务紧紧围绕封建中央集权展开,是中央集权统治的辅助,协助皇帝管理国家,其基本制度也为汉代所承袭。秦朝建立了丞相府、御史府来承担中央层面的秘书工作,形成了较为完备的秘书实务的制度。丞相府设置左右丞相,以右为上,宦官担任宰相职务的称为中丞相。丞相主管秘书工作,直接对皇帝负责,接收各地上报的文书,颁布诏令。如李斯就担任过秦朝的左丞相,《史记·李斯列传》记载,李斯死后,二世拜赵高为中丞相。御史府除了传统的记史集书职责外,还兼掌监察百官、管理秘书、收发文书、整顿吏治的职责,甚至代表皇帝巡视地方,开创了中国历史上监察机关之端。御史府设立御史大夫,为众御史之首,相当于今天的中央政府秘书长兼监察委负责人。下设御史中丞、侍御史、监御史等。《汉书·百官公卿表》:"监御史,秦官,掌监郡。"

从秦朝开始,不仅中央设置了专门的秘书机构,配备了大量的秘书人员,地方各级府衙也都设立了相应的秘书机构,秘书队伍日益庞大,协助各级官员管理地方,上传下达,位虽不高但权重。秘书实务从这个时候开始渗透到封建统治机构的方方面面,从而走向普及化、正规化。不过此时的秘书选拔依然主要靠世袭,"史"的后代自幼会被送进专门的培养机构学习,承袭父亲的事业。秘书实务成为家族相传的职业,有利于规范化,也有利于保密,从而便于皇帝控制。

汉朝(公元前 202 年至公元 220 年)基本承袭了秦代的秘书制度,略有变化。西汉初期设立丞相府和御史大夫,管理秘书事务。但是因为丞相的权力日益扩大,危及了皇权的稳固。汉武帝时,起用儒生充任丞相,处理日常行政事务,而丞相的职权则逐渐转移到了尚书署(汉成帝时称尚书台,后称尚书省)长官的手中。尚书署主要官员为尚书令,下设左右两名尚书仆射,再下设四名尚书郎。汉哀帝改丞相为大司徒,东汉则由司徒、司空、太尉共同执政,分权而立,分别掌管民政、建设和军事。

东汉光武帝刘秀鉴于西汉末年大权旁落于贵戚大臣,所以竭力把权力集中于君主,凡机密之事全部交给尚书,以此制约三公。于是尚书逐渐取代丞相,成为皇帝左右的主要秘书实务承办者。因尚书的官署在宫禁内而称为台阁,故有尚书台之称。尚书台总管奏章的收受、批阅和审核,负责诏书的起草、印签、发布。东汉尚书台组织有:尚书令一人;尚书仆射一人,职署尚书事,尚书令不在,则代行处理公务;尚书左、右丞各一人,掌录文书,佐令、仆治事;六曹尚书六人;尚书侍郎三十六人,每曹六人,职掌文书起草;尚书令史十八人,每曹三人,负责文书。可见作为全国最高秘书机构,东汉尚书台权力极重,既出诏令,又出政令;朝臣选拔任用,也由尚书台主管;还拥有纠察、举劾、典案百官之权;参与国家重大政事的谋议、决策,对朝政有着重大影响。尚书台的运作体制和人员分工已经相当完备。不过尚书台权力虽重,但官职位卑微,长官尚书令在九卿之下。这样位卑权重,便于控制。由于两汉时期外戚、后宫干政成风,尚书台也往往成为他们操控朝政、废立帝王的工具。

此外,汉朝承袭秦制,御史统归御史台领导,按职掌分为侍御史和治书侍御史。在东汉末改刺史为州牧之前,汉朝的刺史实际是监察官,也是御史的一种。汉代还设置了中书令这样一个非常特殊的秘书职位。汉武帝时以宦官或士人担任中书,称中书令,掌管传宣诏命等,直接为皇帝服务。中书令、尚书令在西汉并置。中书令帮助皇帝在宫廷内处理政务,负责直接向皇帝上奏"封事",负责在皇帝书房整理宫内文库档案。司马迁就以太史公的身份担任过中书令,朝位在丞相之上,是中国历史上第一位中书令。

东汉后期,汉桓帝延熹二年(公元 159 年)始设"秘书监",作为管理这些秘藏文书的机构,属太常寺。其主管官员称"秘书令",副职称为"秘书丞",下设分管官员为"秘书郎"。这是中国历史上第一次出现以秘书命名的官职。例如唐代名臣魏徵,就做过秘书监的职位。但是汉代的秘书主要还是负责管理秘藏文献,类似今天的档案管理员,与今天的秘书概念还是有比较大的差异。实际上我国直到清末民初,才纯粹以秘书二字命名秘书工作。而较为接近于今日秘书概念的人员和职位在古代则往往被称为"史官""尚书""长史""主簿"等,其官职名称都和文书有关。曹操被封魏王后,曾短暂设立过秘书令的职位,取代尚书台。下设秘书左右丞，负责"典尚书奏事"，不仅负责掌管各种密书，还具有收发奏章、草拟诏令和上传下达的职责，是中国封建社会唯一一次秘书这个词和今天的秘书概念较为接近的特例。

除了政务机构和皇帝身边的秘书机构，在军队方面，还出现了幕府制度（又称幕僚制度）。幕府原指古代将军的府署（因军队出征，使用帐幕，故称之）。幕府中的僚属称幕僚，实际承担着军务秘书的职责。其主要功能为：咨议谋划、参与决策、掌握机要、典属文书，乃至迎接宾客、经办庶务或代主官巡行出使等。西汉州刺史为朝廷派出巡察郡国的官员，统数郡国，事务繁忙往往照顾不过来，又不能像郡守那样固定开府，遂"皆有从事史假佐"（《后汉书·百官志》），人员大多由刺史自己招聘。东汉时，刺史正式成为州级行政长官，更有了"皆自辟除"僚属的权力，幕府机构随之膨胀。魏晋南北朝时期政治动乱，幕僚职能空前活跃，使幕府制度发展成熟。参军、记室、军师、主簿等幕称的出现，标志着不同于政务机构系列的幕僚机制分工趋于细化完善。甚至幕僚机构在权臣谋反时暂时取代中央秘书机构，并转换成新王朝的行政中枢。幕府制度是封建王朝一种较为特殊的秘书制度，也影响了周边许多国家，如日本的三大幕府。

总体而言，秦汉时期的秘书地位空前上升，分工也非常具体，人员队伍庞大，身兼多职。例如御史，尚书令拥有较大实权，已经成为皇帝管理国家，加强中央集权的左膀右臂，其职权范围也常常超出现代意义的秘书，而拥有中央行政权力。

魏（公元220—266年）初，魏文帝曹丕称帝后，改秘书监为中书省，负责起草诏书、收受奏报，参谋政事，记录朝议大事。改秘书令为中书令，下设中书侍郎、中书舍人等。

两晋南北朝时期（公元266—589年），常选用有文学才望者或者名门望族任中书令，例如士族大家的谢安就担任过中书令。与中书省并行，中央政府又设立了门下省。《旧唐书·职官志》说："秦汉初，置侍中，曾无台省之名。至晋，始置门下省。南北朝皆因之。"门下省与中书省共同承担君主的参谋作用，代皇帝起草诏令，协调各部门业务关系，负责各种行政事务和其他秘书业务。

隋唐（公元581—907年）时期，在魏晋时期的秘书制度上，开始施行三省六部制。尚书省已经逐渐转化为中央行政机构，下设六部。六部制度一直延续到清末。中央的秘书实务则主要由中书省、门下省负责。中书省负责制定文书，侍奉皇帝左右，代皇帝起草诏令，参与国事决策；门下省负责审核文书，承担中央机构的秘书职责。唐代史馆和藏书处由秘书省（高宗时改名兰台，武则天时改名麟台）下辖改由中枢机构门下省和中书省直辖。秘书省并不是管理秘书人员的机构，而是专门管理国家藏书的中央机构，类似于今天的国家图书馆和文献研究室。唐朝初期的秘书官称"中书舍人"，负责起草朝廷的诏令。

唐中叶以后，由于负责朝廷秘书工作的门下、中书二省权责范围迅速扩大，已经位高权重，逐渐威胁到皇帝的权威，于是"学士院"中的翰林学士开始成为皇帝身边最依仗的机要秘书。翰林学士原系"待诏"，意思是等待皇帝召见使用，相比两省官员，他们职位较低，为了能够在仕途上有所进展，他们往往依附于皇帝。他们任免的灵活性较大，所以不会权倾朝野，危及皇权。翰林学士负责起草朝廷的重要文书，参谋政事，有助于协助皇帝及时处理政务。从唐代秘书机构的变化可以看出其发展的基本规律，即由于加强中央集权的需要，旧的秘书机构职权范围越来越大，机构迅速扩充，权力越来越重，不断行政化，逐渐威胁到皇权；于是帝王设立新的机构分权之，并部分替代其职权，进而秘书部门逐渐增多，分工更加细化。

武则天时期，为了打击政敌，广开言路，还在朝堂设立四方铜匦（guǐ），类似于今天的投诉箱，专门受理申诉与控告。设谏议大夫、补阙、拾遗各一人为使者，管理四方铜匦；又派御史中丞、侍御史各一人为理匦使,在传统的秘书监察职责外增加了主动受理申诉的职能,这也是我国历史上第一个中央信访机构。唐代的魏徵、狄仁杰、上官婉儿、张九龄、陆坚等名臣都担任过皇帝的秘书。其中上官婉儿还是中国历史上有名的女秘书,掌管宫中制诰。由于隋唐时期开始科举选士,因此也使从事秘书实务的人普遍有了较高的文化水平,这也是与整个秘书队伍日益庞大相适应的。这些出身卑微的知识分子,成为皇帝打击士族,维护皇权的最忠实的拥护者,一代名臣狄仁杰就出身庶族。

在地方上,唐朝广为设立的节度使府还有"掌书记"一职,为节度使的机要秘书,一般由名士担任。州、镇中设"孔目官"掌文书,如严庄曾为安禄山之孔目官,孔谦以魏州孔目官为度支副使,文书人员为"录事"。

宋朝(公元960—1279年)初年,基本承袭了唐朝的秘书体制。由于宋太祖赵匡胤是通过兵变当上的皇帝,为了避免权臣效仿,因此从各个方面都加强了皇权集中;但朝廷事务又大大超出皇帝个人的精力,于是皇权施行更加倚重各种秘书机构。宋代设立"翰林学士院"作为朝廷机要秘书机构,负责起草各种诏令国书,协助参谋政务。宋神宗时期的熙宁变法恢复了三省职权,使之继续承担朝廷的秘书工作。宋代军事系统的秘书工作由"枢密院"负责,与"中书"并称"二府",俗称"西府"(中书为政府、枢密院为枢府),与宰相分兵权。"枢密院官虽曰掌兵,亦未尝不兼任宰相之事。"(《文献通考》)。宋初枢密院下设四房:兵、吏、户、礼,已经分走了相当部分的六部职权。神宗元丰五年增至十房,后又加两房,总计十二房:北面房、河西房、支差房、在京房、校阅房、广西房、兵籍房、民兵房、吏房、知杂房、支马房、小吏房,分曹办事。辽代按南北设北枢密院和南枢密院,进一步对枢密院进行分权。北枢密院掌军,南枢密院选调文人主政。占领幽云十六州地后,辽又设汉人枢密院,统领幽云十六州汉人军马。

宋朝的秘书机构相比前朝,分工更加细密,如省院之下又设立了通进司、进奏院、开拆房、主事房、催驱房等,负责文书的收发、登记、开拆、呈阅、催办等业务,一个部门掌握一个流程。地方机构的秘书实务也进行了细化,例如幕职官主要负责日常文书工作,主要有判官、掌书记、儒林郎等;曹掾(yuàn)官负责辅助地方官员决策,主要有录事参军、诸曹参军等。信访系统演变为鼓院和检院两个系统,吏民投书鼓院,若被拒绝,再投检院。这种分级信访,提高了信访的效率和质量。宋代秘书实务和职位设立的细化,不仅有利于提高秘书实务的专业化,还能有效分权,即每个岗位都只能负责流程中的一个环节,互相制约,而无法专权。

唐宋时期是中国封建社会秘书实务的完善成熟期,主要体现在机构设置更加专业化和系统化,信访机构地位不断提升,秘书队伍日益庞大,文书与档案工作全面分离,秘书的选拔更加制度化,有专门的秘书选拔机构与考试方法,直接以撰写公文的能力来选拔秘书。科举的实行让从事秘书工作的人员的文化素养进一步提高,许多通过科举入仕的知识分子首先就是经由担任各级秘书来学习政务管理经验的。

元朝(公元1271—1368年)设立中书省作为朝廷的政务处理机构,承担中央的政务秘书实务;而"翰林学士院"则继续负责草拟诏令,属于机要秘书机构,同时负责参谋政事,培养官吏。由于元朝是一个疆域最为辽阔的统一的封建王朝,民族众多,统治阶层内部的争斗也异常激烈和残酷,非常依赖汉人文士协理政务,但又担心大权旁落,因此非常重视政令的长传下达与保密制度,并加强了各民族语言的翻译工作,这都显示了秘书日益重要的作用。元朝在地方上设立"行中书省"和"行枢密院"作为中央的派出机构。元朝重视邮路建设与管理,保障政令与奏本的畅通,并在各地设立"急传铺",负责紧急文书的快速传递。

明朝(公元1368—1644年)初期沿袭元制,设立中书省,由官居一品的左、右丞相负责,百官奏章,都是由丞相先加以综合整理,然后分清事情的轻重缓急,票拟意见,再请朱元璋裁定施行。后朱元璋为了加强皇权,进行了大规模的改革,撤销中书省,废除丞相,实行内阁制,皇帝直接掌管六部。从此,内阁实际成为辅助皇帝进行决策和进行日常管理的秘书处,内阁成员依然以翰林学士为主。此外,明朝还设置有通政使司和六科。通政使司负责收集文书、接访、议政。六科负责管理具体的秘书实务,同时也有检察职能。相比其他朝代,明朝自明成祖朱棣开始,极为重用宦官,机构庞大,除了厂卫负责监察、特务外,宦官还大量担任皇帝的宫内机要秘书,这也是明朝的一大特色。朱棣废除了朱元璋不准宦官识文断字的禁令,开始提高宦官的文化水平。这些受过一定教育的宦官秘书大量参与到朝廷决策,代为宣达命令、批阅奏章、起草诏令以及办理皇帝临时交办的机要事务。例如司礼监是宦官建制中十二监之一,文书房则是宦官十二房之一,不管是六部进呈、由内阁票拟的奏章,或起草的诏令,上交皇帝之前,都必须经过文书房和司礼监的宦官;反过来,皇帝所下的命令,必须先经过司礼监和文书房的宦官之手,才能传达给大臣办理。这样一来,这些宦官充任的秘书实际上就把持了朝中大权,造成了明代中后期官场的混乱。

清朝(公元1636—1912年)基本承袭明制。中央秘书及机构主要是"内国史院""内秘书院"和"内弘文院",俗称"三院"。内国史院负责起草诏令,记录皇帝日常起居,收藏御制文字和编写史书等。内秘书院负责草拟外交文书,记录各机构的奏报和冤案陈词、皇帝敕谕和官员的敕书等。内弘文院则负责注疏历朝的政务得失,向皇帝谏言,为皇子侍讲,颁布朝廷制度等。

顺治时期又将"三院"改为"内阁",下设十二房,其中承担秘书实务的就有十一房。康熙十六年(公元1677年)设立南书房,负责陪伴皇帝赋诗撰文,写字作画,有时还秉承皇帝的意旨起草诏令。鉴于明朝宦官专权,清朝一直严禁宦官参与政务。但雍正七年因用兵西北,恐内阁泄露机密,又不能违背祖制任用宦官,于是设军机房,选内阁中谨密者入值缮写,以为处理紧急军务之用,兼辅佐皇帝处理政务。雍正十年(1732年)改称"办理军机处",直到1911年4月设立责任内阁,才撤销这个权倾一时的秘书机构。军机处在地位上是辅佐皇帝政务的最高秘书机关,在形式上始终处于临时机构的地位。军机处设军机大臣、军机章京等,均为兼职;没有正式衙署,只有值班房。无专官,无专署,人员调配全凭皇命,就使军机处成为一种特殊的临时机构,却权力极大。皇帝直接指示各项事件应如何办理,有时向军机大臣询问情况,听取意见,以作裁决。军机大臣根据旨意,草拟文书,不经过内阁,由军机处直接发给有关官员,省去中间环节,办事效率高,又避免了内阁大臣擅权。此外军机大臣还奉旨参与要案审讯,以钦差身份,代替皇帝前往地方检查或处理政事。所以尽管职权范围很广,这些皇帝身边的"参政秘书"不过是奉旨办事,无法专权。

在明清时期,由于中央政府秘书机构的不断膨胀,中央集权不断加强,大量文书来往、巡查监督也令地方官员应接不暇,于是地方官员私募"幕僚"成风,私人秘书开始盛行。一般新官上任,都要带上自己的幕客,也称幕宾、西席、馆师等,俗称师爷。例如"绍兴师爷"就在清代官场较为有名。师爷制度源自古代"幕府"的幕僚,至明代,师爷作为一种特殊的秘书形态开始萌芽,到了清代,由于官场极度腐败,许多官员都是花钱买来的或者旗人承袭的职位,自身并没有真才实学办理政务,不得不仰仗一些出身低微的文人代劳。所以清代师爷异常活跃,上自督抚,下自州县,都风行聘请师爷佐理政务,许多不学无术的官员完全听命于师爷的意见,更加剧了官场的腐败。名著《红楼梦》对此就多有描述。晚清时期甚至形成近代军阀幕府,例如北洋军阀幕僚集团,其影响一直延续到民国初年。这些幕僚一般都有较好的文化根基,不少都是秀才出身,有一定的军政外交主见和抱负。由于来自底层,因此这些幕僚较为擅长民间事务,经常负责处理刑名钱粮等政务,以及撰写文稿和往来信函等工作。他们并不是朝廷指派的官员,不占政府编制,不拿俸禄,纯粹由官员自行聘请。由于私募的性质,他们必须依附于服务的官僚才能获取自己的利益或者政治抱负,所以无论他们才干多强,也很难获得朝廷任命的一官半职。就造成了这个群体往往无视法律和百姓利益,从而形成特殊的利益集团。师爷虽没有正式名分,却职权极大。

清末由于列强加紧了对中国的殖民侵略,一些新的文书,如照会、不平等条约、全权证书、出使文书大量出现,秘书的对外翻译工作也大大增加,中国传统的偏向内政的公务秘书实务开始大量引入外事秘书实务。1860 年,清朝政府设立"总理各国事务衙门",下设"司务厅"专掌外事文书与相应的秘书工作。1901 年,总理各国事务衙门改为"外务部",又增设"文报局""翻译处""电报处""机要股""清档房"等秘书机构。1907 年随着电报传递奏报的兴起,清朝政府开始在各省巡抚衙门设立"咨议局",专门收集民情报告,供朝廷咨询备查,并设置秘书、助理秘书等官职,负责掌管机密折电、函牍等。这些新的秘书实务的出现,让中国封建社会的秘书实务有了向近代秘书实务转变的趋势。

总体而言,封建社会时期的秘书人员,主要从事的还是政务秘书或管理秘书实务。其机构日益庞大,分工越加明细,名称繁杂。那些一度兼任秘书的官职,都逐渐向专门的政务工作转移,职权范围越来越大。为了防止专权,维护皇帝权威和集权统治,朝廷继而不断设立新的机构和职位来承担原有的秘书工作来加以分权,这也印证了秘书职位的重要性。封建社会从事秘书实务的人员权限很大,但地位普遍较低,以便控制,有些朝代甚至选用宦官充任,渗透到了封建国家统治的方方面面。这些秘书制度可以较好地辅助皇权,加强统治,但又不会威胁到皇权的稳固,成为维护封建王朝统治的重要平台。

(二)中国近现代社会中的秘书实务

1911 年,风雨飘摇中的清政府参照日本,颁布了《内阁属官官制》,在责任内阁里设置承宣厅、制咨局等专门秘书机构。陆军部的承政司下设秘书科,负责执掌机密,收发函电,编撰翻译,掌握印信,管理文书资料等。地方大员身边开始设立秘书员,专管机密文件函电,以及主官交办的事宜,相当于今天的机要秘书。至此,中国的秘书机构才得以名副其实,秘书这个词开始有了现代的基本概念。

清朝灭亡后,孙中山先生就任中华民国临时大总统,在总统府下设立秘书处,后改为秘书厅。参议院设秘书厅,各部设立承政厅,开始设立秘书长的职位,总理本厅事务和机要文件。承政厅下设纂辑处、文牍处、收发处、监印处、庶务处、会计处。南京临时政府还颁布了《公文程式条理》,废除了"诏、制、敕"等带有封建帝王色彩的文书名称,改为"令(上级公署向下发文)、咨(同级公署行文)、呈(下级公署向上行文)、示(公署公告)、状(任免奖惩公文,如我们常说的任命状)"等新公文名称,简化了政府文书,开启了秘书实务文书名称现代化的进程。这样,"秘书"一词完全摆脱了古代"机密文书"的含义,从指物转变为指向从事秘书实务的人或者职位。对秘书人员的所有封建旧称谓也彻底退出历史舞台,各级政府中从事秘书实务的人员和官职都一律以"秘书"相称。

1912 年北洋军阀在北京建立北洋政府后,为了维护统治,对秘书工作进行了进一步的加强。人员配置、机构设立、官员级别和名称上都有所改变。在总统府设立秘书厅,设秘书长和六名秘书。为了配合自己的称帝野心,袁世凯又将秘书厅改为"内史厅",公文名称也复辟了帝制色彩,政府公报中也将"呈"改为"奏",各省报袁世凯的文件和电报,也将"钧鉴"改为"脊鉴"。袁世凯死后,秘书机构和公文名称又恢复了以前的改革成果。

1927—1949 年国民党政府统治时期,从中央到地方各级机关都扩大了秘书队伍和职责范围。南京中央政府设有"秘书处",下设"总务、机要、撰拟"三科,负责文件的起草、记载处理、保管和机要工作。由于秘书越来越涉及机密要务,为了加强统治,严防机密外泄,国民党政府对秘书人员的选拔也十分严格,例如必须是国民党党员,有一定的学历和文职资历,还要有人保举。在制度上,国民党政府进行过三次文书工作的改良,颁布了《公文改良办法》,确定了政府机关间的行文关系,提倡公文使用白话文,统一了文书收发和档案管理的办法。随着中华民族产业的发展和时局的动荡,一些民族资本家和政府要员、社会名流也开始雇佣私人秘书,便于处理个人与企业的机要事务。

(三)中国当代社会中的秘书实务

在中华人民共和国成立之前,中国共产党就十分重视秘书工作。1921 年的中共一大成立了中央局,由李达负责保管文件。1923 年在广州举行的中共三大上,毛泽东同志起草的《中国共产党中央执行委员会组织法》获得了通过,规定了秘书的职责为"负责本党内外文书、通信及开会记录之责任,并管理本党文件。本党的一切函件须有委员长及秘书签字""执行委员会的一切会议,须由委员长与秘书召集之"。毛泽东同志也在三大上当选中央执委兼秘书。1926 年 7 月四届三中全会决定设立专门的秘书处来统筹秘书工作。秘书处下设文书、会计、交通、翻译、出版五个科室。各省委也分别设立了秘书处或者秘书科。

1929 年闽西革命根据地在团、营级士兵会和农会支委会中均设一名秘书。1931 年在江西瑞金成立的中华苏维埃共和国临时中央政府和各级地方政府均规定执委会设立总务处负责秘书工作,下设文书、收发、印刷、交通四股。《文件处置办法》(以下简称《办法》)诞生于 1931 年白色恐怖笼罩下的上海,《办法》由党的早期领导人瞿秋白起草,经时任中共中央军委书记、中央组织部部长兼管中央秘密工作委员会的周恩来同志批准试行。这是我党历史上第一份关于党的重要文件和档案资料管理工作的规定,《办法》对保护和管理党的珍贵历史文献发挥了极为重要的作用。①

随着军事斗争的发展,中央局和红军司令部建立了机要科。邓颖超同志曾任科长。电报成为当时秘书工作的一项重要业务。长征期间,由于形势的变化,机构大幅精简,秘书处、文书科等秘书机构都被裁撤,但是负责抄译电报和保管文件的机要科则被保留了下来。

在抗战时期,中央于 1937 年重新设立秘书处,下设"机要、文书、材料、会计"四科。并颁布了《陕甘宁边区新公文程式》,规范了公文制度。《陕甘宁边区政府组织条例》规定秘书处的职责为"管理边区政府委员会会议通知及记录,撰拟、保存及收发文件,管理边区政府会计杂务"。

解放战争时期,1948 年 9 月,晋察冀和晋冀鲁豫两个边区政府合并,成立华北人民政府,下设秘书厅,颁布了《公文处理暂行办法》和《办事通则》。后来这种人民政府下设的秘书厅又改为办公厅,例如北平市人民政府成立后,下属办公厅就下设"秘书、行政、人事、新闻、交

---

① 立之,一九三一年瞿秋白起草《文件处置办法》我党档案管理制度的滥觞[N].中国档案报.2017 年 9 月 29 日,总第 3125 期,第二版.

际"等部门和"政策研究室"。秘书长的职责则扩大为"领导办公厅,统管政策研究工作、秘书与行政工作、机关事务工作"。

1949年新中国成立后,在解放区秘书机构实务的经验基础上,又制定了新的秘书工作制度,开启了秘书实务发展的新阶段。1949年12中央发布了《关于文电处理工作的几项规定》,1952年2月又发布了《关于纠正电报、报告、指示、决定等文字缺点的指示》,都进一步规范了文书工作。1951年4月中央办公厅和政务院秘书厅在北京召开了第一次全国秘书长工作会议,颁布了《中央人民政府政务院关于各级机关秘书长和不设秘书长的办公厅主任的工作任务和秘书工作机构的决定》《关于加强文书处理工作和档案工作的决定》等多个规范秘书实务的重要文件,明确了秘书长和办公厅主任的主要职责是"要参与政务,又要管理事务"。确定了秘书长的信息与政策研究、对外联系、内部协调、保密、机要、日常行政、机关事务七项工作内容。1955年1月,《中国共产党中央和省(市)级机关文书处理工作和档案工作暂行条例》发布。此后,中央又发布了一系列文件规范了县级机关的秘书工作、国营企事业单位的秘书工作,使新中国的各项、各级秘书工作建立起了规范、统一、健全、有效的工作制度。至此,新中国秘书实务的制度得到了基本确立。

改革开放以后,党和国家根据整体形势的发展,又进一步对各级机关的秘书实务做了推进。主要体现在:第一,秘书工作进一步正常化、制度化。各级党政机关为了应对新的工作,调整充实了秘书机构和人员,制定了新的岗位规范。第二,加强了秘书实务的文件和资料整理工作。县级以上政府机关普遍设立了档案馆、党史资料征集室和地方志编撰室,使各项资料的收集、整理、管理走上了正轨。各项业务性的归档工作也在国营企事业单位中广泛开展。第三,注重秘书的调查研究和辅助决策的职责。县级以上政府机关还设立了政策研究室,负责各项信息的收集、分析,为领导部门的决策充当参谋。第四,重视秘书机关的接访工作。各级机关还普遍将信访部门单独设立,使信访工作在了解民情、拨乱反正、打击犯罪、纠正行业不正之风、维护社会秩序、推进法治、保证人民利益等方面发挥了作用。第五,科学、系统地培养秘书人才,推动了秘书学和秘书实务等相关领域的研究和教学。越来越多的高校开始设立秘书或者文秘专业,并且按照服务行业的领域发展而更加细化。有关秘书学、秘书实务、秘书礼仪、秘书史的成果和教材大量出现,推陈出新。第六,推进秘书工作手段的现代化。办公自动化和业务信息化成为新时期秘书工作的特色。录音录像设备、电子文档处理、扫描复印、电子传真、收发邮件、视频会议、网络化办公、公众号发布、大数据分析与挖掘等新的办公手段不断进入秘书实务的具体工作中。

1985年1月,中央办公厅召开了全国秘书长、办公厅主任座谈会。会上指出了秘书工作必须适应新时期要求,提出了秘书工作的"三服务"与"四个转变"的工作要求。"三服务"是指:为直接领导服务;为相关的各级领导服务;为人民群众服务。"四个转变"是指:从偏重办文办事转变为既办文办事,又出谋划策;从收发传递信息,转变为综合处理信息;从单凭老经验办事,转变为实行科学化管理;从被动服务,转变为相对主动服务。秘书人员不仅仅是办事员、保管员、记录员,而且是参谋人员。"三服务"与"四个转变"也对秘书实务提出了三个方面的新要求:综合处理信息、主动服务与科学化管理,这是中国秘书实务与国际接轨的必然趋势。1987年国务院办公厅发布了《国家行政机关公文处理办法》,将国家行政机关公文分为10类15种。2000年国务院办公厅又发布了新的《国家行政机关公文处理办法》,将公文划分为12类13种,进一步促进了国家机关秘书实务的法制化、制度化、规范化和科学化。

1994年12月中央办公厅再次召开全国党委秘书长、办公厅主任座谈会,提出做好秘书工作队伍的"思想建设、组织建设、业务建设和作风建设"的四个建设要求。

总体上讲,从封建社会时期一直到改革开放以前,我国的秘书主要是被当作一种行政职务对待,服务的对象也是各级政府部门、社会团体的领导。即使是明清时期的私人秘书,从事的也是协助政务军务管理的职责,因此协助政务军务一直都是我国历史上秘书实务的主要内容。自20世纪80年代以来,随着我国经济体制的不断改革,民营、外资企业、个体自由职业者大量涌现,急需许多非公务性质的秘书人员,秘书从业者日益增多,承担的实务也越来越广,秘书开始由官职化走向社会化和商务化,标志着我国的秘书实务进入了一个新的发展阶段。1998年劳动和社会保障部在成立之初就推出了"国家秘书职业资格鉴定考试",考试分为知识鉴定和技能鉴定两个部分,等级分为高级秘书(二级、三级),中级秘书(四级)、初级秘书(五级)。考试规范了秘书实务从业者的资质,也为他们的业务提升打开了通道。

进入新的时期,随着社会进步和经济发展,秘书的机构设置和实务得到了极大发展。全国党委秘书长会议于2016年8月29日在北京召开,时任中央政治局委员、中央书记处书记、中央办公厅主任栗战书强调:全国党委办公厅系统要深入学习贯彻习近平总书记"七一"重要讲话精神,深刻理解党的十八大以来党中央提出的一系列新理念新思想新战略,深刻认识党和国家事业发展取得的新变化新成就,切实增强道路自信、理论自信、制度自信、文化自信,始终同以习近平同志为总书记的党中央保持高度一致。要认清形势,把握大局,不断强化政治意识、大局意识、核心意识、看齐意识,自觉维护以习近平同志为总书记的党中央的集中统一领导。要努力提高党委办公厅工作的科学化、规范化水平,高标准、高水平、高质量地做好"三服务"工作,确保中央重大决策部署落地生根。

(四)西方国家的秘书实务起源与发展

在西方国家的概念中,秘书的英文为Secretary,法文为Secrétaire,拉丁文为Secretarius,俄文为Секретарь。这些词汇的含义和发音非常接近,都源于词根secret(秘密),概指掌管机密的人员。因此西方的秘书实务也是随着文书的出现,随着国家管理工作的需要而出现的。在马克思的《摩尔根〈古代社会〉一书摘要》中提到,北美易洛魁部落联盟除了酋长外,还有一名经氏族成员选举产生的助理。他作为酋长的使者联络其他部落,传达酋长的命令,协助酋长处理联盟内事务,在各种仪式上,站在酋长身后。这种酋长助理,就类似于今天的秘书。

早在古希腊和古罗马时代,西方就有了专门管理典籍和办理文书工作的官员。早在封建社会时期,贵族官员就喜欢雇佣私人秘书处理私人信函、账目以及家庭内部事务。和中国古代帝王普遍拥有较好的教育背景不同,封建时期的欧洲轻视知识教育,各国君主和王公大臣的文化程度相比而言不是很好。因此中世纪欧洲各国君主都普遍设有文职辅臣,协助自己处理各种文书,为国家管理出谋划策。例如管理宫廷内部事务的"内务大臣",掌管国王印信的"掌玺大臣",以及起草、管理文书的各种书吏。此外,在封邦建国的体制下,负责领兵应征的贵族和领主也习惯雇佣充当参谋的幕宾和草拟、管理文书的书吏;在他们外出征战期间,家中也配备有各类秘书协助贵族夫人处理各项事务,这些职位都具有秘书实务的职能。

近代意义上的秘书形成于资产阶级革命之中。由于经济的发展,大量新兴资本家、知识分子和贵族面对的事务越加繁杂,开始使用秘书充当自己的经济、政治和交往助手,为生产和贸易活动提供技术咨询,管理各种文书,代为接待来访、协调联络、管理内务、撰写信函、出谋划策、代管法律和贸易方面的事务等,甚至协助大雇主参与政务,有效地提高了办事效率。

例如在 1789 年的法国资产阶级革命中,激进派领袖罗伯茨比尔就聘用私人秘书协助处理各种政治文件和事务。19 世纪以后,随着资本主义的发展,私人秘书在欧洲迅速普遍起来,王公大臣、资本家、社会贤达,甚至作家和演员都开始雇佣私人秘书作为业务上的助手,并成为一种社会时尚。在美国作家伊迪斯·华顿对上流社会细致刻画的小说《纯真年代》中,欧美的贵族、富豪就委托自己的秘书代为处理家庭纷争,办理公司事务,进行社会交往。随着私人秘书队伍的日益庞大,秘书职业开始在西方由官职逐步演变为一种社会职业。

现代秘书所从事的实务,已经不局限于政府层面的政务工作,而是广泛涉及经济、法律、医疗乃至家庭事务的方方面面。据统计,美国职业分为 438 小类,而秘书则在从业人数最多的职业中排列第三,约占全部脑力劳动的 4%。秘书也是求职青年,特别是女性最青睐的职业之一,日本的高中女生把秘书作为"理想职业"的约占 20%,中国文秘专业的女生比例也占到绝大多数。尽管古代的秘书实务几乎都由男性承担,但是到了现代,女性从业者已经占到了 90% 以上①。除了可以获得较好待遇和培训机会外,秘书工作的工作环境相对于户外员工和实验室研究员的工作更为轻松和安全,上班地点和时间较为固定,能够得到领导更多赏识,这些都是这个行业颇受女性青睐的原因。

但是我们需要看到,虽然女性在当今的秘书实务中有自己一定的性别优势,但在历史上做出了突出成绩的秘书和当今党政机关的高级秘书却基本都是男性。所以某个职业女性从业人员多,并不当然地等于女性就天生擅长这个职业,女性从业者就不需要努力了。应该看到,当代职业领域存在的性别倾向性主要是"一战"前后形成的,有着十分复杂的历史与文化原因。如护士、中小学教师、保姆、售货员、会计、服务员等工作环境较为舒适的岗位,女性从业者较多;而工程师、律师、厨师、建筑工人、消防员、抢险救灾人员、长途汽车司机、火车司机、警察等较为艰苦和危险的岗位,男性从业者较多。再如大家潜意识中都认为护士应该都是女性,一些学者也认为这个职业很适合女性而不适合男性。但实际上,西方发达国家医院的男护士并不少见,而男性护士在中国各大医院却非常稀缺。通过走访一些三甲医院的护士长,我们发现男性在这个职业中存在着一些女性不具备的优势,例如体力、耐力、心理的稳定性、工作的专注精神、应急处置能力等,而这些又是在抢救危重病人中十分需要的品质和能力。但是职业上的性别歧视让男性很难进入这个行业,各大医院目前同工同酬的待遇标准和上升空间又缺乏吸引力,很难招聘到或者留住男性护士。又如我们传统观念上家庭妇女擅长做饭,但是酒店里厨艺高超的大厨却基本都是男性。因此,广大女性从业者切不可认为这个职业是女性的天生的专利就不求进取,在业务理论和实操方面还需要多下功夫,紧跟时代的新发展,才能让自己成为一名优秀的从业者,甚至成为一名优秀的高级秘书。

西方国家还普遍重视秘书人才的培养与管理。和我国秘书专业较多开设在职业技术学院、民办高校、女子学院不同,西方国家的秘书专业大量开设在著名学府。欧洲国家普遍设立的"国家行政学院",如著名的法国国家行政学院和巴黎政治学院等,所开设的专业普遍和秘书实务紧密相关。美国也有 1200 多所院校设有秘书专业。为了加强联系,西方各国都成立有各种各样的秘书协会。美国在 1942 年成立了"美国全国秘书协会",1981 年改名为"国际职业秘书协会",是当今世界著名的跨国性职业组织,其总部设于美国密苏里州开普斯城。"国际职业秘书协会"是世界上 30 多个国家和地区的秘书成员汇集互通信息的阵地,会员遍

① 陆瑜芳.秘书学概论[M].上海:复旦大学出版社,2012:42-43.

布美洲、欧洲、亚洲。"国际职业秘书协会"还领导有一个"未来秘书协会"（The Future Secretarial Association）的组织，会员超过一万人，都是正在大学秘书专业学习的"未来秘书"，协会为他们设有奖学金。"国际职业秘书协会"每年举办"特许职业秘书考试"，在全世界设数百个考场同时进行。考试科目为：企业法、企业行为科学、企业管理、人际学、秘书会计学、秘书技能、办公室秘书工作程序等。合格者将获"特许职业秘书"资格。美国还规定每年四月的最后一个星期三是"秘书节"。英联邦则设有"特需秘书与行政人员工会"。苏联也非常重视秘书实务工作，列宁曾多次对秘书工作作出指示，要求报告、文书言简意赅，采用电报文风。20 世纪 60 年代苏联还成立了全苏文书与档案工作研究所，莫斯科大学开始设立文书学副博士学位（相当于中国的博士学位，苏联时期的博士学位相当于中国的博士后）。许多国家也都对秘书的资质有明确的规范和分级。

拓展阅读

中书令一词首次出现在汉武帝时期，那时（注：尚书）的全称叫中书谒者令。

谒——与进谏、陈述、告之有关。也有说尚书令是中书令的谒者（跑腿的）。汉武帝时中书令由宦官担任的，隶属于皇帝的大总管，主要为皇帝写写东西，管理文件，传递封奏，每年薪酬为一千石，享有与朝官相同的假期，有掌控封奏的发布权，虽是"尊宠任职"，但合法的政治地位并不高。有人说司马迁是中国历史上第一位中书令，但司马迁认为他毫无尊贵之感，此职对他的人格和文才是极大的不尊和侮辱。司马迁还认为汉武帝热衷于独揽大权，设立此官为了牵制外臣，方便自己在后宫游乐时能遥控政务，所以，在中书令官职的初创期，司马迁顶多是一位名义上的中书令。

进入汉元帝时，中书令的权力有所膨胀，由于朝廷争斗，在汉成帝元年只得对中书尚书体制进行改组，将中书令降职，在汉成帝四年时完全终结汉武帝建立的中书、尚书制度。

东汉始终不设置中书令，到了三国魏文帝时，朝廷为堆成山的图书史料无人整理而发愁，无奈之下只得启用士人，合并秘书与中书的职能。两晋时期沿用东汉的体制。

南北朝时，中书令一职重现尊崇，门槛之高，无文学才华者免入。到了十六国，中书令职高位重，北周官制，要朝廷内中大夫才能兼任此职。

隋唐早期，中书令为中书省的长官，属于宰相职位，执政超过尚书令。唐朝依然沿袭隋朝，唐朝初年，唐太宗以中书省、门下省、尚书省三省共议国政。

宋朝中书令因朝廷政见不同，再次淹没。辽金夏中书令一职枯木逢春，辽夏中书令为宰臣之首，可是在金国数年后中书令一职再次消亡，忽必烈统一中国之后进入元朝，恢复了中书令宰相的职权，到了明洪武年间，中书令仍为当朝宰相。

岑文本（注：岑参曾祖父）十四岁那年，父亲岑之象被人陷害入狱。他幼有才智，在大堂上据理力争，最终父亲被释放。成人之后，岑文本考取朝官，成为唐太宗最赏识的重臣之一。一日，太宗对众臣自豪地说："我有南阳岑文本，才能远在颜师古之上呀！"于是，岑文本被命为中书侍郎，专管机密。在晋王李治被立为太子后，许多名士都前往东宫兼职，太宗也想让岑文本去太子府兼职，岑文本却谢绝，说："臣为平庸之才，任此职，恐怕不能胜任，哪敢再添东宫的官职。"到了贞观十八年，岑文本被任命为中书令，但他脸上却没有丝毫喜悦之色。岑母心里迷惑,岑文本面对母亲,说:"我于国家无功劳,也与皇帝非亲非故,能得到这样高的职位,是古人所忌的,所以我感到忧虑啊!"

岑文本上任中书令之后,众多亲朋好友前来祝贺,而岑文本却满面苦笑,说:"众亲朋众好友,我只想接受吊唁不想接受庆贺……"酒宴之后,有人劝他趁大权在握时要多置办一些田地房产,为子孙后代谋些福利。岑文本听后大笑一阵,说:"我本为南方一平民,徒步入关,不过一秘书郎、县令罢了,无汗马之劳,只因肚里有几滴墨水,当上中书令,得到的俸禄也不少呀,我还要借权位去弄那么多的田产有啥用呢?况且,那些也是我不该得到的东西啊……"

岑文本谦虚谨慎,在官职位上风清气正的作风打动了太宗,太宗对他亲之信之,视为左膀右臂。在岑文本病危时,太宗前往探视,病逝世后,太宗悲恸万分地说:"文本殒逝,令人悲伤,今宵夜警,所不忍闻。"即当日停止夜警。后来太宗追赠岑文本为侍中和广州都督,赐谥号宪,陪葬于昭陵。

清代戏曲人洪昇在《长生殿·贿权》中说:"一国之政,万人之命,悬于宰相,可不慎欤!"意指那些掌权者必须为政勤奋,忠直无私,谨慎国事;若图谋私利,或君乱政,或苟求厚禄,庸碌无为,皆须摒弃。唐人中书令岑文本的为官之道值得后人借鉴。

(资料来源:https://baike.baidu.com/tashuo/browse/content?id=2792313e2a36adfb6910e858&fr=qingtian&lemmaId=1038488,作者:王建平,参考日期2018年6月30日,有节选和补遗)

🔍 任务参考

秘书实务自古以来,从其字面意思理解,无论是中文还是外文,都和机要秘密有关。因此管住自己的嘴是最为重要的。像孔光那样做,不仅忠于自己的职守,保守组织的秘密,也可以让领导更加信任你,让你从事更重要的工作,得到更大的锻炼,发挥更大的作用。低调沉稳,严守秘密,是对每一个秘书人员起码的要求。

✦ 思考练习

1. 秘书实务最初的起源是什么?
2. 秘书这个词在中国汉代是指什么?和今天的秘书是一个概念吗?
3. 中国历史上都有哪些官职扮演了今天秘书的角色?
4. 秘书实务产生需要有哪几个条件?
5. 案例分析。

张远玲是一名大四女生,到一家中等规模的公司应聘秘书职位。面试官问她为什么选择这个职位,而不选择产品设计、营销、售后管理等收入更高的岗位。张远玲该怎么回答呢?

第三节　秘书实务的特点与作用

情景导入

　　振兴公司是一家专门从事床上用品设计、生产和销售的企业。为了加快业务发展,总经理让行政秘书王静起草一个招聘启事,准备新招聘 3 名秘书,分别负责前台接待、信函收发、文件存档管理。其实王静目前是公司唯一一名秘书,什么事情都干,她也就笼统地起草了一份招聘启事。她按照自己的工作业务列出了简单的要求:女性,30 岁以下,大学本科以上文凭,有较强的文字能力,相貌端庄,踏实肯干,不计报酬。总经理看后很不满意,要求王静立即修改。

任务提示

　　(1) 为什么总经理对王静的招聘启事不满意?

　　(2) 哪些要求条件是不合适的?

　　(3) 招聘启事还应该如何按照不同岗位细化?

内容提要

　　本节主要阐述秘书实务的特点和作用。

必备知识

一、秘书实务的特点

　　无论是政务秘书,还是社会业务秘书;无论官职秘书,还是私人秘书,其基本的实务特点是相同的,具有一些职业共性。

(一) 辅助性

　　秘书"辅助性"是相对于上司的"主导性"而言的。秘书人员不是领导,而是处于上司助手的位置,他的工作就是帮助上司完成规定任务,协助好上司实现自己的业务意图,帮助上司从烦琐的是事务中解脱出来,有更多的精力去关心整个单位的总体规划和重大事项。地位再高的秘书也只是上司的助手,决不能有越权、擅权的行为。各级秘书人员都必须认清自己的助手位置,认清工作的辅助性质。

(二) 灵活性

　　灵活性是指秘书实务涉及的范围是依照上司的工作范围和交办事项确定的。只要是协助上司处理好其业务范围的工作都是秘书的职责范围,并没有确定的某个工作一定属于秘书实务,而某个工作一定不属于秘书实务的范畴。例如,很多公司都有工会组织或者福利部门负责看望生病的员工,但是上司也可能指派秘书代为慰问;有的公司会有专门的营销部门负责产品发布会,但上司也可能会指派自己的秘书负责发布。因此秘书实务既有例行工作,又有临时安排的突发性工作;既有机要工作,又有非机要的日常工作;既有文书工作,也有社交工作。秘书就是上司开展业务的左膀右臂,所以许多秘书的职责规定中都会有一条"领导交办的其他事务",这就决定了秘书的实务内容是非常灵活的。

(三)服务性

秘书职业在各国都归为第三产业,属于知识密集型服务业。这种服务有几个特点:第一,直接为某个群体服务,如人大常委会秘书长,服务的对象就不是某个具体的领导,而是全体常委。第二,直接为确定的个人服务,即单独为某个政务领导、公司上司或者雇主(如律师、艺人、医生)服务,这是一种"一对一"的服务。但是就像前面所提到的灵活性一样,即使是单独为某个领导服务的秘书,也可能被上司指派临时为其他人服务。例如,公司经理会指派自己的秘书专门为某个重要客户提供一对一的短期服务,再如订购机票、设定行程、安排住宿、准备餐饮、陪同参观等。第三,一些秘书实务的服务对象具有兼有性,即既为某个领导提供个人服务,也在秘书处担任领导为某个群体服务。例如许多党政机关主要领导的第一秘书,都会在相应机关的秘书机构担任副职,为整个领导集体提供服务。第四,这种服务往往还是较为稳定和长期的。只要这种劳动关系存在,秘书的工作就会持续下去。例如餐厅的服务员只为就餐的顾客提供服务,一旦就餐结束,服务就终止了。而秘书尽管在具体实务中遇到的事情和人也是不断变换的,但是他所实际服务的上司是相对稳定的。有的公司甚至上司发生了变化,秘书依然还是那个秘书。正因为这种朝夕相处,深度合作的关系,使秘书可以了解上司的业务甚至很多个人的私密,也就让秘书和上司除了业务关系外,更有一层"私人关系"。因此一个称职的秘书往往会跟随服务对象多年,即使不得不发生更换,上司也往往会将其推荐给其他上司或者安排较好的岗位。这样比较有利的发展前途也是很多人乐于从事秘书行业的原因。

不过需要注意的是,这种"私人关系"归根到底还是一种基于工作的助手关系,而不能发展为异性的恋情关系。所有单位和公司对办公室恋情都是比较忌讳的,因为会影响到团队的协作和保密性。由于上司和秘书之间一对一的关系,而且一般上司多为男性,秘书多为女性,长期紧密相随,又能了解对方的内心世界,所以这种恋情更需要我们注意回避。社会上喜欢把男性上司身边的暧昧女秘书称作"小蜜",一些男性上司甚至不得不尽量避免雇佣女性作为贴身秘书。虽然"小蜜"的叫法有一定的歧视成分,但也说明一些秘书从业者没有恪守这种私人关系的界限。这种"小蜜"现象就是秘书职业的异化,这些女性也不能视作真正的秘书。广大秘书从业者还是要以正常的心态对待自己的职业,自尊、自爱、自重,才会有真正的发展。

(四)机密性

秘书,最初就是指宫禁秘籍或者谶纬图箓,后来才开始指向管理这些事务的人和机构。西方的秘书也是和秘密紧密相连的。正是因为有些机密不能让太多人知道,但又不得不安排人办理,才有了秘书这个职业。因此,不管是政府机关还是公司企业、私人秘书,其实务内容或多或少都涉及秘密,有些是政府机密,有些是商业机密,有些是个人隐私,因此善于保守秘密就是秘书实务的特点,也是其核心内涵。秘书既要保证这些秘密不从自己的口中、社交工具中泄露出去;也要恪守机要制度,及时归档加密,按规销毁,保证机密不从自己的手中流出;特别是政务秘书,更要有一定的警惕意识,时刻防范可疑人员的打探。特别是今天,社交工具越来越成为我们交流的平台,信息层层转发的速度极快。我们更要避免将机密放在手机上,或者使用公开的社交平台收发机要文件,一个不小心就可能将机密扩散到无法追回的范围。

二、 秘书实务的作用

（一）参谋作用

由于中高级秘书服务的对象都是中高级领导,很多时候他们的决策也需要秘书进行前期调查研究、中期分析归纳、后期提供意见,辅助领导决策,这就是参谋作用。他们有时候还为上司草拟文件和方案,或者组织专家论证、参与调查研究、选定方案。由于经历、活动范围、身份所限,一些决策所需要的信息,领导掌握不到或者不便去打听,这个时候秘书的参谋作用就得到了发挥。例如在商务谈判中,他们可以利用自己较为方便的身份去了解情况,进行私人沟通,和对方进行非正式协商,了解对方的诉求和底线,以便领导做出最终的决定。高级秘书还能充当领导人的"顾问",利用自己工作掌握的情况,解决领导人的疑难问题,为领导决策出谋划策,以供参考。在决策之后,秘书还要负责收集并反馈信息,对领导未能顾及的缺陷提出应对方案,为领导进一步决策提供依据。

（二）助手作用

秘书是上司的直接工作助手。这种助手作用在具体工作中体现为替上司把关和帮助上司处理事务。把关就是对商务谈判会议地点的把关,来访人员的把关,下情上传的把关,以及文件内容、信函措辞、接待规格、会议时间、人员调配等具体事务的把关。公司的高级秘书还对公司下属人员的素质和雇佣拥有把关权。帮助就是表现为帮助或者代替上司处理单位日常事务,节省上司的精力,帮助上司维持机构的正常运转,保持人员的正常进出,代替上司督查下属部门的工作情况,依照上司的授权处理突发事件,代替上司传达指示。实际上,越是高级秘书,其服务对象的事务就越繁忙,就越会把一些日常性的事务交给秘书代为办理。因此,秘书这个助手,很多时候代表的就是上司。广大秘书从业者一定要认清自己的助手作用,切不可利用上司的权威,面对同僚和下属狐假虎威,假传指令,打击报复,徇私舞弊。

（三）协调作用

秘书实务所涉及的工作,很多是需要多个部门配合的,例如举办大型招商会,难免会出现某些部门的不配合,导致工作停摆。秘书就常常需要代表上司,在上下左右部门之间沟通、协商,以消除误会,调整进度,配置资源,分配利益,促进协作,并将难办的问题呈报给上司处理,以便工作得以推进。相比于各部门代表从自己部门利益出发的办事态度,秘书可以以局外人的身份从中斡旋,还能以上司代表的身份避免矛盾激化。所以说,秘书就是工作协调的"润滑剂",目的就是让需要各部门配合的工作更加顺畅。秘书的协调工作主要包括工作协调和关系协调。秘书本身并没有多少实权，但他实际的地位往往是"一人之下，众人之上"，是整个工作纽带的中心。许多复杂的工作与人际关系单单依靠相关部门自己解决，只会争吵不休，久拖不决。只有秘书最适合协调部门关系、利益的平衡与统一，这就需要秘书有较强的协调能力，有公正平允之心，充分考虑各方利益和困难，才能服人。

（四）信息枢纽作用

秘书实务一个很重要的内容就是信息指令的上传下达。秘书可以从文档管理、接待工作、办公室事务管理、对外联络、信息工作与调查研究、督查等工作中获取大量的信息。秘书机构可以说就是相应组织的信息集散地和信息库。如果说某个团体组织的领导是计算机的CPU，那么秘书就是那个储存、提取和管理大量信息的操作系统界面，随时为领导者提供相关信息。

（五）保密作用

正因为秘书岗位是单位的信息枢纽，负责保管各种机密文件、数据，组织机密会议，安排重要会晤，是各种信息汇总的中枢，所以保守秘密被称为秘书的天职。秘书部门在中国古代中央机关就长期被称为枢密院。保密作用主要体现在：妥善保管机密文件、通信数据；保守会议精神和纪要；保守单位内部政策和企业资金、账目、经营网络、生产工艺、知识产权、专利发明、客户信息等信息；保守领导的住址、行踪、家庭情况、个人爱好；保守机构设置和人员配置信息；保守本组织的规划和机密安排；保守员工背景、业务特长、档案、奖惩信息等。尤其是一些涉密的政府和企事业单位的秘书，更要有大局观念，管好自己的手和嘴，严守机密，知道的不乱说，不该知道的不要乱打听，尤其不要在私人圈子内因为谋虚荣、谋小利而泄露重大机密。这样会因为自己一时之失，给单位造成巨大损失，让数以百计的员工多年的心血付之东流，更让自己付出不能承受的代价。这些涉密单位秘书部门的负责人，不仅需要自己严守秘密，更要在机构设置和人员配置上，优化岗位和流程，让特定的秘书下属无法掌握机密的全部信息；完善机密文件、数据保管和销毁制度，制定完备的监督和追责机制，从而防止机密泄露。

（六）公共关系作用

秘书实务还经常涉及接待工作、对外事务管理、沟通与协调、督查与危机管理等公关内容，就是起到"内联外达"的公共关系作用。尤其是一些单位不设公关部门和专职岗位，秘书人员就更要自觉承担起公关职责。即使是单位设有专门的公关部门，良好的公关处理也是秘书实务有效开展的保证，也需要秘书有着拓展公共关系的意识。秘书应该本着"外结良缘，内保团结，上下一心，共谋发展"的原则开展公关事务，主要包括促进与其他党政机构、公司团体的联络和往来，处理群众的来信来访，处理客户投诉，处理单位与媒体的关系，沟通直接上司和其他领导、企业股东的关系，收集单位员工的意见和建议，做好对员工的福利照顾等。

政务秘书还应该协助领导密切与其他兄弟单位、下属单位和所服务群众之间开展日常联系，互通信息，保持进度，及时处理问题。企业秘书也应帮助上司融洽与客户、协作单位、员工、公众、媒体乃至政府部门的各方面关系，树立并维护单位和上司的良好形象，努力扩大知名度，提升公司和领导个人形象。

拓展阅读

1971年年初，我被调到南京军区司令部办公室，为廖容标副司令当秘书。这之前，我是在军区政治部群工部民兵科当干事。秘书和干事虽然都是做具体工作的小干部，但在指导思想、工作理念和业务分工上，却有很大的不同。要完成从干事到秘书的转变，必须下一番功夫。

秘书要"种好自己的田"

我服务的廖副司令分管民兵工作和国防后备力量建设。作为秘书，理应集中精力协助首长把这项工作做好，但我的脑筋一时转不过弯来，面对这位德高望重的老将军，我生怕服务不周，服务不好。除日常工作外，首长生活上的事、身边工作人员的事也热心去办，占用了大量精力。有些工作没有按时完成，或完成得不好，自己很疲劳，领导也不满意。

办公室李副主任看出我工作忙乱，效率不高，找我谈话说："干工作只凭热情不行，还要有科学的方法。秘书是为领导服务的，这种服务主要不是生活上的服务，而是要发挥好参谋助手的作用。秘书对领导的生活也要关心，但要明确，这不是秘书的主业。"

李副主任的开导，对我触动很大。我改变了大包大揽的旧习惯，该管的事管好，不该管的事少去涉足，不再做"种别人的田，荒自己的地"的事。我从繁杂的事务中解脱出来，精神轻松了，时间宽裕了，不仅能较好地完成首长交给的任务，还能抽时间搞些调查研究，与业务部门研究改进工作。

当秘书后，凡是廖副司令分管的工作都与我有关。不仅有民兵工作、征兵工作、人民防空工作，还有党委临时分配的工作，涉及七八个部门。这么多的工作都要兼顾到，又不能"眉毛胡子一把抓"，这对我来说，也是个新课题。在跟这些部门联系时，他们都强调自己分管的工作重要，希望在廖副司令的工作盘子里，占个好位置，在人力、物力、财力上得到更多支持，并要求我向廖副司令反映。我向首长汇报时，却碰了钉子，他批评我说："不能人家说重要，你也说重要。我这里还有更重要的。"首长的批评好似当头棒喝。我带着这个问题，请教经验丰富的老秘书。他们告诉我，秘书工作是领导工作的延伸，自己要深入研究，紧紧抓住领导最关注、最重视的问题，绝不能盲从他人、人云亦云。

吃透"三头"写稿子

我当秘书不久，军区筹备召开民兵工作会议，要求廖副司令和分管民兵工作的群工部长在会上讲话，廖副司令的讲话稿由我起草。我用三天时间写出了初稿，自认为写得生动、具体、实在。但在军区民兵领导小组开会研究会议材料时，却被泼了一盆冷水，主要是与群工部长的讲话重复，不仅角度相同，而且内容也相似。大家认为，廖副司令和群工部长虽然都讲民兵工作，但应采取不同的角度，廖副司令的讲话应从首长角度出发，多讲形势、认识和大政方针，具体业务如何开展让部门领导讲。这件事对我教育很深，我开始思考怎样站在首长角度写文章。以后，每次写讲话稿，我都与业务部门研究沟通，明确哪些该部门同志讲，哪些该领导讲。该领导讲的，不要推给业务部门，该业务部门讲的，领导不去越俎代庖。

领导的讲话稿应具有全局性、宏观性和原则性的特点，把握不好，容易犯"空"和"虚"的毛病。怎样治疗"空"和"虚"？我的经验是从吃透"三头"做起：一是吃透上头，学好中央的有关政策，特别是新出台的政策；二是吃透下头，就是通过调查研究，把该单位、该地区需要解决的问题搞清楚,尤其要搞清楚方向性、全局性、战略性问题;三是吃透领导这一头,把握领导的观点和思路。把握领导的观点、思路,不仅要当面请示,还要靠平时积累。

嘴巴安个"过滤器"

因为给首长管文件,大军区首长能看的文件,我基本上都能看到,而且先于首长看到。党委开会,我负责记录,有些核心机密也是第一时间知道的。秘书与首长近距离接触,工作同步运转,首长的一言一行,秘书都看在眼里。出于工作需要,首长不便告诉别人的事,也会告诉秘书。有人说,秘书浑身是"蜜"(密),我看并不为过。由于秘书身上沾满了"蜜",自然会招来蜜蜂。有人喜欢向我打听信息,尤其对新政策、新举措出台,部队编制的变化,干部的升降去留等敏感信息感兴趣。一些平时接触不多的人,也与我套近乎,希望我透点"蜜"出来。秘书虽然官不大,但因岗位特殊,一言一行常被人关注。有时无意间说的话,很快会在一些人中传开,而且被误认为是首长的意思,造成不良影响。所以保守机密,秘书须慎之又慎。

我体会到,要当好秘书,就要耐得住寂寞,经得起诱惑,养成沉默的习惯。这不仅是认识问题,更是职业道德问题,是对党对国家对人民高度负责的表现。

当然,保守机密,不是把自己与群众隔离起来。秘书在领导与群众中间,应该是一座桥,而不是一堵墙。我的经验是,与不同层次的人打交道,要分清对象和场合,嘴巴上要安个"过滤器",分清哪些该说,哪些不该说,该说的说得恰到好处,不该说的守口如瓶,做到既密切联系群众,又保守国家机密。

(资料来源:满宗洲.从当干事到干秘书——我职业生涯的一次重要转变[J].秘书工作,2018(2):62-64,引用时略有删减)

任务参考

并不是所有的秘书工作都要求有较高的文字功底,例如前台接待秘书更需要良好的口才和沟通能力;也不是所有的秘书都需要较好的面容和较小的年龄,例如在幕后归档、管理、养护重要文书的秘书,一般并不与外界打交道,反而需要能耐得住寂寞,那些有足够的耐心,面容一般,年龄较大的人可能更适合这个岗位;秘书也不一定必须是女性,尽管当今秘书从业人员女性占了绝大多数,但是无论是国内还是国外,官职秘书还是社会秘书,尤其是高级秘书岗位,男性秘书也比较常见;对性别没有要求的岗位特别注明性别,反而有性别歧视的嫌疑。

✦ 思考练习

(1) 作为一名秘书,我们应该从满宗洲那里学到哪些秘书实务的经验?

(2) 秘书实务中需要重视和服务对象的"人情关系"吗?

(3) 公务秘书要严守秘密,那私人秘书也需要严守秘密吗?如果不,会有什么后果?

(4) 案例分析。

2013 年 11 月底,有关部门在工作中发现,多家网站刊登了 1 份机密级国家秘密文件。经查,2013 年 11 月中旬,某政府机关有关领导干部秘书牛某,在参加某涉密会议时,向文件保管人员邱某索要 1 份机密级会议材料。邱某明知牛某不在知悉范围内,但考虑其为领导秘书,不好得罪他,违规将会议材料交给对方。当晚,同事赵某给牛某发微信,打听会议信息。牛某未经考虑,直接将会议材料拍照发送过去,被赵某转发微信群,造成泄密。事件发生后,有关部门给予牛某开除党籍、开除公职处分,给予赵某开除公职处分,给予邱某行政记大过处分。

为什么同为秘书,向其透露一些机密却违反保密要求呢?

(资料来源:https://new.qq.com/cmsn/20160922/20160922036311,转引自中国保密在线,参考日期 2018 年 6 月 30 日,有删减)

第四节　学习秘书实务的意义与要求

情景导入

胡婷大学毕业后,曾经做过一段时间销售,因为经常需要出差,于是到一家公司应聘一份秘书工作。她以为凭自己的大学文凭,加上大学期间在校报做记者积累的文字功底,对付这样一份工作绰绰有余。但是当她面对面试官的询问,对于会务安排、部门协调、保密等事务毫无概念,甚至她都不了解秘书实务和秘书礼仪都需要注意什么。原来光有大学文凭和较好的文字功底并不完全满足秘书的要求。

任务提示

(1)胡婷对秘书实务有哪些误解?

(2)如果你是胡婷,在应聘秘书岗位前,应该做哪些工作?

(3)你觉得考一个秘书资格证的作用在哪里?

内容提要

本节主要阐述学习秘书实务的意义和要求。

必备知识

一、学习秘书实务的意义

要成为一名合格甚至优秀的秘书从业者,就必须掌握秘书实务的各项要求和技巧。

第一,学习秘书实务,有助于提高秘书工作质量和效率。第二,学习秘书实务,有助于满足领导工作的需要。第三,学习秘书实务,有助于理解秘书专业的相关知识。

二、 学习秘书实务的要求

学习秘书实务,不仅要学习秘书实务的素养,包括基本知识和业务技能,还要习得秘书实务的职业操守,并且坚持理论与实践相结合的工作原则,灵活、有效、守法、有德地开展工作。

(一)注重职业操守

任何职业都有自己的职业操守,这远比职业的基本知识与技能更加重要。一个没有操守的秘书从业人员,知识和技能就算再高,也不能促进秘书实务的开展,甚至可能引发无可挽回的后果。历史上,一些秘书背弃职业操守,或泄露机密,或背叛组织,或假公济私,或违法乱纪,这些反面例子需要我们引以为戒。秘书作为领导和上司的"左膀右臂",自古以来职责范围较广,在职责范围内要尽职尽责,也应注意不要把手伸向自己不该伸的地方,守住法律和道德底线。因此,学习秘书实务,坚持职业操守意识是第一位的。

(1)保守机密。保密是秘书实务出现的原因之一。秘书实务往往会接触党政机关、公司团体、个人的机密信息,因此学习秘书实务,必须有保密的职业操守。以公务秘书为例,秘书人员平时与领导接触频繁,会听到许多重要言论,看到许多机密文件,对领导的工作日程、内容、行踪了解得最为清楚,对单位的各个方面的情况知道得很多。这当中有不少属于单位或国家的机密,是一些人打听消息的重要渠道,甚至成为敌人窃取情报的主要对象。一旦泄漏,势必会给单位或国家造成严重损失,给国家的安全和利益造成危害。所以强化保密意识和加强保密工作显得日益重要。保密的关键,首先是人的自觉程度,秘书人员应熟知国家《保密法》的内容和单位的保密制度,并模范地加以执行,养成保守机密的习惯。其次是做到不泄漏领导尚未决定的决策。对私人秘书而言,不随便泄露雇主的日程安排、财务状况,不要随便谈论雇主的癖好、感情、家庭、关系亲疏等隐私。最后是保密制度要完备。自古以来,随着秘书实务范围的扩大和地位的提升,保密的制度一直都得到了不断强化。

(2)实事求是。秘书是各种信息收集、汇总、传递的中枢,这些信息直接影响着服务对象的决策判断和下属部门、人员的执行,因此,绝对不能把个人的意愿甚至私利掺夹进去,否则,不仅会影响整个组织的运作,还会让自己失去这份工作。实事求是在秘书实务中还表现为诚实守信。诚实守信,是人际交往的起码道德要求,是社会行为的基本准则。"人无信不立,业无信不存,国无信不兴"。诚实可靠是指赤诚无私,真心实在,办实事。秘书人员只有诚实守信,才能取得他人的信任,组织的各项活动才能落到实处。它要求秘书人员对领导和组织忠心耿耿,处处维护组织利益,在办理领导交办的事项中,公事公办、不谋私利。在诸如会晤、会议案卷、组织会议、收发函件、传递文件等工作方面都要准时;对接受的任务,如果不能按期完成,必须及时汇报,不能拖延或擅自改变。在日常工作尤其是在信访接待中,不要轻易答允自己无力兑现的事情,一旦答应就应尽一切力量去办。

简单而言,实事求是的秘书作风就是"态度客观,办文要准,办事要稳,情况要实,意见要慎"。因此,不少企事业单位招聘秘书人员的启事中,都将忠实可靠列为必要条件。

(3)步调一致。秘书尽管职权范围很广,作用很大,但基本的定位依然是服务对象的助手。因此,秘书应该摆正自己的位置,与服务对象的意见保持步调一致。如果有个人的见解可以提出自己的看法,一旦服务对象做出了决策,不能虚与委蛇,阳奉阴违,自以为是地做出改变。同时,还应该坚持不越权的要求,越权实际上是狂妄自大的表现,很多经过系统秘书实务训练的人总是想展示自己的职业能力,忽略了自身的定位,最终良好的知识功底却没给自己带来好的发展前景,反而引起上司的猜忌。但是,对于明显违法乱纪和违反道德底线的决策,秘书还是应该予以纠正或者对服务对象进行劝解,否则一旦触及法律,负责执行的秘书也要承担法律责任。我们经常可以发现,那些贪污腐化的领导干部,身边基本都有一个沆瀣一气、臭味相投的秘书。领导干部被留置被调查,往往其身边的秘书也涉案其中。相反,如果上司的决定可能会给单位和他本人带来一定的损失,但是这个决定守住了道德底线,体现了上司的责任担当,作为工作上最亲密的人,秘书应当予以坚决的支持。实际上这样的上司,才是一个秘书难得的引路人。

(4)善于合作。秘书人员上接领导,下联各界人民和群众,是一个与人打交道的服务行业。因此,是否善于合作,处理好人际关系至为重要。秘书人员要有善于合作的精神,能与他人搞好团结,善于与他们相互配合,共谋大事。这也就是所谓系统科学中"部分之和大于整体"的道理。同时,秘书人员要有自知之明,对待他人要谦虚、低调、热情、平等,不要觉得在领导身边工作就高人一等,自命不凡,目中无人。例如在考察访问活动中,聪明的秘书总是在外围服务,把重要位置给上司和受访对象。人类社会自然回避不了人情,秘书也要广交朋友,扩展自己的工作关系网,并在此基础上加深了解,主动配合他人的工作。这样既能了解方方面面的情况,又能保证上级的指令得到有效执行。秘书人员要想与他人合作,就必须宽容大度,以诚相待,低调沉稳;要有宽阔的胸怀和大局意识,多看他人长处、优点,谦虚学习;在合作对象出现错误时,要用合适的言语暗加提醒,善于帮助其纠正缺陷;还要在合作不顺利的时候勇于承担自己的责任,让大家觉得自己有诚意、有担当、有信誉。

(二)加强职业素养

秘书的职业素养包括两个方面,一个是与秘书实务相关的理论和知识,一个是秘书实务的实操技能。前者可以从书本上获得的,后者则需要谦虚谨慎、勤奋好学地从实践中逐步培养。秘书实务的书面知识主要包括两个部分:第一是基本知识,主要有秘书实务的历史、秘书实务的具体内容、秘书实务的要求和原则。第二是专门知识,主要有相关领域的学科知识,包括秘书礼仪、危机公关、媒体沟通、办公自动化操作等,如金融秘书就必须掌握一定的金融知识。

任何秘书从业者都必须坚持书面知识与实践相结合的原则。光有书面知识是远远不够的,毕竟秘书实务是实操性非常强的业务,必须将学到的知识灵活使用在实际业务中。任何教材都不可能面面俱到,总有书本知识无法触及的角落,总有新的实务内容不断出现。每个团体组织的秘书职位都有自己工作的特殊性,而教材的知识也是大量秘书实务的从业者、教师和研究者从发展的实务实践中逐步总结出来的。这需要我们因地制宜,少说、多看、勤练、好学。为什么一些科班出身的秘书做的并不成功,而一些并没有受过正规学历培养的秘书却可以成就斐然,就是这个道理。

(三)拓展职业知识面

随着社会的发展,今天的秘书实务日新月异,20年前的经验总结现在看起来就比较落伍了,彼时的教材恐怕很难想象电子邮件、微信公众号、视频会议、大数据、云计算、网络订票订房、电子支付会在今天的秘书实务中如此普及。大量的网络化办公设备和技术如果仅靠在实践中自己慢慢摸索,不仅浪费时间也很容易出差错。因此,秘书从业者必须有与时俱新的学习心态,不断扩充自己的知识面,提高自己的职业修养。例如学习新的办公设备使用技能,学习新的文件管理方法,培养自己的礼仪规范,熏陶自身的文化涵养,讲究衣着搭配,做一个有素养有格局的优秀秘书。

拓展阅读

你可以不是秘书,但你要学会秘书的工作方式。

方式1:尽早成为博学多才的人,努力爱上自己的工作。

方式2:猎取高级的情报,然后毫无保留地交给上司。

方式3:全心全力辅助上司的工作,你的威望也会得到提高。

方式4:在有机会学习的时候,全身心地投入学习。

方式5:当你具备了老板的观点和视野,你就已经是一位老板了。

方式6:相较于才华横溢的属下,上司更喜欢提拔那些忠诚可信的员工。

方式7:学会秘书的口才,学会以团队为中心的交流方式。

方式8:虽然没有人直接指出,但无礼举止就是你的最大障碍。

方式9:不想变成"孤立军"? 那就首先"磨"好自己的脾气。

方式10:从老板的身上学会如何发展人脉、处理人际关系。

(资料来源:赵一宽. 像秘书一样行动[M].千太阳,译. 北京:中国友谊出版公司,2009)

任务参考

在面试之前,胡婷应该了解对方秘书岗位的职责,然后学习相关秘书实务的知识,这样不仅有利于展现自己的专业知识,也能体现对这份工作的重视。如果打算长期从事秘书工作,最好考一个秘书资格证书,更有说服力。

思考练习

1. 是不是从学校秘书专业毕业,就足够胜任一份秘书的工作呢?

2. 如果办公室几个同事背地里议论领导的感情生活,笑成一片,作为领导秘书,你该怎么办呢?

3. 秘书的职业操守有哪几个方面?

4. 年轻的谭莉莉大学毕业以后,应聘到一家销售床上用品的大型贸易公司的长沙分公司工作。凭着她的聪明和能力,被调到分公司经理陈女士办公室当秘书。一次陈经理让谭秘书陪同她一起向前来视察的张总经理汇报工作。在张总经理视察期间,谭秘书为了代表分公司形象,刻意打扮得光鲜亮丽,并抢着介绍公司某些具体情况。她形象气质都很好,普通话标准,口才甚好,介绍的无一遗漏。对张总经理给分公司布置的任务,谭秘书也毫不犹豫地承诺下来,几乎成为整个视察活动的关注焦点。视察结束后,谭秘书还给张副总经理留了私人名片,表示今后张总要办什么事,尽管吩咐。相比之下,陈经理几乎插不上话,一些问题也显得有些张口结舌。加上她人到中年,形象大不如年轻时候,穿的也是普通的职业装,普通话也带有长沙口音,于是张总经理更倾向于和谭秘书交谈,更显得陈经理相形见绌。送走张总经理以后,谭秘书对自己的表现有些沾沾自喜,认为帮了陈经理的大忙,一定会得到表扬的。可是过了几天,谭莉莉突然被调到销售部当业务员去了,还是经常跑湘西边远县城的业务员。她怎么也没有想到会是这个结果。为什么谭莉莉的出色工作会换来这种结果?她又该怎么办呢?

✦ 本章总结

秘书实务由来已久,在漫长的历史中扮演了非常重要的角色,极大地减轻了服务对象的工作压力,提高了办事效率。但是长期以来,"秘书"这个词和实务内容基本是不一致的。当今的秘书实务概念诞生于近代经济和社会深刻变革的时代,在 21 世纪的新时代又得到了极大的发展。总体而言,秘书实务由官职秘书身份转向社会秘书,由政务秘书实务扩展到商务、业务、私人秘书实务等,呈现出多元、综合的发展态势。

秘书实务具有一些职业共性,即辅助性、灵活性、服务性、机密性。在现代政治经济和个人活动中,扮演着非常重要的作用,主要是起到助手作用、参谋作用、协调作用、信息枢纽作用、公共关系作用。秘书实务不能简单理解为草拟收发文书、归档材料的文案工作,要重视参谋作用和信息枢纽的作用,搞好工作上的人际关系;同时,秘书也要认清自己助手的地位,不能越权,更不能狐假虎威,以领导的名义谋求私利。

学习秘书实务,要重视职业操守,加强职业素养,拓展职业知识面,要以负责任的态度做好后面章节将要介绍的辅助决策、文档管理、会务工作、对外事务管理、办公室事务管理、沟通与协调、督查与危机管理等工作,灵活处理好其他领导临时交办的事务,做一个有内涵、有能力、有格局的新时代秘书执业者。

✦ 影像展示

1. 欧美 19 世纪末 20 世纪初私人秘书的实务:《纯真年代》片段,奥兰斯基伯爵的私人秘书代表伯爵前往美国处理与奥兰斯基夫人婚姻问题。

2. 政务秘书的日常实务和助手作用:《关键投票》片段,两位总统候选人的选举事务秘书,安排选举事务,邀访选民。

3. 秘书实务的综合性与职业操守:《辛德勒的名单》片段,犹太裔秘书与雇主辛德勒先生步调一致,处理工厂日常事务,和德国法西斯周旋,最后不惜耗尽工厂全部财力也要挽救集中营犹太人的生命。

第一章 绪论
影像展示

4. 宋代秘书实务:《清平乐》片段,宋仁宗时期的中央翰林院与"两府"的职责分工、日常工作和秘书人员的保密意识。

5. 法律秘书实务:《精英律师》片段,高级律师罗槟的秘书栗娜的日常秘书工作。

第二章
文档管理

📋 本章概要

　　办文是秘书的三大任务之一,主要包括文书的撰拟、处理和归档三个环节。本章将围绕秘书办文的三大环节,分别介绍文书撰写的程序、原则;文书的处理程序和文书的整理归档的要求。通过本章的学习,学生将掌握公文的撰写与办理方法,了解秘书办文工作的规范,并逐步培养秘书办文工作的基本能力。

✏️ 学习目标

1. 熟悉行文制度,加深理解行文关系和行文方式。
2. 掌握行文要求。
3. 掌握发文处理、收文处理的环节。
4. 掌握文书整理归档的方法步骤。

第一节　文书撰拟与处理

🔍 情景导入

　　某某大学新建一座综合楼,其中5楼分给生物学院做实验室用。院长发现电路规格不符合做生物实验的规格要求,必须改造,否则将存在安全隐患,于是责成秘书给主管部门拟写一份公文。假如你是秘书,请完成该项任务。

任务提示

　　(1) 假如你是秘书,你将选择哪个文种行文?
　　(2) 公文拟写的流程是什么?
　　(3) 根据上述情景,拟写公文。

内容提要

文书的撰拟是发文环节的起点,也是整个文书处理的载体。首先,应了解文书撰拟的程序和规则,做到规范行文;其次,应懂得发文处理程序和收文处理程序,使文书处理程序化、规范化。

必备知识

一、 文书的撰拟

(一)文书的概念

文书是人们在社会实践活动中为了传递、记载信息,而形成并使用的具有应用性的和特定格式的文字材料,是以文字形式处理各种事务的凭证性工具。

(二)文书拟写的过程

文书拟写一般分为四个步骤:领会意图、明确目的;调查研究、获取材料;总体构思、拟写提纲;起草初稿、认真修改。

1. 领会意图、明确目的

这是解决做什么的问题,即写此文是为了解决什么问题。任何一份文书都是根据工作中的实际需要来拟写的,因此,在动笔之前,首先要弄清楚发文的主题与目的,具体而言包括以下几项内容。

(1)文件的中心内容是什么。比如相关工作的改善,主要提出目前情况怎样,存在哪些问题,解决方式、需协助事项;再如请求事项,拟请上级机关答复或解决问题等。

(2)根据文件内容,准备采用什么文种。比如,汇报工作情况,是写专题报告还是写情况简报;针对下级来文所反映的问题,是写一个指示或复函,还是一个带规定性质的通知等。

(3)明确文件发送范围和阅读对象。比如,向上级汇报工作,还是向有关单位推广、介绍经验;是给领导、有关部门人员阅读,还是向全体人员进行传达。

(4)明确发文的具体要求。例如,是要求对方了解,还是要求对方答复,是供收文机关贯彻执行,还是参照执行、研究参考、征求意见等。

总之,发文必须明确采取什么方式、主要阐述哪些问题、具体要达到什么目的,只有对这些问题做到心中有数,才能够落笔起草。

2. 调查研究、获取材料

材料是文章的血肉,能够使文章内容充实,根据有说服力。例如拟订工作计划、进行工作总结、起草规章、条例、拟写工作指示等,往往都需要收集有关材料和进行下一步调查研究工作。收集材料及调查研究,是一个酝酿的过程,是为了掌握全面的、大量的素材了解问题的各个方面,然后经过分析思考产生一个认识的飞跃。

3. 总体构思、拟写提纲

这是解决怎样写的问题。提纲是所要拟写的文件的内容要点,把它的主要框架勾画出来,以便正式动笔之前,对全篇做到通盘安排、胸有成竹,使写作进展顺利,尽量避免中途返工。例如,文书共分几个部分,每一个部分又分作几个问题,各个大小问题的题目和要点及使用什么具体材料说明等。

4. 起草初稿、认真修改

前期准备工作就绪后,就开始起草初稿。写作中要求观点鲜明,选材得当,运用材料要能说明问题,做到材料与观点统一。公文用语不能含糊不清,模棱两可、词不达意、似是而非。同时,语句要简练,交代清楚即可。拟写文件既要尽量节省用字、缩短篇幅、简洁通顺,又要注意交代的问题清楚明了。

初稿写出后,要认真进行修改。自古以来,好文章都要经过反复修改的,写文件也同样,尤其是重要的文件,往往要经过几稿才能通过。修改的内容包括主题的修改、观点的修改、材料的修改、结构的修改和语言的精练。

(三) 文书拟写的原则

1. 符合行文规则

行文规则是指行文撰制过程中的操作标准,它规范着各种社会组织之间的行文行为。具体而言,涉及是否需要行文和用什么文种行文的标准。简言之,行文规则规范了行文对象、行文方式和行文关系的问题。《国家行政机关公文处理办法》规定:"行文应当确有必要,注重效用。"行文要在注重效用的基础上,根据行文关系选择正确的文种。譬如下级部门需要请求上级给予指示或帮助解决问题,则需要用"请示"行文;如果是同级机关或不相隶属机关之间请求对方批准某事,则只能使用"函"行文。

2. 尊重客观事实

实事求是是文书撰写者应掌握的基本原则,是衡量文书好坏的一项标志之一。对上请示工作、汇报工作要实实在在,一是一,二是二,不说假话、大话、空话。对下发指示,要遵循各项工作的发展规律,从实际出发,有的放矢,所发公文切实可行。总结工作时既要讲成绩,又要讲存在的问题,不能讲成绩时不惜笔墨,而讲问题时轻描淡写。党中央的报告、决议等,之所以受到广大人民群众的信赖,其根本原因是各项内容尊重客观事实,体现了实事求是的精神。

3. 撰写准确及时

文书具有时效性这一特点,因此在尊重客观实际的情况下,应该准确及时地反映问题。准确包含两层意思,一是指观点明确。从构思到动笔,文章的主旨是什么,必须考虑周全,不能含糊其词;行文前后必须一致,不能前后矛盾。二是用语准确。文书撰写者首先应能准确辨析词义,在写作中能根据需要恰当选用,准确表达,防止出现大词小用的现象,其次应注意词语的语气特征,不同的文种有不同的内容、功用和行文方向,因此在写作过程中应注意词语的语气特征,防止出现不适于文体的问题。比如对于一些规定性公文,措辞应该坚定、严肃,应该用"必须""一定"等语气强硬的词语;对一些指示性公文,措辞应当适当缓和,比如用"应该""希望"等平和的词语;对一些报请性公文,措辞应谦和,比如用"恳请""如蒙"等委婉的词语。公文写作格式文中的数字、人名、地名、机关名等必须准确无误,避免出现差错。

及时性事关工作效率的问题,文书必须注重及时性,绝不允许迟缓拖延、贻误工作。该做出指示的要及时指示,该向上级请示的应及时请示,该向上级汇报的及时汇报,该向有关部门反应的应及时反应。如果不及时,便会失去文书的价值。比如,一项工作的经验总结,如果在事过许久才进行,那便不能及时推广经验和吸取教训。

4. 体式规范

文书与文学作品不同,有它特有的体式,无论是上行文、平行文,还是下行文都要根据文种的要求和规定的格式拟写。文书体式规范能保证其完整性和有效性,也能提高其运行效率,同时也便于事后归档保存。

文书的体式包含文头部分、行文部分和文尾部分。这里只强调行文部分的规范。行文部分包括标题、主送机关、正文、附件说明和生效标识五大板块。

(1) 标题。一般由发文机关、事由、文种三部分(习称完全式)组成。发文机关和事由可据文种要求去留(习称省略式)。例如,国务院令。机关名称和事由同时省略的情况不多,这类情况多见于公布性公文,如机关内部的通知、通告,法院的布告等,仅仅以文种作为标题,这是为了张贴时醒目,使人从远处就可以看到,有利于扩大传播范围。

因此,省略式标题是有条件限制的,而且在任何情况下,文种是不能省略的,文种省略了,就不符合文件格式规范了。但是,也有一些单位的发文,不管什么情况都笼统地使用"报告、请示、决定、批复、通知"等公文名称来作公文标题,把发文机关和事由都给省略了。这就给公文的收发登记、查找利用造成困难,也给阅读和处理带来诸多不便。这种不符合文件格式规范的做法是应当引起注意的。

(2) 主送机关。即发文机关要求对公文予以办理或答复的对方机关,也称受文机关。上行文一般只写一个主送机关,下行文分专发性的下行文和普发性下行文。写专发性下行文的主送机关名称时,必须确定一个合理的排列顺序,有时也可不写主送机关。

公文的主送机关一般有以下三种情况。

① 上级领导机关对下级发出的公文,其所属的下级机关单位都负有贯彻执行公文的责任。除批复以外,一般的下行公文都有两个以上的主送机关。级别越高的机关的发文,其主送机关的覆盖面越大。

② 下级机关向上级领导机关发出的请示或报告等上行公文,不管请示或报告的内容事项如何重要,牵涉面如何广泛,在一般情况下都只有一个具体的主送机关,不要多头主送,这样会造成上级领导机关职责不清,或相互推诿,甚至影响团结、延误问题的及时处理等。

③ 直接向社会公众发布的公文,如通告、公告等告知性公文,以及一些章程、条例、规定等法规、规章类公文,它的承办或者贯彻、执行、落实、知照的对象是全社会或者全体人民群众,在这种情况下,公文的主送机关就没有必要再写了。

主送机关的位置应在正文之上公文标题左下方,无论一行或多行,均靠顶格书写。根据机关名称中间用顿号或逗号,末尾加冒号。

(3) 正文。是公文的主要内容。一般包括开头、主体和结尾三部分。

① 开头称为引言部分,不同的文种,开头的要求各有差异,但主要都是说明行文的依据或缘由。开头部分的写作一般有依据式、目的式、原因式三种写法,以开头表明制发这份公文的依据、目的或原因。

依据式即简要地说明发文的依据。通常用"据""根据"或"按照""遵照"等介词和宾词组成介词结构的开头。

目的式即开宗明义说明发文的目的。通常使用"为","为了"等介词和宾词组成介词结构的开头。

原因式即简要地说明发文的原因。通常用简洁的语言,以叙述、说明或夹叙夹议的方式开头。

② 主体即公文的核心部分,要求清楚、明白地阐明行文的目的和要求。结构安排上可分段分层标写,也可归类依次陈述。公文的主体部分写作要求如下。

第一,内容要符合党的路线、方针、政策和有关规定,符合国家的法律、法规,提出新的政策规定要注意保持连续性,提法要同已公布的文件相衔接。

第二,所反映的情况、问题、数据等必须真实可靠,提出的措施和办法,要切合工作实际,切实可行。

第三,内容涉及的有关部门要经过协调会商,取得一致意见。

第四,在文字表达上概念准确,观点鲜明,条理清楚,层次分明,篇幅简短,实事求是,合乎语法规范,正确使用标点符号。

③ 结尾,根据行文关系和具体文种的不同要求,写作不同的结束语。

结束语就是正文的结尾。结束语部分要意尽言止,自然终结。由于公文的文种不同,行文目的不同,以及行文关系等因素,结束语应有不同的写法。如上行文的结束语一般用"以上意见妥否,请批示""妥否,请批复""以上意见如无不妥,请批转各地区、各部门执行""以上报告,请审阅"等;平等文的结束语一般用"专此函达""敬希函复""特此函告""此复"等;下行文的结束语一般为"此令""此告""希遵照办理""希贯彻执行"等语。也有一些公文不使用上述习惯的结束语。

（4）附件说明。附件说明是用以说明附属在公文正文之后的有关文件材料的名称及件数的。附件是相对公文正件而言的。在内容上,附件是附属于公文正文的,它对正文的有关问题起补充说明或参考作用;在形式上,附件是公文的一个组成部分而不可随意分开,有附件的公文,附件就同正件一起组成一份完整的公文。附件说明有助于附件的查阅与保护。

公文附件的形式一般有图表、目录、名单、简介及其他有关文件材料。

附件说明位于正文或无正文说明的左下方公文生效标识之上,注明所附文件材料名称及件数。然后,在发文机关落款和成文日期之后另起一页附上所列附件的材料。

（5）生效标识。包括发文机关署名、成文日期和机关印章。

① 发文机关署名。发文机关署名又称落款,是指在正文或附件说明之后署上制发该份公文的机关名称,即公文法定的作者。发文机关的书写要注意以下几点。

第一,发文机关的名称必须用全称或规范化简称,不能滥用简称,以保持公文的严肃性。

第二,联合发文机关名称都要写上,一般以主办单位为先,然后依次排列。如遇联合行文的机关名称的字数有多有少时,要拉开距离,名称的排列以整齐划一为美,不要参差不齐。还要注意按各联合行文机关印章的大小留出空行。

第三,发文机关名称的位置应在正文、无正文说明或附件说明之后,右下方另行书写,同正文之间应有一定间隙,以便用印。

② 成文日期。成文日期是指文件形成的时间。它是文件生效及日后查考的重要依据之一。公文的成文日期有以下几种情况。

第一,一般情况,以领导人签发日期为准。

第二,经会议讨论通过的公文,以会议通过的日期为准,并加括号写在公文标题的正下方。

第三,法规、规章类文件以批准日期为准。法规、规章性文件的发布日期与实施日期不一致时,应当注明施行日期。

第四,两个以上机关的联合发文,以最后一个签发机关的领导人的签发日期为准。

③ 机关印章与领导人签署。机关印章是公文制发机关对文件生效负责的凭证。机关印章是由上级机关颁发的,表示授予它以法定的职权。

公文除会议纪要和印制有特定版头的普发性公文外,应当加盖印章。联合上报的非法规性文件,由主办机关加盖印章。联合下发的公文,联合发文机关都应当加盖印章。

公文用印的位置在成文日期的上侧。要求上不压正文,下要骑年盖月,一般视印章大小压成文日期 4~7 个字。

(四) 常见文书写作要点

我们在工作和生活中常用的公文包括报告、请示、通知、通报、函。下面将逐一介绍写作要点。

1. 报告写作要点

报告是向上级机关汇报工作、反映情况、提出意见或建议、答复上级机关询问时使用的陈述性公文。一般结构如下。

(1) 标题:制发机关+事由+报告;报告前可加"紧急"。

(2) 正文:一是事由,直陈其事,把情况及前因、后果写清楚。二是事项,写工作步骤、措施、效果,也可以写工作的意见、建议或应注意的问题。

(3) 结尾:可写"特此报告""专此报告",后面不用任何标点符号,或"以上报告如无不妥,请批转各地、各部门执行",或"以上报告,请指示"等语。注意事项:概述事实,重点突出,中心明确,实事求是,有针对性。

(4) 生效标识:发文机关和日期。

2. 请示写作要点

请示是下级机关向上级机关请求指示或批准的呈请性、期复性公文。一般结构如下。

(1) 标题:制发机关名称+事由+请示。

(2) 正文:一是请示的原因,陈述情况,阐述理由,讲情必要性和可能性,最后用"为此,请示如下"。二是请示的事项,写明请示要求,如请求物资要写明品名、规格、数量,请求资金要写明金额。

(3) 结尾语:多用"上述意见,是否妥当,请指示""特此请示,请予批准""以上请求,请予审批""以上请示,请予批复""以上请示,如无不妥,请批转各部门执行"等语。

(4) 生效标识:发文机关和日期。

注意事项:一文一事;一个主送机关;逐级请示。

3. 通知的写作要点

通知是用于批转公或转发公文、传达事项和任免人员的公文。其种类多,使用范围广。虽然不同类型的通知其结构安排有所不同,但一般可以概括为以下结构。

（1）标题：制发机关＋事由＋通知。

（2）正文：一是通知前言，即制发通知的理由、目的、依据。例如"为了解决×××的问题，经×××批准，现将×××，具体规定通知如下"二是通知主体，写出通知事项，分条列项，条目分明。

（3）结尾：通知的结尾有三种写法。

一是意尽言止，不单写结束语。

二是在前言和主体之间，如未用"特作如下通知"作为过渡语，结尾可用"特此通知"结尾。

三是再次明确主题的段落描写。

（4）生效标识：发文机关和日期。

4. 通报写作要点

通报适用于表彰先进、批评错误、传达重要精神或者情况的下行文。一般结构如下。

（1）标题：发文机关＋事由＋通报或事由＋通报。

（2）正文：陈述事实＋分析事件＋通报决定。

主要事实。表彰性通报要突出主要先进事迹，批评性通报要抓住主要错误事实。

分析事例的意义。表彰性通报，在阐述先进事迹的基础上，提炼出主要经验、意义和值得学习与发扬的精神。批评性通报要分析错误的性质、危害，产生的根源和责任，指出应吸取的主要教训等。

决定要求。表彰性和批评性的通报，应写明组织结论与予以表彰或处理的决定，同时提出对表彰或批评对象与读者的希望、要求。为了防范和杜绝类似错误发生，批评性通报的结尾处，通常要有针对性地提出防范的措施或规定。传达性通报一般不写决定要求。

（3）结尾：提出希望和号召。

（4）生效标识：发文机关和日期。

5. 函的写作要点

函是不相隶属机关之间相互洽工作、询问和答复问题，或者向有关主管部门请求批准事项时所使用的平行文。一般结构如下。

（1）标题：发文机关＋事由＋函。

（2）正文：发文缘由＋函事项＋尾语。

发文缘由，去函一般说明发函意义、根据、背景等；复函一般引述对方函的标题、发文字号，表示收悉。

函事项，去函应说明具体事项；复函应答复发函机关提出的问题、批答请求事项。

尾语是礼节性用语，不同类型的函有不同的尾语。

商洽函的尾语常用："恳请协助""望大力协助，盼复"等。

请批函的尾语常用："请审查批准""妥否，请审批"等。

询问函的尾语常用："盼复""请予复函"等。

答复函的尾语常用："此复""特此函复"等。

（3）生效标识：发文机关和日期。

撰写函件应注意的问题：行文简洁明确，用语把握分寸。

（五）请示写作列举

关于申请建房拨款的请示

汉阴县教育局：

　　我校的部分教室修建于 20 世纪 80 年代，大多为砖木结构，在 2013 年被确认为危房，严重威胁师生安全。

　　为了解决教室危房问题，大河镇初级中学近几年一直租赁学校附近民房上课，但该民房距离学校 500 米远，学生上体育课、住宿回校时要经过一条公路，安全隐患较大；并且该民房窗户小，不通风，自然光不足，不利于学生学习。为此，我校定于 2017 年春季开始新建一栋教学楼，但资金不足，请贵局拨款 20 万元予以资助。

　　以上请示，望批复。

大河镇初级中学

2018 年 6 月 5 日

二、文书的处理

　　文书的处理是对文书的处置和办理，它是文书工作的重要环节。文书处理包括发文处理和收文处理两大程序。

（一）发文处理程序

　　草拟—审核—签发—复核—缮印—用印与签署—登记—分发

1. 草拟

　　草拟是整个发文处理过程的第一环节，拟稿的质量和时效是发文处理工作能否顺利进行的关键。拟稿人必须透彻地搞清 4 方面内容，即拟文的背景、依据、意图、要求。拟稿时的注意事项已在前面做了详细介绍。

2. 审核

　　审核是指文稿在送交领导签发前，对文稿的内容、体式等进行全面的检查审定。这是检查发文质量的重要环节。审核的重点应包括以下内容。

（1）是否确实需要行文

　　这是考虑行文的必要性和可能性。现实是否确实需要解决某问题，而又具备了解决问题的条件，有可能解决，是否符合行文规则和拟制要求，有无矛盾抵触。

　　审查文稿内容与党和政府的有关政策、法令以及上级的指示、决定等有无相互矛盾抵触之处，与本机关以前的发文有无前后不一致和自相矛盾之处。如发现问题，则按有关程序解决。

（2）是否符合公文格式要求

　　审核公文的格式包括标题、主送机关、时限等是否妥当，行文语气是否得体。

（3）处理程序是否完备

审核文稿在处理程序上是否妥善完备。如发文的名义是否合适，是否还需交一定的会议讨论通过，涉及其他部门或地区职权范围内的问题是否协商一致并经过会签或上级机关的批准等。

（4）文字表达是否简明、通顺

检查文字叙述是否通顺、简练、准确，是否合乎语法逻辑，有关数字是否已经核对，写法是否得当，标点符号是否正确等。

在审核中发现的问题，必须逐一加以纠正。一般性的问题可直接修改；如需作较大的改动，应附上具体修改意见，退回草拟人或承办部门共同研究解决。

总之，文稿审核是一项十分严肃而重要的工作，审核中必须注意研究、认真对待。

3. 签发

签发就是单位领导人对文稿进行最后的审核并签署意见的工作。签发是发文处理过程中最关键的程序，是领导人行使职权的重要形式。签发文件的原则如下。

（1）凡以机关名义发出的文件，应由机关正职或主持日常工作的副职领导签发。

（2）一般业务、事务性工作的文件，可由具体分管的副职领导人签发。如是重要问题，也可请正职领导人加签。

（3）经会议讨论、修改通过的文件，整理后可由会议主席或秘书长及其他授权人签发。

（4）几个机关或部门联合发文，或内容涉及其他机关部门的公文，应实行会签。

（5）签发公文时，应再次认真审阅文稿，如发现问题需作重大改动，应做出明确批示，可在文稿的右白边批注意见，或由秘书口头转告拟稿部门重新修改，待修改并重新誊清后再作签发。

（6）签发时应在"发文稿纸"的签发栏内写明意见，并亲署姓名和具体日期。代行签发的要注明"代签"字样。签署意见必须明确，不能模棱两可。字迹要清楚、端正。如需要送机关领导人审阅的，要写明"请某某领导同志审阅后发"。若审批人圈阅或签名，应当视为同意。受领导委托代行签发职责的，要注明"某某代签"。

（7）几个机关或部门联合发文，一般应由主办该文件的单位负责送请有关联署机关或部门的领导会签。单独发文的成文日期，应以领导人签发的日期为准；联合发文的成文日期，应以会签的最后一位领导人签发的日期为准。

4. 复核

复核就是指在公文正式印刷之前，秘书部门对文件定稿进行再次审核的工作。公文复核是公文正式印制前文秘部门进行的最后一次复审。

复核的重点是：审批、签发手续是否完备；附件材料（在办理过程中是否有遗失或缺页）齐全；格式是否统一、规范，是否有错别字、漏字等。

5. 缮印

缮印是指对已经领导审批签发的定稿进行排版印制文件正本的过程。缮印文件一般都是通过打印、胶印、铅印或复印的方式来印制文，必须严格按照国家标准《公文格式》的有关规定执行。缮印公文的具体要求如下。

第一，必须忠实于经过审核签发的定稿，不允许随意改动原稿的任何内容。

第二，版面设计讲究美观大方；用纸、格式、印刷符合国家标准。

第三,缮印过程中应注意保密,不得让无关人员随意翻阅印制的文件。

6. 用印与签署

用印就是在文件上加盖印章,以表明印章所代表的国家机构或其他社会组织对文件承担法律责任,表明其对公文法律效力的认可。

(1) 用印的原则

为了顺利实现发文的目的、保障文件的效用,用印时,应遵循分层、分职用印的原则,以保证用印的规范性和有效性。

所谓分层,即按照组织机构的层次,各个层次负责人在各自的法定权限内签发的文件应使用相应的印章,也就是说,以谁的名义制发文件,就加盖谁的印章,一般不得用其他机关的印章,尤其是下级机关不得使用自己的印章代替上级机关用印。在特殊或必要的情况下,上级机关可为下级机构的文件代章,代章时应清楚标明"(代章)"字样。

所谓分职,即按照不同的工作职能需要选用相应的印章。机关印章通常可以分为:公章、业务专用章、签名章和钢印 4 种。

(2) 用印方式

根据发文机关的情况不同,印章应加盖在文件的不同位置。以国家行政机关为例,一般文件的用印位置在正文后的落款处,联合下行文每个机关都应加盖印章,联合上行文,只需加盖主办单位的印章即可。

(3) 用印要求

指定专人保管;监管用印过程;印迹必须端正、清晰、完整。

签署是指以领导人名义执法公文时,须签具领导人姓名,据以生效。

7. 登记

发文登记是指将拟发出的文件正本中的信息和发送对象、发送范围等情况登录在案的活动。发文登记的目的在于通过登记建立整个基于对内对外的发文情况数据库,为发文信息的统计、催办以及日常工作的查询等管理活动提供依据,同时,也有助于分清收发双方各自的责任。

登记的内容详见发文登记表(见表 2-1)。

表 2-1　发文登记表

序号	发文字号	发文日期	发文机关	文种	收文单位	文件标题	接收人	份数

8. 分发

分发是指对印制完毕、需要发出的文件按发放范围进行分装和发送的环节。

做好分发工作的总体要求是:份数准确,书写正确,封口牢靠,发送安全,确认收文。具体要求如下。

(1) 封装文件前要先看发文稿纸注明的发送单位、密级、有无附件,然后根据发送文件份数,要对发出的文件数量作认真清点,确认份数无误,特别要注意附件是否有漏缺,文件有无缺页、倒页、错页等现象,文件有无漏盖印章等问题。

（2）文件封面的书写必须清楚、明白、正确，邮编地址、部门名称、姓名称谓都要书写工整，不得滥用简称和不规范的字体；文件如有紧急、密级等特殊要求的必须在封面上盖上相关戳记。

（3）文件装入封套时要注意短于封口，封口要牢靠、严实，不能用订书钉封口，应用糊糊或胶水封实，有密级的文件还要按密封的要求，贴上密封条并骑缝加盖密封章。

（4）文件发送要按照文件自身的情况选择不同的渠道。文件发送的渠道主要有电信传送和人工传送。电信传送指通过电传、传真、网络等形式传输文件，但对机密文件的传输必须采用加密方式。

（5）大批寄发的普发性文件，可印制成套的信封，以节省书写时间，避免书写差错。

文件封装发出以后，文秘人员应将发文稿纸、定稿和两本文件正本及时归卷，以留待查考和年终立卷归档。对办复的发文，要履行注办手续。

（二）收文处理程序

签收—登记—审核—拟办—批办—承办—催办—注办

1. 签收

签收就是对收到的公文应当逐件清点，核对无误后签字或者盖章，并注明签收时间。目的是明确交接双方的责任，保证公文运转的安全可靠。

2. 登记

登记就是对收进的文件在收文登记表上编号和记载文件的来源、去向，以保证文件的收受和处理。目的是便于对收文数量进行统计以及今后的查考利用。登记是文书工作中的一项重要环节和程序。

收文登记的项目包括：顺序号、收文时间、来文单位、来文字号、文件标题、紧急程度、密级、份数、处理情况（见表 2-2）。

表 2-2　收文登记表

顺序号	收文时间	来文单位	来文字号	文件标题	紧急程度	密级	份数	处理情况

3. 审核

秘书部门对收到的公文应当进行审核。审核的重点有以下几个方面。

（1）是否应当由本机关办理；

（2）是否符合行文规则；

（3）文种、格式是否符合要求；

（4）涉及其他地区或者部门职权范围内的事项是否已经协商、会签，是否符合公文起草的其他要求。

4. 拟办

拟办是秘书人员对收文应如何办理所提出的初步意见，以供领导批办时参考。拟办的意见，是一种参谋性意见或建议，协助领导及时、有效地处理文件，为领导节省时间和精力，提高办文效率。秘书提出的拟办意见,要抓住中心,有针对性,考虑全面,切实可行,文字表述要简明精练。

拟办的范围包括以下几种。

(1) 上级机关主送给本机关需要贯彻落实的文件。

(2) 机关直属各部门主送本机关的建议性文件、重要计划、方案、财务预决算等。

(3) 下级机关主送给本机关的请求性文件。

(4) 平级机关和不相隶属机关主送本机关的商洽性、涉及重要答复和共同研究协作等问题的文件。

(5) 其他需要贯彻和承办的文件。

5. 批办

批办是领导人对文件如何办理提出最终的批示意见和要求。批办通常由单位主要负责人对来文做出批示,这是领导人参与公文处理的重要环节,是领导人行使其职权的过程,也是收文办理中最重要的程序,它决定了文件的最终处理要求,是决策性的办文环节。

批办文件,要求单位领导人认真阅读文件,琢磨拟办意见,提出原则批示意见。批示中要给文件承办部门指明办理原则、应注意的问题和办理要求,做到表态明朗、词义明确,并将批办内容写在文件处理单"批办栏"内。

6. 承办

承办一般指贯彻落实文件精神和要求,按领导人批示执行具体的工作任务,办理有关事宜的过程。

承办的方式有两种,一是阅知性公文的承办。阅知性公文应当根据公文内容、要求和工作需要确定范围后分送。二是批办性公文的承办。批办性公文应当按照提出的拟办意见认真办理。

承办部门接到收文后,应按要求进行办理。具体要求如下。

(1) 确认承办范围

承办部门收文后首先要确认是否属于自己的承办范围,对不属于本单位职权范围或者不宜由本单位办理的公文,应当及时退回交办的文秘部门,并说明理由。

(2) 按照批办意见办理

承办部门必须按照批办意见认真组织办理,不得自行其是,或者寻找理由推诿。但当遇到批办意见与实际情况不一致,或随机出现了新情况而不能按批办意见执行时,可以请示后按批示意见办理;情况紧急的,可在一定的条件下,采取相应措施。

(3) 及时办理公文

承办人员应根据公文的性质与重要程度及以往惯例,确定办理的时限;对于紧急公文,应当按时限要求办理,确有困难的,应当及时予以说明。通常,特急件应随到随办。尽快在当时或在一日之内办理完毕;急件原则上也是随到随办,最迟不超过三天;对于限时完成的公文,应在限定的时间范围内必须办理完毕,不能延续。

(4) 签注承办结果

为了日后查考公文承办的过程、方式、结果以及承办的责任者,便于维护正常的承办工作秩序,在公文办理完毕之后,承办人员应清晰、工整地在文件处理单"办理情况"一栏内填写承办的经过与结果,并应填写承办人姓名与日期,以备日后查询。

7. 催办

催办是指按照文件办理时限,秘书部门对承办工作进行检查和催促,防止文件处理的漏办和延误。

催办的形式有:电话催办、信函催办、登门催办、会议催办、简报催办。

8. 注办

注办是对承办的情况和结果所做的简要说明。注办的内容有以下几点。

(1)一般的传阅文件,在有关人员传阅完毕后,文书人员应注明阅毕的日期。

(2)需要办理复文的文件,办理完后要注明"已复文",并注上复文的日期和文号。

(3)用口头或电话答复的要注明时间、地点、接谈或接话人、主要内容等,并由承办人签字。

(4)不需要复文的文件要注明"已办""已阅""已摘记"等字样。

拓展阅读

请示与报告的含义和异同

关于"请示"与"报告"的含义,《国家行政机关公文处理办法》和《中国共产党机关公文处理条例》都有明确的规定:请示,适用于向上级机关请求指示、批准;报告,适用于向上级机关汇报工作,反映情况,提出意见或者建议,答复上级机关的询问。二者不能混为一谈。请示与报告都属于上行文,都具有反映情况、提出建议的功用,但也有其明显的不同。

1. 内容要求不同。请示的内容要求一文一事;报告的内容可一文一事也可一文数事。

2. 侧重点不同。请示属于请示性公文,侧重于提出问题和请求指示、批准;报告属于陈述性公文,侧重于汇报工作,陈述意见或建议。

3. 行文目的不同。请示的目的是请求上级机关批准某项工作或者解决某个问题;报告的目的是让上级机关了解下情,掌握情况,便于及时指导。

4. 行文时间不同。请示必须事前行文;报告可以在事后或事情发展的过程中行文。

5. 报送要求不同。请示一般只写一个主送机关;受双重领导的单位报其上级机关的请示,应根据请示的内容注明主报机关和抄报机关,主报机关负责答复请示事项;报告可以报送一个或多个上级机关。

6. 篇幅不同。请示一般都比较简短;报告的内容涉及面较为广泛,篇幅一般较长。

7. 结束用语不同。请示的结尾一般用"妥否,请批示"或"特此请示,请予批准"等形式,请示的结束用语必须明确表明需要上级机关回复的迫切要求;报告的结尾多用"特此报告"等形式,一般不写需要上级必须予以答复的词语。

8. 处理结果不同。请示属于"办件",指上级机关应对请示类公文及时予以批复;报告属于"阅件",对报告类公文上级机关一般以批转形式予以答复,但也没必要件件予以答复。

(资料来源:出国留学网,https://www.liuxue86.com/a/2761325.html)

任务参考

本节情景导入中改造电路一事究竟用哪个文种合适,应该分两种情况,一种情况是本校能够改造,则可以使用请示向学校行文;另一种情况是本校无力改造,需要找外单位改造,这时应该向学校报告此事,应该用报告行文。

无论是使用请示还是使用报告行文,作为本次拟稿的秘书首先应领会领导意图,其次收集资料,然后拟写提纲,最后起草公文。下面是根据第一种情况拟写的请示。

> **××大学生物系关于改造新建教学楼生物实验室电路的请示**
>
> 学校办公室:
>
> 　　我校新建综合楼5楼分给生物学院做实验室使用,经过验收,发现电路规格不符合做生物实验的规格要求,必须改造,否则将存在安全隐患。恳请领导给予支持。
>
> 　　　　附件:生物实验室线路图
>
> 　　　　　　　　　　　　　　　　　　　　　　　　　　××大学生物学院
> 　　　　　　　　　　　　　　　　　　　　　　　　　　××年××月××日

思考练习

1. 不经签发人同意,任何人不得改动公文定稿的内容。这种说法是否正确,为什么?

2. 向一切有审批权的机关请求批准时均应写"请示"。这种说法是否正确,为什么?

3. 请示在未获批准之前不能抄送给下级机关。

4. 案例分析。

某大学校长办公室的内收发老秦在对一份具有一定时限性的重要文件组织传阅时,首先将文件夹在文件传阅夹内送到校长办公室。校长不在,老秦就将文件传阅夹放在桌上。过了两天,老秦到校长办公室去取这份文件,可校长说已将文件传给王副校长了;老秦找到王副校长,文件却又被传给了陈副校长,文件一时找不到了,领导批评老秦,老秦感到很委屈。分析这份文件的传阅有什么不当之处,该怎样传阅才正确。

第二节　文书整理与归档

情景导入

某公司实习秘书肖扬在整理公司文书准备归档,她把文书按照不同文种加以分类,在每类中按时间排列。还把文件后的附件一一分离出来,单独装订。在每份文件上标上页号,文件左侧统一用订书机装订。最后,把这些文件按照时间顺序依次装入档案盒中,填好档案,然后移交给档案室。结果档案室管理员陆言看了后直摇头。

任务提示

（1）秘书肖扬在整理归档中犯了哪些错误？

（2）文书整理归档的正确方法和步骤是什么？

内容提要

本节主要介绍文书整理归档含义、整理归档的条件范围，熟悉文书整理的基本原则，掌握文书整理与归档的方法步骤。通过学习，认识文件平时归卷、清退、销毁和暂存工作；理解文件立卷工作的组织与管理。认识并掌握以件为单位整理归档文件的方法。

必备知识

一、 文书整理归档的含义

文书整理归档是指将处理完毕的、具有一定查考利用价值的，应作为档案保存的文件材料，按照他们在形成过程中的联系，以"件"为单位，进行装订、分类整理，并进行装盒、归档，使之有序化的过程。这个概念包含以下具体内容。

（一）归整的文书，必须是办理完毕的

所谓"办理完毕"，并不是说文书内容所涉及的事情已经全办完，而是指文书处理程序上已经办理完毕。确定各类不同文书的整理归档时间时应把握以下四点。

第一，阐明问题的指导性文书，如果不需要某机关马上回答，则文件发出前就可以将定稿和正本随机归档；如果是收文机关，则经有关领导人阅知、下达或采取了措施之后，再把文件归档。

第二，不必办复的收文，经机关负责人阅批或传阅后，即可归档。

第三，询问答复性文书，了事后即可归档。

第四，重大问题，需要较长一段时间处理的，只要其中某项具体问题已经解决，即可归档。

（二）归整的文书有查考利用价值

文书整理不能"有文必档"，没有查考利用价值的文书材料可以不整理归档。

（三）归整文书的分类整理

归整的文书，必须按照它们在形成过程中的自然联系分类整理。应把有密切联系的文件材料以"件"为单位进行分类整理。

（四）归整文书的保管

归整的文书，应进行装盒（即档盒），以便于保管和利用，同时将归整装盒的文书向档案

部门进行移交,即归档。

二、 文书整理归档的意义

《国家行政机关公文处理办法》规定:公文办理完毕后,应当根据《中华人民共和国档案法》和其他有关规定,及时整理、归档,以保证档案的齐全完整,能正确反映本机关的主要工作情况,便于保管和利用。这就说明了文书整理的法律依据和意义。

三、 文书整理归档的范围

文书整理归档的范围是指机关在工作中形成的可以归档的文书材料。确定文书整理的范围能够避免归档文书的遗漏或不必要的重复,避免造成"玉石不分"的现象。

(一) 需要整理归档的文件材料

需要整理归档的文件材料,概括而言是指本机关在工作活动中形成的、办理完毕的、具有查考价值的收发文件、会议文件、内部文件、电话记录、本机关变音的出版物原稿以及编制的图表等。具体包括以下几个方面。

1. 上级机关来文

上级针对本机关的指示性、指导性文件,本机关须贯彻执行的文件,或与本机关有业务关系、需要参照办理的文件。

2. 本机关文件

本机关党政工团的会议文件、记录、讲话。

本机关的计划、总结、报告、调查研究材料、统计材料。

本机关和本机关批准的关于机构成立、合并、撤销、更改名称、启用印信的文件。

本机关干部任免及干部、职工的录用、转正、顶级、调资、评定职称、退职、退休、奖惩、抚恤、死亡等有关材料。

本机关的组织规则、规章制度、人员编制;干部、职工、党团员名册,党团组织关系介绍信存根。

本机关的历史沿革、大事记及反映本机关重要活动的剪影、照片、录音资料。

本机关财产、物资、档案等的交接凭证及产权材料。

重要的人民来信和处理人民来信来访的记录、处理报告。

3. 下级机关来文

下级有关重要问题的请示和备案文件,年度工作报告、总结等。

4. 同级或非隶属机关来文

同级或非隶属机关来文与本机关有关的,本机关工作中需要参考或作为依据的各种条例、规定、通知等。

(二) 无须整理归档的文件材料

(1) 重复文件。

（2）未成文的草稿和一般性文件的历次修改稿。

（3）事务性、临时性、没有查考价值的文件材料。

（4）与本机关或部门无关的文件及非隶属机关送来的参考性文件。

四、 文书整理归档的原则

文书整理归档的基本原则是：遵循文件形成的客观规律，保持文件之间的有机联系，区分文书的不同价值，以便于保管和查找利用。

（一）遵循文件形成的客观规律

文书是机关工作活动的客观、自然的反映。机关工作活动的规律，决定文件的形成规律。因此，整理文件时，应当按照文件的形成规律，以反映出机关工作活动的真实历史面貌，反映出各项方针、政策的贯彻执行和各项工作的发展情况。

（二）保持文件之间的有机联系

这是指文件在产生和处理过程中所形成的固有关系，主要表现在文件在来源、时间、内容和形式等方面的联系。

任何一个机关都不是孤立存在的，它同自己的上级机关、下属机关和其他平级机关之间，存在上下左右的联系。这种工作过程中的联系，决定了文件之间自然的联系。整理文件时，保持它们之间的有机联系，就能反映出机关工作活动的真实面貌。例如将一个问题、人物、案件、会议等文件；将请示与批复、问文与复文、批转文件的正件与附件、定稿与存本等组合在一起。

（三）区分文书的不同价值

不同的文书其查考利用的价值不同，有的需要永久保存，有的需要保存较长一段时间，有的只需要短期保存。这就需要分开进行整理，以便期满鉴定和重点保护永久档案。

（四）便于保管和查找利用

文书整理的根本目的，是便于保管和查找利用。所以，文书整理归档时，既要保持完整、系统，还要考虑保管和利用的方便。

五、文书整理归档的方法和步骤

文书整理归档的方法和步骤主要包括编制分类方案类目、初步整理、系统整理和归档四个环节。

（一）编制分类方案类目

编制分类方案类目是指在一年的实际文书没有形成之前，事先根据机关工作活动的规律，在研究机关的工作性质、职权范围、内部组织机构及分工情况的基础上，预测下年度可能形成的文书，按照文书整理的原则，拟制出来的归档文书的类别和条目。

通用的分类方法有年度分类法、保管期限分类法、机构分类法和问题分类法。

（1）年度分类法，是根据形成和处理文件的年度对文件进行分类。这是最基本的分类方法，年度包括自然年度和专业年度。采用此方法应注意跨年度文件的归属，请示与批复，放在复文年；规划放在针对的第一年；总结、决算、报表，放在针对的最后一年；会议文件，放在开幕年；两个内容文件，归入主要内容针对的年度。

（2）保管期限分类法，是根据划定的不同保管期限对文件进行分类。

（3）机构分类法，是根据文书处理阶段形成的处理文件的承办单位，对归档文件进行分类。如果属于跨部门文件，其归属为：业务部门起草，机关名义发文，归综合部门；联合办理文件，归主办部门；机关名义召开综合性会议文件，归综合部门；参加上级会议文件，全局性归办公部门，业务性归业务部门；领导人兼任职务文件，分别归有关部门或机关。

（4）问题分类法，指按单位文件内容所反映的各类问题将其区分开来。采用问题分类法的优点是突出单位主要工作问题，使内容性质相同的文件相对集中，保持同类问题文件之间的联系，便于历史检索。

现实工作中，各单位的文书分类整理并不是采用单一的分类方法，而是采用复式分类法，即将几种方法结合起来使用。如采用"保管期限—年度—机构"分类法时的分类方案为：永久 2018年 办公室。

（二）初步整理

初步整理就是平时整理，即机关的文书部门把机关一年在工作中逐步形成的应当归档的文书整理工作放在平时有计划地进行。初步整理应做好以下三点。

1．及时收集已经处理完毕的文书材料

收集文书材料是归档的前提条件，文书人员要养成及时将处理完毕的文件归整的习惯，并应积极主动地经常催促承办人清退办理完毕的文件。收集材料时应把握历史的观点、全面的观点和发展的观点，齐全、完整地收集办理完毕的文书材料。一般包括机关内部的文件，有关人员外出带回的文件和承办人员清退、借还的文件。

2．细心装订

装订文件应按归档要求，以件为单位细心装订。

（1）装订排序

正本在前，定稿在后；正文在前，附件在后；原件在前，复制件在后；转发文在前，被转发文在后；复文在前，来文在后；汉文本在前，少数民族文字文本在后；同文字的文本，无特殊规定的，中文本在前，外文本在后；有文件处理单的，可放在最前面。

（2）装订位置

一般来说，采用左上角装订的，应将左、上侧对齐；采用左侧装订的，应将左、下侧对齐。

（3）装订方式

装订方式可采用线装、胶粘、不锈钢钉。

3．定期检查

在平时归整过程中，还应定期进行检查，通过检查熟悉归整的情况，纠正把文件归错类别的现象。如发现有的类别内文件数量已经很多，预计可能还会产生相当数量的文件时，可增添一定数量的档案盒并根据条目编写新号。

（三）系统整理

文书的系统整理是指一年的工作终了，在平时归整的基础上，进一步对文件进行系统整理和编制目录。

1. 确定案盒内文书

确定案盒内文书是指在平时归整的基础上，详细检查每个案盒内积累的文件，按照文书整理归档的原则和要求进行调整，并进行案盒内文件的排列、编号，最后确定案盒内归档文书。

（1）检查调整

确定案盒内归档文书前要做好调整工作。发现不合理的地方，就要进行调整和补充。检查的主要内容包括以下几点。

检查归类的文件是否齐全，剔除重份的、不需要归档的和没有保存价值的文件；

检查该案盒内的文件是否符合保管期限；

检查归类是否合理，是否将相同事由的文件集中排列；

检查是否以"件"为单位；检查盒内文件数量是否适宜等。

（2）案盒内文件的排列

指对案盒内文件进行系列化排列，固定每份文件的位置，使其排列有序，方便检索。应在分类方案的最低一级类目，即条款和条目内，以"件"为单位进行排列，具体排列方式有两种：一是按重要程度排列，重要排前，次要排后；上级单位来文排前，下级单位来文排后；综合性排前，专题性排后；方针、政策性排前，业务、事务性排后。二是密不可分的文件材料应依序排列，批复在前，请示在后；正件在前，附件在后；印件在前，定稿在后；转发件在前，被转发件在后。

（3）案盒内归档文件的编号

案盒内文件经过系统排列后，应以分类方案和排列顺序逐件编号，用以固定位置，统计数量，并便于保护文件和方便查找利用。文件编号以归档章的形式在每件文件首页上端注明。

2. 填写案盒

（1）填写案盒内文件目录表

盒内文件排列完毕后，需要另行制作盒内文件目录，用于介绍盒内文件的成分和内容（见表 2-3）。

表 2-3　归档文件目录

件号	责任者	文号	文件提名	日期	页数	备注

件号。即每件编一个号，填写编件号时来文与复文作为一件，只对复文进行编号。

责任者。填文件的署者或发文机关，责任者名称过长，可写通用的简称。

文号。填写制发机关的发文字号，文号一般由机关代字、年度（用六角括号"〔〕"括入）、顺序号三部分组成。

文件标题。填写文件标题，对于原无标题的文件应根据内容补拟后填写，自拟标题外加方括号，以示同其他文件标题的区别。

日期。文件日期即文件制发日期,日期用 8 位阿拉伯数字来标注年月日,如 20030909,此号的含义即为 2003 年 9 月 9 日。

页数。填写每一件文件的总页数,文件中有图文的为一页,空白页不计数。

备注。填写文件的变化和要说明的情况及问题。

文件目录应装订成册,一般一年一本,并编制封面。

（2）填写备考表

案盒的备考表放在案盒文件最后,说明盒内文件的状况,如该盒内文件缺损、补充以及其他需要说明的问题等,并填写登记日期及归档文件整理完毕的日期、整理人、检查人。整理人,即负责整理文件的人员姓名;检查人,即负责检查归档文件整理质量的人员姓名。

（3）填写案盒封面、盒脊

调整后的文件按档案室编件号顺序装入档案盒,并需要填写档案盒封面、盒脊。

（四）归档

归档就是指文书部门将系统整理后的案盒文件向档案室进行移交以便集中保管。国家档案局发布的《机关档案室工作业务规范》具体规定了文书的归档制度。

1．归档范围

归档范围即文书整理的范围,凡属整理归档范围的文件,一律归档;不属于文书整理归档范围的文件,不需归档。不归档的文件可按制度销毁。

2．归档时间

文书部门或相关的业务部门,一般应在第二年的上半年向档案室移交全部案盒档案,对一些专门性的文书或驻地比较分散的个别业务单位的文书,为便于日常查找和利用,也可根据实际情况商定适当的归档时间。

3．归档质量要求应归档的文件材料收集全面、完整

按照文件之间的有机联系和保存价值,科学地整理归档。归档的案盒应符合文书整理归档的各项质量要求。编制移交目录,至少一式两份;交接双方经过清点案盒,履行签字手续。

六、 电子文件的整理归档

（一）电子文件的概念

电子文件（Electronic Records）是指在数字设备中产生,以数码形式存储于磁带、磁盘、光盘等载体,依赖计算机系统阅读、处理,并可在通信网络上传送的文件（也称数字式文件）。

（二）电子文件的整理

电子文件的整理是指按照一定原则和方法,将电子文件分门别类组成电子档案的一项工作。

（1）分类、排序。分类、排序是将存储载体传递的零散的、杂乱的电子文件通过分类、标引、组合,使电子文件存储格式处于一致有序状态。

（2）建立数据库。对电子文件进行编号；对电子文件进行登记。

（三）电子文件的归档

电子文件的归档是通过电子计算机将整理好的电子文件和它生存的环境条件一并转存在磁性存储载体或光盘上保存。

（四）电子文件的归档范围

电子文件的归档范围应参照 2002-12-04 发布、2003-05-01 实施的文号为 GB/T 18894—2002 的国家标准《电子文件归档与管理规范》中的电子文件归档范围，以及国家档案局关于《机关文件材料归档和不归档的范围》的规定和其他有关科技文件、专门文件归档范围的规定，并结合电子文件的特点，将反映机构主要活动、具有查考利用价值的电子文件，纳入归档范围。

归档前，经鉴定为具有保存价值的电子文件是归档范围的主体，此外，还应从以下几个方面考虑收集相关材料。

（1）电子文件具有软硬件依赖性，因而归档文件的支持软件及软件的文档、表达电子文件内容的基本格式及有关元数据都应属于归档范围。

（2）确保同一活动中形成的电子文件、纸质文件、缩微胶片等一同归档，即"多维归档"。

（3）电子文件归档时著录信息、鉴定记录等应与文件信息一起向档案部门移交。

（五）电子文件归档方式

1. 逻辑归档

逻辑归档是指在计算机网络上进行，不改变原存储方式和位置，而实现的电子文件向档案部门移交的过程。

2. 物理归档

物理归档是把计算机及其网络上的电子文件集中传输至独立的或可脱机保存的载体上，向档案部门移交的过程。物理归档的要求如下。

（1）凡在网络中予以逻辑归档的电子文件，均应定期完成物理归档。

（2）把应归档的电子文件集中拷贝到耐久性好的载体上，一式 3 套，一套封存保管，一套供利用，一套异地保存，对于加密文件，要在解密后再拷贝。

（3）选择存储载体的优先级，推荐采用的载体，按优先顺序依次为：只读光盘、一次写光盘、磁带、可擦写光盘、硬磁盘等。不允许用软磁盘作为归档电子文件长期保存的载体。

（4）存储电子文件的载体或装具上应贴有标签，上面应注明载体序号、全宗号、类别号、密级、保管期限、存入日期等，归档后的电子文件的载体应设置禁止写操作的状态。

（5）特殊格式的电子文件，应在存储载体中同时存有相应的查看软件。

（6）将相应的电子文件目录、相关软件、其他说明一同归档，并附《归档电子文件登记表》。

（7）对需要长期保存的电子文件，应在每一个电子文件的载体中同时存有相应的目录。

（8）归档完毕，电子文件形成部门应将存有归档前电子文件的载体保存至少 1 年。

（六）电子文件的归档时间

实时归档是指电子文件形成后即刻归档。

定期归档是指按照机构有关规定，在电子文件形成一段时间之后再向档案部门移交。

（七）电子文件归档的质量要求

（1）齐全完整。

（2）真实有效。

（3）格式规范。

（4）一式三套。

拓展阅读

按"件"归档编号有窍门

　　鉴于 2000 年归档文件整理工作中，编制件号给整理人带来的无效劳动和修改件号给文件表面带来的不美观，笔者在 2001 年案件归档时总结了上年归档工作中的不足，改变了归档文件整理方法中先编制件号，后打印归档文件目录的顺序，采取了在归档文件按要求排列的基础上，先打印归档文件目录，后填写件号的具体操作方法，使 2001 年归档文件的整理工作，包括两次件号的修改，共计 479 件用了两个月零 3 天的时间，于 2000 年归档文件整理相比缩短了近 4 个月的整理时间，得到了意想不到的效果。具体操作步骤如下。

　　1. 分类：将进入归档范围的文件材料按最低一级类目保管期限分成三大类：永久件、长期件、短期件。

　　2. 装订：拆除原文件材料的金属物，界定"件"的概念，将文件材料重新装订成"件"。

　　3. 排列：将同一级内目保管期限的文件材料，按事由结合时间、重要程度、相同的集中，相进的靠拢，不同的分开，进行有序的排列。

　　4. 盖章：给界定为"件"的归档文件盖归档章。填写相关内容，切记：保管期限和文件排列顺序的编号，暂不填写。

　　5. 装盒：同一保管期限内的归档文件按照排列的先后顺序依次装盒，一盒装满后，顺次装入下一盒，不同保管期限的归档文件不能混装。

　　6. 编目：按盒打印归档文件目录。

　　7. 一检：接受本部门领导、相关业务人员的检查，补充漏归文件，重点检查事由排列，保管期限划分的准确性。

　　8. 一改：根据业务人员提出的建议，修改盒内归档文件目录，调整保管期限及归档文件实体的排列顺序。

　　9. 二检：送档案部门，接受对归档文件的检查验收。

　　10. 二改：依据档案部门的指导意见，二次修改归档文件目录，调整归档文件保管期限及文件实体的排列顺序。

　　11. 编号：确信归档文件整理验收合格，按归档文件目录上的件号，在归文件归档章的相应位置上逐件填写相对应的归档文件件号和保管期限。

　　12. 移交：填备考表，向本部门档案处或室移交本年度全部归档文件，完成文件向档案转化的整理工作。

> 采用"先打目录,后编件号"的好处是:把归档文件整理工作中大量修改工作交由计算机来完成,充分利用电脑的剪贴、自动编号等功能,减轻整理人手工修改件号的无效劳动。减少使用涂改液,透明胶条等工具改件号时给文件留下的痕迹。
>
> (资料来源:李淑香《按"件"归档编号有窍门》)

任务参考

1. 情景导入中的肖扬无须对文书进行文种的区分,因为文件在排列时只考虑事由、时间和重要程度等因素。

2. 文书整理中,公文附件一般不单独成件,而是和公文正文一起成一件。

3. 取消立卷以后,文件归档不需要再编页号。

4. 文件采用何种方式装订要考虑是否会破坏档案的原貌或能否长期保存,订书针对永久或长期保存的档案不太合适,因为容易锈蚀。

5. 文件排列时,首先要考虑事由因素,同一事由的应排在一起,同一事由内部按时间顺序或重要程度排列,不同事由的按时间顺序或重要程度排列。

6. 文件排列好后要加盖归档章。

7. 文件装盒前要考虑档案的分类方案,不同保管期限的档案不能装入同一盒中。

✦ 思考练习

1. 请问"有文必档"和"有档不归"的说法是否正确。为什么?

2. 小李是某公司文件归档人员,公司某次重要会议后,他将会议文件作为成套文件归档后,简化了整理环节,没有逐一填写归档文件目录。他这种做法是否正确?为什么?

3. 刚参加工作的小王,在对文书进行归档整理时,认为文书整理归档的重点应该是以本机关单位直接产生的文书为主,而上级的批复和下级的请示都不是本机关的文件,因此都不属于归档范围,所以就没有对这些文件进行整理,归档时也没向档案室移交。你认为小王的做法正确吗?为什么?

4. 某单位业务部门的李处长外出参加了一次重要的业务洽谈会议,带回一些重要的会议文件。回来后他在向单位领导汇报时,领导要去了这批会议文件中的几份重要文件,其余的文件李处长随手放在自己的文件柜里。到第二年初单位立卷时,李处长已经忘了有几份重要文件还在领导那里,这批会议文件也没有再交去立卷归档。

✦ 本章总结

文档管理是秘书工作内容之一。它包括文书的撰拟、文书处理两大任务。秘书工作要求有较强的文字表达能力和逻辑思维能力。这靠突击准备是不行的,而要做到勤于动笔动脑,熟悉各种文书的写作规律规则,提高自己的写作能力。对于工作中存在的问题,要勤于动脑,为领导献计献策,充分发挥助手和参谋作用。上级领导印发的文件具有严肃性和权威性,代表上层的形象,出现任何纰漏都会影响其工作的正常开展进行。所以,一个好的秘书,要不厌其烦地对各种稿件进行审核和校对,高要求严要求,高质量高效率完成任务。

此外,要严肃公文处理,树立精品意识。这不仅是对企事业单位的要求,更是一个优秀的秘书的自我要求。要把提高公文处理的质量和效率作为文秘自身工作的一项重要工作来抓,使公文处理逐步走上规范化、制度化、科学化的轨道。本章介绍了文书的撰拟、文书的处理和文书的整理归档,重点讲述了发文处理程序、收文处理程序和文书整理归档的方法与步骤。学生应懂得按"件"归档的方法及优点。

✦ 影像展示

1. 文书拟制。
2. 收发文程序。
3. 档案工作流程。

第二章　文档管理
影像展示

✦ 实战训练

1. 某公司是一家老牌制药企业。三年前,公司进行改制,改制后公司除设有行政部、人力资源部、财务部等职能部门外,还有第一生产分公司、第二生产分公司和供应部、销售部等生产经营部门。目前,公司各部门职责分明、机构稳定,需要对改制后形成的文件材料进行系统整理,请你为公司设计至少两种科学合理的分类方法。

2. 将个人的资料(包括作品、作业、日记、照片和其他相关资料)根据特征进行整理。

3. 2018 年 8 月 3 日,陕西省安康市汉滨区汉滨中学发生一起群体性溺亡事件,直接导致 3 名学生身亡,引起省政府领导的高度重视。刘国中省长批示:入夏以来,已发生多起学生溺水事故,令人痛心。要尽一切可能让教师和学生家长负起责任,采取措施管好管住孩子,避免悲剧发生。为进一步加强暑期我省中小学,幼儿园的预防学生溺水工作,省教育厅下发《关于进一步预防暑期学生溺水工作的紧急通知》。你作为某区教育局将此通知转发给各学校。

请以某区教育局的名义将教育厅的通知转发给各学校。

第三章
会务工作

🔖 学习目标

　　会议是现代社会生活、政治生活、经济生活中一种经常的广泛的活动形式。做好会务工作是会议如期召开、顺利进行并取得圆满成功的重要保障。本章根据会前准备、会间管理与会后服务的会务工作流程，全面阐述现代会议服务和会务管理的规律及其特点，通过理论讲授和情景案例分析，使学生熟悉会议组织的技巧和规律，掌握会务工作的关键技能，以提高办会能力。

🔖 学习目标

1. 了解会务工作的基本内容和会务工作流程。
2. 熟悉会议的组织技巧和规律。
3. 掌握会议管理工作的关键技能，提高实际办会能力。

第一节　会议概述

🔍 情景导入

　　2018 年 5 月 25 日至 27 日，"第二届贾平凹与中国当代文学全国学术研讨会"在陕西商洛学院举行。

　　研讨会由商洛学院、西北大学贾平凹研究中心和《小说评论》杂志社联合主办，具体由商洛文化暨贾平凹研究中心、商洛学院人文学院、商洛学院社会科学界联合会、《商洛学院学报》编辑部承办。

　　此次研讨会是中国作家协会副主席、陕西省作家协会主席、中国当代著名作家贾平凹文学创作的高层学术论坛。参加本次会议的有贾平凹、特邀专家沈阳师范大学孟繁华教授、中国社会科学院丁国旗研究员、中山大学谢有顺教授、西北大学段建军教授、《文艺争鸣》杂志社主编王双龙、《当代作家评论》杂志社主编韩春燕，山西大学、陕西师范大学、商洛文化暨贾平凹研究中心、兰州大学、四川大学、宝鸡文理学院、西安建筑科技大学等来自全国 22 个省（直辖市、自治区)的 64 所高校、10 家出版社和 12 家科研院所的 200 余位参会代表。

任务提示

（1）结合案例，谈谈你对会议的认识。

（2）请思考会议的构成要素有哪些？

（3）假如你是承办方，你如何组织这次会议？

内容提要

本节主要讲述会议的含义、类型和构成要素，使学生对会议有较深刻的认识。

必备知识

一、 会议的含义

会议是人类社会古已有之的社会行为。"会"是指多人相聚，"议"是指协商事宜。"会议"合在一起就是指人们聚集在一起协商事宜、交流信息、沟通情感、达成共识的一种重要的行为过程，是人们在社会生活中处理有关问题的一种经常性的活动方式。孙中山曾说："凡研究事理而为之解决，一人谓之独思，二人谓之对话，三人以上而循有一定规则者，则谓之会议。"可见，会议的概念包含了三层含义，一是会议必须由三人以上参与；二是会议必须有一定议题和目标；三是会议必须通过一定程序达到目标。

二、 会议的构成要素

任何一次会议都是由一定的要素构成的，一般而言，一个完整的会议需要具备以下要素。

（一）会议名称

会议名称是向外部提供关于会议基本信息的引领性标题。俗话说，名不正则言不顺。正式会议必须有一个恰当而确切的名称。会议名称要求能概括并能显示会议的内容、性质、参加对象、主办单位或组织、时间、届次、地点或地区、范围、规模等。它既用于会前的"会议通知"，使与会者心中有数，做好准备；又用于会后的宣传，扩大会议的效果；更用于会议过程中对与会的全体成员产生凝聚力。

会议名称的构成有三种模式，第一种模式由"单位＋内容＋会议种类"构成，如"中国共产党第十五次全国代表大会"，其中"中国共产党"是组织的名称，也可以称为单位；"第十五次全国"是会议的内容；"代表大会"是会议的种类。第二种由"单位＋年度＋内容＋会议种类"构成，如"××公司 2017 年总结表彰大会"。第三种由"时间＋会议内容＋会议类型"构成，如"2017 年××省春运票价听证会"。

确定会议名称的注意事项：一是会议名称要用确切、规范的文字表达；二是会议名称应与会议的主题、类型相符。

（二）会议议题

会议议题是会议所要讨论的题目、研究的课题和报告解决的主要问题。所反映的是会议的目的、主题、任务，以及为了完成任务而将要采取的措施。任何会议，都要先有议题，一个会议至少有一项议题，无议题或议题不清晰，等于盲目开会，白白浪费时间，因此，议题即是开会的理由和根据。

会议的议题主要有三个来源：来自上级机关和领导人；来自下级部门提交的、需要以会议的形式研究和决定的问题；来自本层次的管理活动中需要研究和决定的事项。确定会议议题应遵循以下几个原则。

1. 议题必须紧扣会议目标

议题必须建立在调查研究、实事求是的基础上，尽量避免主观性和片面性，使其科学合理，具有较强的针对性。凡是与会议目标和主题无关或偏离的议题都应删掉。

2. 议题数量要适中，不能太多，也不能太少

一次会议议题的数量必须有一定限度，不能为会议罗列许多议题。一般要求"一事一会"，或者至少是"一类事一会"。不属于同类的事项，尽量通过不同会议解决，要使参加会议的人员把精力集中到会议的中心议题上，防止会议议题过多，久议不决。

3. 各项议题之间保持有机联系，并按照议题解决的逻辑顺序排列

依据议题的逻辑顺序来排序。即前面进行的议题是后面议题的一个逻辑铺垫，逐步推动议题的讨论。

4. 明确讨论各项议题所需的时间

在会议实践中，每一项议题最好都有一个时间限度，并明白地标示出来。这样既可确保大家不会超过规定的时间，又可留出足够的时间，以保证所有被列入的重要议题都能得到充分讨论，从而使会议得以完成预定目标。

（三）会议时间

会议是共时性的集体活动，任何会议都有严格的时间要求。会议时间包含三种意思：一是指会议召开的时间；二是指整个会议所需要的时间、天数；三是指每次会议的时间限度。

（四）会议地点

会议地点又称"会址"，既指会议召开的地区、城乡，又指会议召开的具体会场。会议必须有集会的地址，即会址、会场。没有会议地址就无法召集会议，大家只有在同一时刻会合到同一地址，才能开会。如今，现代通信技能高度发达，人已不受地域约束，使用电话、电视、互联网等在不一样地址也可以参加会议，这种借现代通信手段举行的远距离会议，每一个终端，都应视为会议的会场。为了使会议取得预期效果，选择会议的最佳会址也得考虑多种因素，如会场设施、交通条件、安全保卫、气候与环境条件等因素。

（五）与会人员

会议的与会人员包括出席人、主持人、列席人。参加会议的人通常被称为与会者。与会者是参加会议的正式成员,为了提高会议的高效性,邀请与会者时,应考虑以下因素。

第一,能够提供信息、提出意见、做出决定,直接有助于会议达到预期效果的人;

第二,对于一些重要的会议,与会者必须具有合法的身份和法定的资格。

会议主持人是会议过程中的主持者和引导者。

列席人是指非正式成员参加会议,有发言权而没有表决权。

(六)会议议程

会议议程是为使会议顺利召开所做的内容和程序工作,是会议需要遵循的程序。它包括两层含义,一是指会议的议事程序;二是指列入会议的各项议题。

三、会议的分类

会议种类繁多,按照不同的标准可以分为不同的类别,不同性质的会议其开法也不同。正确认识会议的类型有助于我们掌握会议的开法,改进工作效率。

(1) 按照会议规模分:大型会议(千人以上)、中型会议、小型会议。

(2) 按照会期分:定期会议、不定期会议。

(3) 按照召开方式分:集中会议、分散会议、电话会议、电视会议、网络会议。

(4) 按照功能分:决策会议、协调会议、庆典会、讨论会、展览会。

(5) 按照内容分:综合性会议、专题性会议。

四、会议的作用

(1) 交流信息,互通情报。通过会议的报告、发言、讨论,可以交流工作情况,相互通气,彼此较快地了解全局,克服认识上的主观局限性。

(2) 发扬民主,科学决策。通过会议可以听取各种不同意见,集思广益。

(3) 增进友谊,促进团结。会议是人与人的直接接触,通过交流思想,总结工作,开展批评与自我批评,有助于加强上下级之间、同级之间的了解,增进团结。

(4) 统一认识,协调行动。通过会议做出决议、决定,共同贯彻,以推动工作的开展,防止各行其是,减少相互矛盾。

(5) 带动消费,促进经济。成千上万的会议,已经形成"会议产业",进而促进经济发展。

拓展阅读

中国人民政治协商会议

中国人民政治协商会议(简称人民政协)是中国人民爱国统一战线的组织,是中国共产党领导的多党合作和政治协商的重要机构,是中国政治生活中发扬社会主义民主的一种重要形式。中国人民政治协商会议,是中国各族人民经过长期的革命斗争,在新中国成立前夕,由中国共产党和各民主党派、无党派民主人士、各人民团体、各界爱国人士共同创立的。它根据中国共产党同各民主党派和无党派民主人士"长期共存、互相监督、肝胆相照、荣辱与共"的方针,对国家大政方针和群众生活的重要问题进行政治协商,并通过建议和批评发挥参政议政、民主监督的作用。这有利于坚持和改善共产党的领导,又有利于更广泛地联系和团结各阶层群众。人民政协的建言献策有利于科学、民主决策。人民政协职能的履行有利于协商民主的决策。

（资料来源：https：//baike.so.com/doc/2202616-2330566.html）

 任务参考

"第二届贾平凹与中国当代文学全国学术研讨会"属于一次专题会议,此次会议有利于全国研究贾平凹的学者交流各自观点,取长补短,博采众长,为后期的研究开拓新思路。本次会议规模大,级别高,要组织好这次大型会议,首先应列出会议方案,方案是会议组织的指南;其次根据方案落实各项工作负责人,并对工作人员进行培训;最后应及时召开协调会,使会务组、接待组和秘书组之间充分沟通,做好各环节的衔接工作。

✤ **思考练习**

1. 会议由哪些作用?
2. 会议由哪些要素构成?
3. 下列内容是否能称为会议?
毕业典礼
纳凉聊天
足球比赛
世界经济论坛
4. 请分析下列案例中会议的类型和作用。

2018 年全国科技工作会议在京开幕

　　1 月 9 日上午,2018 年全国科技工作会议在北京开幕。科学技术部部长万钢作题为《高举习近平新时代中国特色社会主义思想伟大旗帜 为加快建设创新型国家努力奋斗》的报告。来自全国各地方科技管理部门、中央国家机关、民口国家科技重大专项实施管理办公室,科技部领导及各部门负责人、驻外科技参赞参加会议。

　　会议印发了科技部党组 2018 年一号文件《关于坚持以习近平新时代中国特色社会主义思想为指导 开创科技工作新局面的意见》,强调要深入学习贯彻党的十九大精神,以习近平新时代中国特色社会主义思想统领科技工作全局。文件指出,做好当前和今后一个时期的科技工作重点要把握八个方面要求:一要坚持党对科技工作的全面领导;二要坚持把"三个面向"作为科技创新的主攻方向;三要坚持把推进供给侧结构性改革作为科技创新的重大牵引;四要坚持把基础研究作为创新型国家建设的重要根基;五要坚持把以人民为中心作为科技工作的根本出发点和落脚点;六要坚持以深化科技体制改革激发创新创业活力；七要坚持把人才作为创新驱动发展的第一资源；八要坚持把科技管理系统能力建设作为推进科技创新治理体系和治理能力现代化的基础性工程。

（资料来源：央视新闻，央视记者：李峥，科技部网站 www.most.gov.cn，2018 年 01 月 10 日）

第二节　会前准备工作

情景导入

迷茫的李秘书

小李大学刚毕业就应聘到一家公司做行政秘书，有一次公司准备召开管理培训会，会议组织安排工作，自然就落到小李身上。小李一时傻了眼。虽然是从会展专业毕业，但是他对会议策划组织方面的知识，对于会议的重要性、多样性以及复杂性却不甚了解，无从下手。于是小李到办公室，虚心向一位经验丰富的老秘书求教。

任务提示

（1）会议筹备工作的具体要求是什么？

（2）会议筹备工作的具体内容有哪些？

（3）情景中的小李该如何组织公司的管理培训会？

内容提要

会前准备是会议成功的前提，由于会前准备工作量大，内容繁杂，秘书人员必须要考虑周密、细致，不能有半点马虎。准备工作做得是否充分，直接关系到会议的成败。本节主要讲授会前准备工作的主要内容，了解做好会前准备工作的基本方法，掌握会前准备工作的要领。

必备知识

会议筹备工作的依据是会议策划案，科学、合理的会议策划是圆满举办会议的前提。完整的策划是一个节奏分明、条理清楚、面面俱到的完美计划。只有通过专业的策划和充分准备的会议、展览才能取得预期效果。好的会议策划实际已成功了一半，包括会场预约、酒店预订、负责会场的布局和会议所需设备安装与调控、广告礼品设计制作、礼仪接待、参会者的接送和餐饮、会间及会后相关活动的安排等。

一、会前筹备工作内容

会前筹备工作主要包括拟写会议筹备方案、确定会议议程和日程、准备会议文件、布置会场、会前检查5项内容，这5项内容可以统一到会议筹备方案中，因此，会前筹备工作的重点是拟定会议筹备方案，有了此方案，一切准备工作便可以有章可循，落实到人。

（一）拟写会议筹备方案

"凡事预则立，不预则废"，会议方案是举办会议的详细计划，从会前到会后逐一进行安排。虽然会议有多种类型，但任何一个会议都需有相应的计划，秘书在做会议的筹备工作时，首先要根据召开会议的基本情况，拟定详细的会议方案。

会议策划案的主要内容包括确定会议主题、成立会务工作机构、确定会议时间和地点、确定会议规模、进行会议预算。

1. 确定会议主题

会议主题是指关于会议要研究的问题、达到的目的。会议主题是会议的灵魂，会议的各种议题都是紧紧围绕会议主题进行的。没有主题，会议就会成为无所依归的幽灵，会议议题就会成为一盘散沙，会议就会变得杂乱无章。因此，无论组织什么样的会议，都应首先确定会议主题，特别是组织大型会议，必须明确会议要研究解决什么问题，达到什么目的。

会议主题的确定整体而言需把握三点，一是要有切实的依据；二是必须要结合本单位的实际；三是要有明确的目的。具体而言可以分成四个步骤，第一步是收集相关信息；第二步是分析整理信息；第三步是提出目标会议主题；第四步是确定会议主题。

2. 成立会务工作机构

一般会务筹备机构包括以下几个小组，会务组、秘书组、接待组、宣传组。各组分工明确，互相协调，既要熟记本岗位职责，又要胸有全局。会务组负责会务组织、会场布置、会议接待签到等工作；秘书组负责撰写会议方案，准备会议文件和资料，做好会议记录，编写会议纪要、会议简报等；接待组负责生活服务、交通疏导、医疗服务等工作；宣传组负责会议的录音录像、照相、娱乐活动和对外宣传报道。

3. 确定会议的时间和地点

（1）确定会议时间应遵循以下几个原则。

① 考虑三类人是否有时间出席：即会议的主持人是否有时间；分管该项工作的主要领导人是否有时间出席；邀请的上级领导、嘉宾能否出席。

② 原则上参加会议的主要领导出差或返回的当天不宜安排会议。

③ 考虑具体情况：比如要召开纺织品的销售会议，应该考虑纺织品的原材料棉花的收获季节；每周一次的工作例会，通常放在周末的下午，一周即将结束，下一周就要开始，利于承上启下；一年一度的职工代表会议，宜于年初召开，既利于总结上年的工作、生产成果，又利于讨论、部署新一年的工作、生产计划，通过各种预算等。有些会议如农业生产、学校教育等本身就有很强的季节性或季度性。

④ 考虑人们的生理规律。一般9：00—11：00，14：30—16：30，人们办事的效率较高。

⑤ 确定会期的长短应与会议内容紧密联系。要注意提高效率，尽量开短会。据心理学家测定，成年人能集中精力的平均时间为 45 至 60 分钟，超过 45 分钟，人就容易精神分散，超过 90 分钟，普遍感到疲倦。因此，每次会议时间最好不超过一个半小时。如果需要更长时间，应该安排中间休息。

（2）为了使会议取得预期效果，选择会议的最佳会址也得考虑多种因素，其中重点是会场大小适中，会场地点适中，环境适合，交通方便，会场附属设施齐全。选择会址应注意的问题。

① 应根据不同的会议类型来选地点。

国际性或全国性会议，要考虑政治、经济、文化等因素，一般应在首都北京或其他中心城市如上海、武汉、广州、西安等地召开。

专业性会议，应选择富有专业特征的城乡地区召开，以便结合现场考察。假如，棉花种植会议到深圳去开，钢铁生产会议到青岛去开，就不合理了。

小型的、经常性的会议就安排在单位的会议室。会议室尽可能不要紧靠生产车间、营业部、教室等人声嘈杂的地方，以免受到干扰。

② 应考虑交通便利。

会场位置必须让领导和与会者方便前往。一般应选择在距领导和与会者的工作地点均较近的地方。

③ 会场的大小应与会议规模相符。

会场大小要适中。会场太大，人数太少，空下的座位太多，松松散散，会给与会人员一种不景气的感觉；会场太小，人数过多，挤在一起，不仅显得小气，也根本无法把会开好。英国首相丘吉尔曾说："绝对不用太大的房间，而只要一个大小正好的房间。"一般情况，每人平均应有 2~3 平方米的活动空间比较适宜。同时应考虑会议时间的长短，时间长的会议，场地不妨大些。

④ 场地要有良好的设备配置。

会场的照明、通风、卫生、服务、电话、扩音、录音、座椅等各种设备都要配备齐全。同时应该根据会议的需要检查有无需要租用的特殊设备，如演示板、电子白板、放映设备等，对所有附属设备，会务人员要逐一进行检查。不能够因为"上次会议就是在这里开的，没有出什么问题"，就草率地认为"这回也会同样顺利"。这种不负责的态度，很可能会给会议造成损失。

⑤ 场地应不受外界干扰。

会议地点应尽量避开闹市区。同时，"外界干扰"还包括室外的各种噪声，打进会场的电话，以及来访和参观等。会场内部也应具有良好的隔音设备，以保证会议能在安静的环境中顺利进行。

⑥ 应考虑有无停车场所和安全设施问题。

现代社会召集会议，"一双草鞋一把伞"赶来开会的人已经不多了。自行车、摩托车、汽车都要有停放处，会才开得成。

⑦ 场地租借的费用必须合理。

4. 确定会议的规模

会议的规模主要指会议出席人员（正式代表）、特邀代表、列席人员、工作人员（包括服务人员）的总体数量，会议规模由会议的组织者根据实际情况掌握，以严格控制规模为原则。

5．会议经费预算

会议经费预算一般包括以下几项支出内容。

（1）租赁费：租赁费包括场地租赁费和设备租赁费。譬如激光指示笔、音响系统、会场展示系统、多媒体系统、摄录设备等。

（2）培训费：主要包括请专家、学者讲课的酬金等。

（3）资料费：主要是为参会者准备的资料的印刷费等。

（4）住宿费：参会者的食宿费等。

（5）交通费：交通费用可以细分为出发地至会务地的交通费用；会议期间交通费用和欢送交通及返程交通费用。

（6）其他。

制定会议经费预算一方面要本着勤俭办会、节约办会的原则，尽量降低会议的成本，另一方面要有一定弹性，即注意留有余地。

（二）确定会议议程和日程

1．会议议程和会议日程的含义

会议议程是对会议所要通过的文件、所要解决的问题的概略安排，并冠以序号将其清晰地表达出来。它是为完成议题而做出的顺序计划，即会议所要讨论、解决的问题的大致安排，会议主持人要根据议程主持会议。

拟定会议议程是秘书人员的任务，通常由秘书拟写议程草稿，交上司批准后，在会前复印分发给所有与会者。会议议程是会议内容的概略安排，议程包括会议主持、会议典型发言（或重点发言）、会议讨论、会议讲话、会议总结等。它通过会议日程具体地显示出来。

会议日程是指会议在一定时间内的具体安排。一般采用简短文字或表格形式，将会议时间分别固定在每天上午、下午、晚上三个单元里，使人一目了然，如有说明可附于表后。

会议日程需在会前发给与会者。会议日程是根据议程逐日做出的具体安排，它以天为单位，包括会议全程的各项活动，凡会期满1天（即两个单元时间）的会议都应当制订会议日程。它是与会者安排个人时间的依据。会议日程表的制定要明确具体，准确无误。

2．安排会议议程和日程的注意事项

（1）要把握会议目的，即了解会议召开的原因。

（2）先安排关键人物的时间，要保证重要人物能够出席会议。根据多数人意见安排日程，保证尽可能多的人员都有时间参与会议。

（3）例会原则上要定时召开，且时间不宜过长。时间应控制在一个半小时左右，避免出席会议给人们带来的疲劳。

（4）多个议题，应按其重要程度排列，最重要的排列在最前面。安排会议议程和日程要注意将全体会议应安排在上午，分组讨论可安排在下午，晚上则安排一些文娱活动。

（三）准备会议文件材料和用品

会议文件资料的准备是整个会议准备工作中重要的一环。准备会议资料的工作具体包括以下几个方面。

1. 会议常见文件资料种类

（1）会议程序性文件，如会议议程与日程安排表、会议时间安排表、会议签到表等。

（2）会议的中心文件，如领导人讲话稿、代表发言材料、经验介绍材料、会议决议草案等。

（3）会议指导性文件，如有关的法律、法规、政策等。

（4）会议参考性文件，如统计报表、相关技术资料等。

（5）会议管理性文件，如会议通知、出席证件、与会代表名单、作息时间安排表及会议须知等。

2. 会议用品的分类

会议用品分为必备品和特殊用品两类。

会议必备用品。一般情况下是指各种类型的会议都需要准备的物品。

（1）文具用品，如纸、笔等。

（2）布置用品，如桌椅、台布等。

（3）茶具用品，如暖水瓶、保温桶、水杯、茶叶、饮料等。

（4）设备用品，如扩音设备、照明设备、摄录设备、通风及空调设备等。

会议特殊用品是指不同类型的会议，由于会议内容不同，对用品的要求也不尽相同。例如选举型会议需要准备好投票箱、选票、机票单等用品；表彰型会议需要准备好奖品、证件及颁奖音乐等；接待型会议要准备好迎送客人的交通工具及适当的鲜花和水果；代表会议和庆典会议要准备好开始时的国歌等音乐，特别的还需要安排乐队；专业型会议或咨询型会议要准备好幻灯机、投影机、录音机和录像机等；谈判型会议要准备好签字笔、文件夹等。此外，还要根据会议要求准备好会议的横幅、宣传标语和花卉饰物等物品。

3. 会议用品准备工作的基本要求

（1）制定会议用品的准备方案。在准备会议用品之前，秘书人员应制定一个周密的方案或者列一个用品准备清单，将所需物品的名称及数量详细列出。例如，召开选举型会议应当考虑到选票的发放环节、填写环节和统计环节所需的所有物品；如果是在炎热的夏季召开的会议，冷饮等是不可缺少的物品。总之，准备物品的方案考虑得越周全越好。

（2）用品准备工作需要虚心的态度和细致的工作作风。现在会议的种类形式和名目五花八门，会议需要的物品也纷乱繁杂，秘书人员不可能对所有的用品需要都了如指掌。那么，除了要注意日常经验的积累外，还要虚心向有经验的人员请教，必要时还要听取有关领导的要求，沟通得越频繁、越深入，出错的概率就越低。认真、细致的工作作风是秘书人员的基本要求，也是工作责任心和事业心的体现，在准备工作中不怕任务重就怕不用心。

（3）准备会议用品应当经济适用。准备会议用品应符合会议需要，价格昂贵的不一定适用，所以，准备用品时应考虑到有用、适用、够用和好用，既不能讲究凑合、以次充好，又不可大手大脚、铺张浪费。

（四）布置会场

会场布置包括主席台设置、座席排列、会标、会徽的悬挂等，基本原则是朴素、大方，体现出会议的主题和气氛。

会场形式的安排，要根据会议的规模、性质和需要来确定。不同的会议布置形式，体现不同的意义、气氛和效果，适用于不同的会议的目的。

座位安排包括会场内的基本格局、主席台的座次、场内人员座次及区域划分。

1. 会场的风格特点

会场的风格主要有庄严、肃穆、轻松、简洁、喜庆、儒雅、简单、朴素等。

2. 会场布置的形式

根据参会人员座次的安排，整体上可分为：相对式、全围式、半围式、分散式四种。

（1）相对式

相对式的主要特征是主席台和代表席采取上下面对面的形式，从而突出了主席台的地位。这种安排气氛比较严肃和庄重，主要有礼堂和教室两种。

礼堂：这种布置场面开阔，较有气势，适合开大中型的报告会、总结表彰会、代表大会等。

教室：这种布置格局可以针对不同的房间面积和与会者人数而具体安排，形势较为灵活，而且可以较大限度地利用会场面积，更有利于与会人员的注意力的集中。

（2）全围式

全围式的主要特征是不设专门的主席台，会议的领导和主持人同其他与会者围坐在一起。这种布置形式的优点是容易形成融洽与合作的氛围，体现平等和相互尊重的精神，使与会者畅所欲言，充分交流思想、沟通情况，同时便于会议主持者及时准确地把握与会者的心理状态。它适用于召开小型和特小型会议以及座谈会、协商会等类型的会议，可以分为圆形、椭圆形、多边形、长方形等。

（3）半围式

半围式布置形式介于相对式和全围式之间，即在主席台的正面和两侧安排代表席，形成半围的形状，既突出了主席台的地位，又增加了融洽的气氛。适用于中小型的工作会议。

（4）分散式

将会场分成若干个中心，每个中心设一桌席，与会者根据一定规则安排就座，其中领导人和会议主席就座的桌席称作"主桌"。

这种座位格局既在一定程度上突出主桌的地位和作用，同时又给与会者提供了多个谈话、交流的中心，使会议气氛更为轻松、和谐。它适合召开规模较大的联欢会、茶话会、团拜会等。

（五）会前全面检查

会前全面检查是进一步落实会议准备工作的重要环节。会前检查一般分为三个步骤，一是听取会议所有筹备人员的口头汇报；二是到现场实地检查，包括会议材料的准备情况和会场的布置工作；三是针对可能出现遗漏问题，进一步采取补救措施。会前检查一般要邀请有关的领导亲临现场给予指导。

二、 会前准备工作的要求

（一）认真负责

会议筹备的各项内容都应该责任到人，由负责人认真组织准备各项工作，按照会议安排方案确定的职责分工抓落实。会议安排方案经领导审定后,应由会议秘书处负责人召集各组负责人会议,分解落实各项工作任务,并按倒计时的办法,逐日督促检查各项工作的落实和完成情况。所以,在会议筹备工作中要求分工明确,认真负责。

(二)细致周全

要周到细致地为大会召开做好组织、后勤保障等各项服务保障工作;要精益求精,高质量起草大会各项文件;要精心做好宣传工作,营造良好的舆论环境;要细化安保方案,以确保大会安全有序召开;要严肃纪律,抓好会风会纪,以确保大会取得圆满成功。

(三)超前筹划

在拟定会议筹备方案时,要运用超前思维,把各种可能性、复杂性、多变性估计充分,并制定出相应的对策、措施和预案,有时还要提供两种以上方案,供领导选择。

拓展阅读

博鳌亚洲论坛亚洲媒体高峰会议成功举行

4月9日,博鳌亚洲论坛2018年年会亚洲媒体高峰会议在海南三亚成功举行。中共中央政治局委员、中央书记处书记、中宣部部长黄坤明出席开幕式并发表主旨演讲。来自亚洲40个国家的140余位主流媒体负责人和代表围绕"亚洲媒体合作新时代——互联互通与创新发展"这一主题展开了深入探讨。

开幕式上,黄坤明同志发表了题为《弘扬开放创新精神,共促亚洲繁荣发展》的主旨演讲,并见证了中外媒体合作协议的签署。其中,中央广播电视总台与菲律宾国家电视台、"一带一路"葡语媒体联盟所属电视台、坦桑尼亚非洲传媒集团等外国媒体机构签署了深化《中国剧场》项目合作的备忘录。

中宣部常务副部长、中央政策研究室副主任王晓晖,国务院新闻办公室副主任郭卫民,海南省委常委、宣传部部长肖莺子,博鳌亚洲论坛咨询委员会委员、博鳌亚洲论坛前秘书长龙永图,印度尼西亚著名作家、舞蹈家苏加诺普特丽等中外嘉宾出席会议。

中宣部副部长、中央广播电视总台台长慎海雄主持会议。

与会代表围绕"媒体合作助力构建亚洲命运共同体""'一带一路'建设与国际传播新机遇""改革开放40年:中国发展与世界机遇""亚洲多彩文明与交流互鉴"四个分议题展开热烈讨论,积极为媒体的创新与亚洲的发展建言献策。大家一致认为,亚洲媒体要共同发出维护和平发展的声音,积极传播各国谋发展促改革的理念经验,广泛报道亚洲合作共赢的举措成果,讲好亚洲人民创新创造的故事,促进亚洲文明交流互鉴,深化媒体交流合作,为建设美好亚洲、美好世界汇聚强大舆论动力。

会议期间,59家中外媒体联合发表了《中外媒体关于共同推进"一带一路"新闻合作联盟建设的宣言》,表达了在新闻信息共享、联合采访、人员培训、媒体发展等方面深化交流合作的美好愿景。

会议还举行了亚洲文明对话活动,来自中国、马来西亚、缅甸、泰国、印度、印度尼西亚等国的文化学者和媒体负责人围绕推动文明交流互鉴、激发亚洲活力进行了热烈互动。

本届亚洲媒体高峰会议由国务院新闻办公室指导,中央广播电视总台联合博鳌亚洲论坛秘书处、中国公共外交协会共同主办。

（资料来源：央视网．http：//www．cctv．com/2018/04/11/ARTImSfSBoBfIRxeeM4ROvJH180411．shtml)

任务参考

会前筹备工作主要包括拟写会议方案、确定会议议程和日程、布置会场、准备会议文件和会前检查5项内容。老秘书告诉小李。一般来说,遇到公司要开会,要搞清楚开什么会,确定怎么开会和选择会议时间和地点,还要考虑参会人员名单。会议具有多样性,不同的会议目的就会有不同的会议组织工作,即使是摆放桌子,如果是不同的会议要求也不一样。像小型日常办公会议就可以摆放成椭圆形或回字形;如果是一些茶话会、宴会等一般可摆成星点型。一些大型会议还要做好会前的策划准备工作,会中服务工作和会议的善后工作,环节较多,也比较复杂,所以就要求秘书尽量策划周密、服务到位。

✦ 思考练习

1. 不同类型的会议,其会场氛围要求是什么？

2. 如果要你策划一次大型会议,参会人员来自五湖四海,你在确定会议召开时间方面会注意什么？

3. 案例题。

某校在建党97周年表彰大会上,会务人员未能按大会主持人宣布的程序顺利播放国际歌,总是唱几句就回到开头,后来主持人带领与会人员唱完国际歌。据了解,会务组将歌曲准备工作交给刘某负责,刘某下载了歌曲之后,自认为没有问题,所以没有进行试听,导致此环节出现异常现象。所幸之处是主持人灵机一动,缓解了尴尬局面。

请问案例中刘某在此项工作中有什么不足之处？

4. 天地石化股份有限公司董事会召开会议,讨论从国外引进化工生产设备的问题。秘书初萌负责为与会董事准备会议所需文件资料。因有多家国外公司竞标,所以材料很多。初萌由于时间仓促就为每位董事准备了一个文件夹,将所有材料放入文件夹。有三位董事在会前回复说将有事不能参加会议,于是初萌就未准备他们的资料。不想,正式开会时其中的二位又赶了回来,结果会上有的董事因没有资料可看而无法发表意见,有的董事面对一大摞资料不知如何找到想看的资料,从而影响了会议的进度。请问对会议材料准备有何要求？

第三节 会间的服务与管理

情景导入

某市就多名儿童接种过期疫苗事件召开新闻发布会。会议期间,秘书于雪与媒体进行了良好的沟通。她在会前为记者安排了一个介绍会,准备了详尽的会议材料,专门辟出场地以供摄影摄像,并且给了记者充分的提问时间。发布会很成功,媒体的报道内容翔实,很有说服力,在社会上引起了较大反响。

任务提示

(1) 谈谈会间服务工作的内容。

(2) 如何做好会议期间的媒体接待工作?

内容提要

会议最重要的环节是召开阶段,在这一阶段,秘书人员应做好会间的组织和服务工作。本节主要讲授会场的组织和会间服务的内容,培养秘书的责任感,提高其实践应用能力。

必备知识

会议进行阶段的主要任务包括 3 方面,一是做好会议签到与引导工作;二是组织会议顺利进行;三是做好会间服务保障工作。下面将具体介绍各项任务的做法。

一、 会议报到与引导

报到是掌握与会人员准确到会情况的重要一环,会议报到可以亲自前往,也可由他人代行报到。报到过程中的主要任务是确定报到者身份、安排住宿、发放会议文件等事宜。引导主要针对一些大中型会议,为了方便与会者尽快到达会场及自己的座位,引导员必须及时做好引导工作。

会议报到与引导能给与会者留下第一印象,第一印象的好与坏,完全靠报到组人员的表现,因此,周到热情的报到与引导工作是会议进行阶段的重要环节。会务组成员应做到以下几点。

(1) 提前准备好签到本、签字笔。签到表格要求信息详细,包括姓名、单位、职务、联系方式、签名等。

(2) 做好人员分工,如签到与发放资料由不同的人负责。

(3) 及时汇报与会人数。

(4) 注意签到时的礼仪。

(5) 会议引导应统一着装,提前熟悉会场及周边生活情况。

(6) 引导员应有较强的语言表达能力,善于沟通。

(7) 引导员佩戴统一的会务服务人员标志。

二、 组织会议进行

召开会议离不开会场,会议进行前首先应检查会场布置情况;其次是做好会议记录;最

后是接待新闻媒体工作。

（一）检查会场布置情况

会场设备包括麦克风、音箱、笔记本电脑、投影仪、摄像机、录音笔、相机等，会务人员应检查以上设备是否齐全完好，如果发现问题应及时更换。

（二）做好会议记录

会议记录是随着会议的实际进程记录下来的原始情况和具体内容。它是会后编写会议纪要的蓝本，因此在召开会议时一定要做好会议记录。

1. 会议记录的写法

会议记录的结构是：标题＋基本情况＋主体

标题的写法：会议名称＋记录

基本情况包括：会议名称、时间、地点、出席人、缺席人、主持人、记录人。

记录主体：出席人员的发言和会议的决议。

2. 会议记录的写作要求

会议记录写作要做到准确、客观、完整、清晰。

（三）接待新闻媒体

召开会议时还应做好宣传工作，为了收到良好的宣传效果，会务人员难免要与一些新闻媒体打交道。会务人员接待新闻媒体时应遵循以下原则。

（1）准备周全、主动积极。为了扩大会议影响，秘书人员事先必须主动联系媒体。

（2）考虑周到、细心热情。人们常说：小心驶得万年船，会务人员在与媒体记者交往中应该细心热情。

（3）客观报道、注意保密。报道的内容必须与会议基本内容相吻合；掌握会议信息的保密度，做到内外有别。报道中的重要观点和提法，要经领导审定。

三、 会间服务

会议进行中的服务包括制作通信录、合影拍照、餐饮服务、交通服务等事项。

（一）制作通信录

制作通信录既可以加强会议主办方同与会者之间的联系，也可以方便与会者之间相互沟通。

通信录的内容一般包括姓名、单位、电话、邮箱、联系地址等。秘书人员收集齐各与会者信息后，应该校对无误后及时打印并分发。印数应多于与会者，以备特殊之需。

（二）合影拍照

大型会议的合影拍照是会议组织工作的内容之一，其目的是留作历史资料。合影拍照的注意事项如下。

（1）确定拍摄的规模和参加范围。

（2）事先联系好专业摄影师。

（3）拍摄现场安排一名总指挥,严格按照预定方案统一指挥。

（三）餐饮服务

餐饮服务是会议进行阶段服务中不可或缺的组成部分。会议餐饮通常能够起到礼仪作用、沟通作用、招待庆贺作用和融洽感情作用。

餐饮服务的注意事项如下。

1. 会议用餐地点的选择

会议用餐地点尽量离会场近一些,餐饮场所的大小适中,餐饮场所的环境优雅。

2. 对用餐时间、用餐方式的安排

会议主要的用餐方式:围餐式、自助式、半自助式、分餐式、餐券购餐。早餐一般是自助式;午餐安排工作餐、自助式或半自助式;晚餐安排围餐式。

3. 菜肴的道数与分量

菜肴的道数坚持适中原则,根据用餐人数确定;花色品种多样化,荤素搭配、咸甜搭配、凉热搭配,主菜不能太油腻;具有地方特色,具有时令特色,同时应照顾参会人员的特殊用餐要求。

（四）交通服务

会议交通服务的工作内容包括以下几点。

（1）合理计划、及时筹齐会议用车。所谓合理计划是指应根据会议需要合理调度和使用车辆。用车安排要合理配置、每辆车的用途、接载对象要明确,能固定的尽量固定。

（2）印发车辆通行证,指挥停车。

（3）安排优秀的司机,并配备随车人员;对司机和随车人员进行培训。

（4）预订好停车场,做好不同车辆的停车规划。预定停车场应考虑停车场安全程度如何,何时开门、关门;停车场能容纳多少车辆,能否为参会人员专门划出一片停车专区;停车的费用是多少;停车场附近有没有影响交通的因素;如果有媒体参加,他们的车及设备应放在哪里? 办会机构的员工在哪里停车?

停车规划尽量缩短停放时间,争取一次性停好、集结得快、疏散方便。给参会人员带来方便。

四、 编写会议简报

（一）会议简报的概念

会议简报是会议期间为反映会议进展情况、会议发言中的意见和建议、会议议决事项等内容而编写的简报。

（二）会议简报的格式与写法

会议简报通常由报头、报核(正文)、报尾三部分构成。

1. 报头

报头在简报第一页上方,主要包括简报名称、简报期号、编印单位、印发日期,有的还包括密级和编号。

（1）简报名称

简报通常以"简报"或者"会议简报"为标题,位于报头居中位置,使用大号字体并套红印刷。有的在"会议简报"名称上方还注明机关、单位或组织名称,或者在"简报"上方注明会议的全称或规范化简称。

（2）简报期号

简报期号通常按照顺序统编序号,位于简报名称下一行,居中标明"第××期"。

（3）编印单位

会议简报的编发单位通常为会议秘书组（处）,或者会议组织单位的秘书部门。位置在期号下方间隔横线上方左侧。

（4）印发日期

会议简报的印发日期,位于与编印单位齐行的右侧,标注内容包括、月、日,用阿拉伯数字表示。

（5）密级

如果会议简报需要保密,应在会议简报名称的左上方标注密级（秘密、机密或绝密）,也有的特别注明"内部文件"或"内部资料,注意保存"等字样。

（6）编号

有些会议简报为了控制发送范围,便于登记、收回、销毁,可以用阿拉伯数字在会议简报名称右上方加印编号。报头与报核之间用一条红色线间隔。

2. 报核

报核又称正文,是会议简报的主体,主要包括按语、标题和正文三部分。

（1）按语

按语即用来介绍或评价正文,或就正文所涉及的内容发表编者评论意见等。

（2）标题

会议简报的标题是会议简报正文内容的总括,类似于新闻消息的标题,要求简明扼要,准确恰当。

（3）正文

会议简报的正文一般由导语、主体、结尾三部分组成。会议简报正文根据具体情况,通常有以下三种写法。

① 综述法。由编者采集各方面的言论、意见加以概括而成,相当于一份会议的综合报道,将会议的进程、出席情况、会议的发言和议程一一摄入,全面加以反映。

② 重点报道法。重点反映会议的某个重要报告的内容、小组讨论情况或一个与几个人的发言等。

③ 摘要法。摘录代表发言的概要,供与会者参阅。

3. 报尾

报尾置于简报最后一页的下方,注明主送单位或个人姓名、抄送单位、增发单位和印发份数。

（三）会议简报的写作要求

会议简报的编写,要求及时、简明,抓住具有指导意义、能引导会议健康发展的内容加以报道。当然,涉及各级机密事项的内容不应随意报道。具体要求有三点。

1. 会议简报用语简明扼要

简报的写作必须注意做到简短、明快,用尽可能少的文字说清楚必须说明的问题。一是注意主题集中,一稿一事,不贪大求全。一份简报只抓住一个问题,不搞面面俱到才能使简报的主题凝聚,篇幅短小,问题说得透彻。二是注意精选材料,围绕主题精心挑选典型事例。三是注意既要求简,又要写清。简报求简,是在说明问题的前提下求简。

2. 会议简报内容真实

简报作为加强领导和推动工作的重要工具,内容必须保证绝对真实、准确。否则,就会造成不良后果。简报所选用的任何材料,包括人名、地点、时间、情节、数字、引语、因果关系等,都要完全准确无误,没有丝毫的虚构、夸张、缩小和差错。特别在估计成绩和宣传先进时,更要严格把握分寸,有一说一,有二说二,实事求是,恰如其分,留有余地。必须忠实于事实,保证符合事物本来面貌。

3. 会议简报应及时发布

简报的功能,决定了简报的编者必须讲求时效。这就要求简报的作者思想敏锐、行动敏捷,对问题反应得快,对材料分析得快,写作构思快,动笔成稿快,同时,还要求简报的编辑、签发、打印、发稿速度快,共同把握发稿时机。

拓展阅读

不协调的烟灰缸

某日,一位深受爱戴的老领导不幸逝世,在治丧委员会的会议上,气氛非常庄严肃穆。忽然间,一位领导发觉会场中的烟灰缸都是喜庆的大红色,会场气氛一时间非常尴尬。这位领导十分生气,会后批评了秘书办事不力。秘书觉得很委屈,会议室里的烟灰缸一直都是红色的那一套,那还是去年庆功时新买的。为了一次会议就买一套新的,未免也太浪费了。于是,在下一次采购烟灰缸的时候,这位秘书选择了无色的玻璃烟灰缸。这一下总算是省去了麻烦。

（资料来源：https://max.book118.com/html/2016/0705/47392102.shtm)

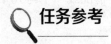 **任务参考**

情景导入中的新闻发布会之所以收到较大反响,是因为秘书对新闻媒体的接待工作做得详细周到。会议期间一定要注意接待好新闻媒体,让记者能够有充分的机会与时间了解相关信息,为记者的报道提供方便。

✦ 思考练习

1. 会议进行中的服务工作内容有哪些？

2. 如何做好会议记录？

3. 假如你接了个机密型的会议服务,续完茶水后,会议主办方告诉你不用站立会场,如有需要再通知你,但要确保任何人都不允许进入会场。没过一会,有位来人说有非常紧急的情况需及时告知正在与会的一位客人,如不及时告知可能造成很严重后果。这时你怎么处理?

4. 在一家四星级酒店举行的一场小型会议中,接待员把与会者引领到大堂边的一个金碧辉煌的接待室,以等候总经理会见。落座后,服务员先在每位与会者的茶几上摆上茶杯,然后用手从茶叶筒里取出茶叶,依次放入每位与会者的茶杯中,再用暖水瓶往杯子里倒水。5分钟后,服务员尚未把滚烫的开水倒完,总经理来了。干渴的与会者没喝一口水就离开前往会议室了,茶水服务终告失败。请分析这一茶水服务失败的原因。

第四节　会 后 工 作

🖱 情景导入

某市委召开常委扩大会议,传达中央关于进一步扩大内需,促进经济平稳较快发展的措施和省委常委扩大会议精神,安排部署该市贯彻落实工作,市级有关部门和各区县党政主要负责同志列席了会议。会后,秘书起草好会议纪要报领导审核。秘书长核改完纪要内容,前前后后又仔细校对时发现,会议纪要发送范围只有市级部门,没有各区县党委、政府,随即在发送范围栏内填补上了区县党委、政府。

市委常委会议纪要直接关系到常委会议决定事项的贯彻落实。这次常务会议明确要求"各区县、各部门要把落实中央出台的十项措施作为当前工作的重中之重,密切配合,有力推进,绝不能贻误时机"。而秘书作为常委会工作人员,却把落实会议精神的主体——区县党委和政府,在纪要发送范围中漏掉了。如果不是秘书长及时发现,会议纪要一旦发出,区县党委、政府将收不到文件,势必影响决定事项的贯彻落实,这样的后果不是秘书所能承担的。

任务提示

(1) 印发会议纪要应注意哪些事项?

(2) 会议文件立卷归档的范围是什么?

👥 内容提要

会议结束,并不等于会务工作随之结束。事实上,会场内外仍有大量工作需要完成。本节主要阐述会后的工作内容及工作方法,了解会后工作的复杂性,学会做好收尾工作。

■ 必备知识

一、 送别会议代表

送别会议代表是会议结束阶段工作中的一个重要环节,这一环节如果处理得不好,就会使整个会议的总体效果在与会人员的印象中大打折扣,会使先前的工作努力和成果前功尽弃。因此,要使整个会议完整有序,有始有终,完美无憾,就一定要认真、周到地做好送别会议代表的各项工作,切不可掉以轻心或疏忽大意。送别会议代表的主要内容如下。

(1) 结清会务费用:餐费、住宿费、交通费等。

(2) 分发回程票:火车票、机票、船票等。

(3) 安排车辆送站:小面包车、普通中巴、大巴、旅游客车等。

(4) 安排领导、专人送客:握手告别,脸呈微笑送至大门外、电梯口或车门口。

二、 清理会场

会议结束后,清理会场包括清理会场物品和清扫会场卫生两大任务。清理会场物品就是让物品进行归位,属于撤除类的东西当场撤除,如布置的会标、横幅等;属于归还类物品应派专人归还,如音响设备等器材;属于收齐保管类物品应妥善保管以备下次使用,如电脑、桌牌等。清扫会场卫生就是使地面和门窗整洁干净。

三、 整理会议文件

会议文件是提请会议讨论和审议事项的文书材料。它是一种非正式文件,有些是供会议讨论审议用的,有些是会议进程中形成的,有些是为保证会议顺利进行而制作的。具体而言,会议文件包括会议记录、会议简报、会议纪要、会议正式文件和参阅文件、会议总结等。主要工作包括以下几项。

(一) 整理会议记录

会议记录是非常重要的原始文字资料,具有执行依据、文件基础、日后查考和史料价值等作用,认真做好会议记录,既有利于增强领导班子成员的工作责任感,又有利于加强对领导班子执行民主集中制情况的监督,因此,秘书应高度重视会议记录的整理工作。

(二) 形成大会决议、简报或纪要

根据会议主题、议题及会议记录,形成大会决议、简报或纪要,根据单位规定,发送有关人员。

会议简报的写法在上一节已经介绍,现在将会议纪要的写作要点介绍如下。

会议纪要通常由标题、正文、结尾三部分构成。

1. 标题

标题有三种方式:一是会议名称加纪要,如《全国农村工作会议纪要》;二是召开会议的

机关加内容加纪要,也可简化为机关加纪要,如《省经贸委关于企业扭亏会议纪要》《××组织部部长办公会议纪要》;三是正副标题相结合,如《维护财政制度加强经济管理——在××部门××座谈会上的发言纪要》。

会议纪要应在标题的下方标注成文日期,位置居中,并用括号括起。作为文件下发的会议纪要应在版头部分标注文号,行文单位和成文日期在文末落款(加盖印章)。

2. 正文

会议纪要正文一般由两部分组成。

(1)开头。主要写会议概况,包括会议时间、地点、名称、主持人、与会人员、基本议程。

(2)主体。主要写会议的精神和议定事项。常务会、办公会、日常工作例会的纪要,一般包括会议内容、议定事项,有的还可概述议定事项的意义。工作会议、专业会议和座谈会的纪要,往往还要写出经验、做法、今后工作的意见、措施和要求。

3. 结尾

结尾主要是对会议的总结、发言评价和主持人的要求或发出的号召、提出的要求等。一般会议纪要不需要写结束语,主体部分写完就结束。

(三)写总结向上级汇报会议情况

一些重要会议结束后,会务工作者应该对会议的组织与服务工作进行全面总结,以积累经验,找出不足。

(四)收全会议材料,汇编会议文件,并分类、立卷、归档

会议材料包括文字材料、照片、录音等,收齐后分类整理归档,以便以后查考利用。

1. 收集整理会议文件资料的要求

(1)确定会议文件资料的收集范围。

(2)收集会议文件资料要及时,确保文件资料在与会人员离会前全部收集齐全。

(3)选择收集文件资料的渠道,运用收集文件资料的不同方式方法。

(4)收集会议文件要履行严格的登记手续。

(5)收集整理过程中要注意保密。

2. 会议文件立卷的范围

(1)会议的正式文件,包括会议的通知、报告、决议、总结等。

(2)会议的参考文件。

(3)会议的各种发言稿。

(4)会议记录、简报、纪要。

(5)与会者名单。

(6)会议照片、录音资料。

四、会议反馈

会议的成功率有多高,可以通过总结反映出来。在总结中体现会议实施与策划之间的关系,了解会议目标是否实现、核算会议的成本与效益情况、与会者满意情况以及不足之处

等内容,可以为以后提高会议效果找到相关依据。

(一)会议反馈的内容

(1)预案所制定的各项会务工作是否准确到位。

(2)会务工作机构之间以及部门之间的协调状况。

(3)每个会务工作人员工作完成的质量。

(4)会议决定事项的传达是否准确、及时、到位。

(5)会议决定事项的催办与登记情况如何。

(二)会议反馈的要求

(1)要注意点面结合,正面反馈和负面反馈结合。

(2)会议信息反馈的目的要明确,要看服务对象。

(3)充分重视会议的反馈信息沟通,正、负两方面反馈都要力求做到适时、适量、适度。

拓展阅读

会议记录与会议纪要的区别

会议记录和会议纪要都是会议材料,但表现出许多不同。

性质不同:会议记录是实录,会议纪要只记要点。

功能不同:会议记录一般不公开,只做资料保存,会议纪要要在一定范围内传达或传阅,要求贯彻执行。

并不是所有的会议都会形成会议纪要。

任务参考

情景中的会议纪要属于会议的文件材料,会议结束后,就要尽快整理纪要内容,千万不能拖,否则一些重要内容会忘记。纪要整理后,也要及时发放,如果不及时,重要性会被忽视,从而影响执行力。发放文件时,为防止遗漏,或者当事人没有收到文件,或者收到了却借口没有收到从而要求事项不能完成,所以,发放时做好登记工作,签字确认,以便防止当事人找借口不执行。纪要发放后还要检查,才能保证领导要求能够贯彻落实。

思考练习

1. 会议结束后的工作内容有哪些?

2. 会后的文书材料有哪些?

3. 简述会议文件立卷归档的意义。

4. 某公司日常管理比较混乱,秘书没有将公司会议记录立卷归档,经常发生找不到会议文件资料的事情。一次公司与合作方经过几次协商,双方签署了一个项目的合作意向,不久双方约定再次商谈并签订正式文本。然而,当需要签署意向书时,秘书在自己所保存的文件中无论如何也找不到了。当合作方听说此事后终止了与该公司的合作。

请问秘书应如何做好会议文件的收集整理工作?

第五节　各类会议组织程序列举

情景导入

2018 年 7 月 6 日至 8 日,药品监管部门对长春长生公司进行例行检查时,发现企业违法违规生产行为,随即责令企业停产。此后,长春长生公司为掩盖事实,对内部监控录像储存卡、部分计算机硬盘进行了更换、处理,销毁相关证据。7 月 15 日,国家药监局检查组再次进驻长春长生公司进行调查。该企业为降低成本、提高狂犬病疫苗生产成功率,违反批准的生产工艺组织生产,包括使用不同批次原液勾兑进行产品分装,对原液勾兑后进行二次浓缩和纯化处理,个别批次产品使用超过规定有效期的原液生产成品制剂,虚假标注制剂产品生产日期,生产结束后的小鼠攻毒试验改为在原液生产阶段进行。公安机关已对长春长生公司违法违规生产狂犬病疫苗案件开展立案侦查。截至 25 日,公安机关依法对长春长生公司董事长高某芳等 16 名涉嫌犯罪人员刑事拘留,冻结涉案的企业账户、个人账户。

长春市人民政府以新闻发布会的形式向人民群众澄清事实,公布处理结果。

任务提示

(1) 新闻发布会具有哪些特点?
(2) 如何组织新闻发布会?
(3) 新闻发布会应考虑哪些要素?

内容提要

本节主要讲授新闻发布会、签约仪式、颁奖典礼和企业年会的组织程序,通过学习,掌握不同类型会议组织的侧重点,从而对各种会议的组织做到心中有数,能够独立组织不同类型的会议。

必备知识

一、新闻发布会组织程序

新闻发布会又称记者招待会,一般是政府、企事业单位、社会团体向其外部公众传播具有一定社会影响、有新闻价值的信息或某个组织、个人为澄清某一事件真相而向社会作某些有关情况的介绍。主要目的是通过新闻发布会,借助大众传播媒体的力量,将本组织的有关信息迅速传达扩散到公众中去。

根据新闻发布会的特点,其组织程序表现为以下方面。

(1)确定发布会的主题。主题要注重时效性;主题要单一,重点信息最好不超过3条;每一条信息最好都是简明扼要的一句话。

(2)确定新闻发布会日期、地点、新闻点等。发布会日期与希望发布事件日期相配合,促进自身对外宣传,挖掘新闻点、制造新闻效应、注意避免与重大新闻事件撞车。该步骤应在正式新闻发布会前20天完成,最迟15天,并在邀请函发布前预定会场,否则会影响下一步工作。

(3)确定发布者和主持人。选择发布人的标准是对发布内容十分熟悉,直接参与相关决策(有时就是最高领导者),最好接受过新闻发言人的培训。

主持人的任务:宣布发布会开始,说明发布会主题,介绍发布人,指定记者提问,宣布发布会结束。

(4)按照邀请名单,分工合作发送邀请函和请柬,确保重要人员不因自身安排不周而缺席发布会。回收确认信息,制定参会详细名单,以便下一步安排。该步骤一定要计划周密,有专人负责,适当放大邀请名单,对重要人物实施公关和追踪,并预备备用方案,确保新闻发布会参与者的数量和质量。

(5)设计背板,布置会场,充分考虑每一个细节,如音响、放映设备、领导的发言稿、新闻通稿、现场的音乐选择、会议间隙时间的余兴安排等。

(6)正式发布会前提前一到两个小时,检查一切准备工作是否就绪,将会议议程精确到分钟,并制定意外情况补救措施。

(7)按计划开始发布会。发布会程序通常为来宾签到、贵宾接待、主持人宣布发布会开始和会议议程、按会议议程进行。

(8)监控媒体发布情况,整理发布会音像资料、收集会议简报,制作发布会成果资料集(包括来宾名单、联系方式整理,发布会各媒体报道资料集,发布会总结报告等),作为单位资料保存,并可在此基础上制作相应的宣传资料。

(9)评测新闻发布会效果,收集反馈信息,总结经验。

二、 签约仪式的组织程序

签约仪式有一套严格的程序,大体由以下步骤构成。

(一)仪式前期准备工作

1. 准备待签文本

准备2册内容一致的待签合同文本。仔细核对合同书内容,并与对方确认,确保不出现由于合同内容错误而造成误会的情况。所选纸张要高档,合同书印刷精美并装订成册,并加硬质封皮。

2. 布置场地

包括合同签字区的布置以及会场嘉宾区整体的装饰和花草布置。具体要求如下。

(1)总体要庄重、整洁、清净。

(2)设置长桌,室内铺满地毯。

（3）高雅的同时烘托欢快的氛围。

（4）主席台及台下嘉宾座位要事先计算，安排合理数目。

3. 人员安排

安排双方的签字人员和确定邀请的嘉宾及媒体人员。要求签字双方人员事先沟通确定好，双方签字人员身份应该对等。对被邀请的人员事先发放邀请卡，并确认仪式当天是否能到场。

4. 确定签约地点和时间

双方沟通后确定签约地点和时间。

5. 备足各种所需用品

用品包括酒杯、签字笔、桌子、桌布、桌签、花木、水果、酒、合同夹、合同、胸花等。

（二）签字仪式的程序

1. 仪式开始前事项

（1）安排双方代表就座。

（2）确认实际到会人员名单，并核对主持稿。

（3）安排双方领导人礼节性会见。

（4）会见结束后，按照事先安排入座，助签人站在签字人左边。

（5）应邀嘉宾和媒体按位置就座。

2. 签字仪式开始

（1）主持人宣布签字仪式开始。

（2）主持人介绍参加代表和到场嘉宾媒体。

（3）双方领导人简短讲话，表达与对方合作的荣幸以及对合同约定事项在日后实施顺利的美好祝愿等。

3. 签字人员签署文本

（1）助签人员翻开合同夹，指明合同签字的地方。

（2）双方先在各自保存的文本上签字，然后与对方交换签字。

（3）助签人员在旁用吸水纸按压签字处。

4. 交接合同文本

双方签字人员互换合同文本，并互相握手。

5. 签约完成后的活动

（1）签约双方以及到场重要嘉宾合影留念。

（2）安排媒体拍照或访问。

6. 有秩序退场

安排到场人员退场，退场时可安排客方人员先走，主方送客后自己再离开。

三、 颁奖典礼的组织程序

（1）颁奖活动主题。

（2）颁奖活动时间。

（3）颁奖活动地点。

（4）颁奖活动流程。

① 主持人登台宣布颁奖仪式开始，介绍出席嘉宾。

② 主持人邀请致辞人上台致辞。

③ 主持人上台宣布获奖者，获奖者代表上台（按顺序从指定方向上台并站到指定位置），主持人请颁奖嘉宾上台颁奖，由司仪人员呈上奖品。

④ 每项活动颁奖完毕，主持人邀请颁奖嘉宾与获奖者代表合影留言。

⑤ 主持人对嘉宾表示感谢，对选手表示祝贺。

⑥ 主持人宣布颁奖仪式结束，并邀请嘉宾上台合影留念。

四、 企业年会的组织程序

（一）组建年会筹备小组

年会是一个企业一年一度的盛典，所以要组建一个强有力的年会筹备小组，做适当的分工。如确定会务组负责人、后勤组负责人、节目组负责人，年会主持、签到、颁奖礼仪等责任到人。

（二）确定主题

年会的主题最好与来年企业的战略中心思想紧扣。比如，为了强调提升客户服务和增加员工归属感，就可以确立"客户价值，同仁荣耀"的主题，"客户价值，同仁荣耀"就是企业新一年的战略中心思想。比如，如果年会邀请了很多大客户，那就要确立"感恩、合作共赢、共创未来"的一些主题。主题确定了，流程设计才会有依据。

（三）准备关键视频

每年都应该准备一个关键的视频，可以让领导、中层、基层员工回顾企业创业多年的成长经历和已经取得的成绩。对核心员工进行采访，看他们一年来的收获和对未来一年有什么样的期望。

（四）确定年会时间和地点

各方负责人沟通并考虑各方面因素后确定年会的时间和地点。

（五）布置年会现场

年会现场布置非常重要，主题横幅、签到墙、签到桌提前布置到位，相关物品物料提前就位。

（六）设计年会流程

（1）开场节目。开场节目是年会的重中之重，能够把年会的氛围瞬间营造出来。所以年会开场节目一定要非常热闹，与企业文化的特征和年会的主题有关。

（2）主持人上场。介绍到会领导和嘉宾，邀请领导上台致辞。

（3）嘉宾致辞。

（4）表彰优秀员工文艺会演、现场有奖问答、游戏。

（5）领导作总结发言。

（6）主持人宣布会议结束。

拓展阅读

新闻发布会主持人的主持技巧

新闻发布会主持人要注意自己讲话的分寸。在新闻发布会上，主持人的一言一语，都代表着主办单位。因此，主持人必须对自己讲话的分寸给予重视。

1. 会议中的讲话技巧

新闻发布会主持虽然不像电视主持那样是公众人物，但面对的却是媒体，稍不留意说错一句话，马上就会被记者传得到处都是。因此，新闻发布会主持人在主持中的讲话很重要。

（1）要坦率、诚实。主持人的发言要建立在坦率、诚实的基础上，在引导发言人和记者提问时，不要含糊其辞，要条理清楚，重点集中，令人一听就懂。但是，在新闻发布会上，主持人有意卖弄口才、口若悬河，往往是费力不讨好。

（2）要提供新闻。新闻发布会，自然就要有新闻发布。新闻界人士就是特意为此而来的，所以在不违法、不泄密的前提下，主持人要善于引导发言人，满足对方在这方面的要求，至少也要使他在讲话中善于表达自己的独到见解。

（3）要随机应变，机智地调节会场气氛。会议主持人要充分发挥主持和组织作用，以庄重的言谈和感染力，活跃整个会议气氛，引导记者踊跃提问。当记者的提问离开会议主旨太远时，要善于巧妙地将话题引回主题；会议出现紧张气氛时，要能够及时调节缓和，不要随便延长预定会议时间。

（4）语言幽默风趣。主持人在主持之际，适时地运用幽默风趣的语言来引导发言人或回答记者，可以直接影响到现场的气氛。当记者提出一些刁难问题时，主持人用准确幽默的引导往往可以带动发言人化险为夷。因此，适当地采用一些幽默风趣的语言、精妙的典故，也是必不可少的。

（5）要温文尔雅，不卑不亢。主持人和发言人一样，对记者不能傲慢无礼，更不要随意打断记者的讲话或提问，不能冲动、发怒，要表现出深刻的涵养。主持人唯有语言谦恭敬人、高雅脱俗，才会不辱使命。

（6）谨言慎行。各新闻记者大都见多识广，加之又是有备而来，所以他们在新闻发布会上经常会提出一些尖锐而棘手的问题。遇到这种情况时，主持人要引导发言人讲话时要时刻想到，自己的举止是在众目睽睽之下，说的话可能会被记者在媒体中曝光，因此一定要慎之又慎，讲话要准确，能答则答，不能答则应当巧妙地进行闪避，或是直接告之以无可奉告。

2. 要注意相互配合

无论是主持人还是发言人，在新闻发布会上都是一家人，因此二者之间的配合默契必不可少。要真正做好相互配合，一是要分工明确；二是要彼此支持。一唱一和，掌握好节奏。

（1）主持人要清楚自己的身份，认清自己在新闻发布会上并不是会议的主角，主持人与发言人分工有所不同，因此必须各尽其职、配合默契，主持人不要与发言人抢话头，替人代劳，以炫耀自己。

（2）主持人在新闻发布会要做的主要是主持会议、引导提问。在新闻发布会上，发言人要做的主要是主旨发言、答复提问。有时，在重要的新闻发布会上，为慎重起见，主办单位往往会安排数名发言人同时出场。若发言人不止一人，主持人事先必须对他们进行内部分工，让他们各管一段，否则人多嘴杂，话要么没人说，要么抢着说。一般来讲，发言人的现场发言应分为两部分，首先进行主旨发言，接下来才回答疑问。当数名发言人到场时，只需一人进行主旨发言即可。主持人一定要牢记，自己是为发布新闻服务的，协调会场气氛，协助发言人完成精彩的讲话，才是自己要做的事情。

（3）主持人、发言人的彼此支持，精诚配合。这在新闻发布会上通常是极其重要的。在新闻发布会进行期间，主持人与发言人必须保持一致的口径，不允许公开顶牛、相互拆台。当新闻界人士提出的某些问题过于尖锐或难以回答时，主持人要想方设法转移话题，不使发言人难堪。而当主持人邀请某位新闻记者提问之后，发言人一般要给予对方适当的回答。不然，无论对新闻记者还是对主持人来讲，都是非常失敬的。

在主持过程中，主持人一定要集中精力，头脑灵活，与发言人一起，同心协力地克服会议中的难题。

（资料来源：新浪博客. http://blog.sina.com.cn/s/blog_60b6ea8c0102e2c7.html）

任务参考

新闻发布会具有三个特点，一是新闻发布会上人物、事件都比较集中；二是时效性强；三是免去了预约采访对象、采访时间的一些困扰。情景导入中就长春长生疫苗造假事件召开新闻发布会，目的是向人民群众澄清事实，公布调查情况及处理结果。本次新闻发布会的主题是长春长生疫苗事件调查及其处理；新闻发布会的时间是对长春长生疫苗事件原委调查取得进展的当天，体现了新闻发布会的时效性特点；确定本次新闻发言人为证监局高某某；邀请各大媒体记者、各部门负责人及普通群众参加此次发布会；选聘主持人和礼仪人员；新闻发布会正式开始后，按照议程进行；会后需要监控媒体报道情况和收集反馈信息。总体而言，新闻发布会应考虑信息对新闻界有无价值、新闻发布的时机是否成熟、主题是否突出、信息准备是否充分、时间与场地的选择是否合适等因素。

✦ 思考练习

1. 秘书在新闻发布会中接受记者采访时，应如何回答？
2. 要做好大型会议的组织和协调工作，应做好哪些工作？
3. 新闻发布会进行过程中应注意哪些事项？
4. 案例分析。

某校举行一次颁奖大会，对全校七八个先进集体，数十名先进个人颁发奖品和荣誉证书。当领奖的同学上台领到荣誉证书后,有几名同学当即发现证书上的名字不对,转头向领导更换和相互交换,一时间领奖台上一片混乱。

请问以上案例中的现象由什么原因导致?应该如何避免?

✦ 本章总结

办会是秘书工作内容之一,会议办得是否成功,很大程度上取决于秘书对会议是否做到精心策划、组织落实。定时、定点做好一切会务,是办会的特点。会务工作是会议活动中一个十分重要的环节,对会议的成败起着决定性的作用。本章根据会务工作的流程,重点介绍了会前筹备、会间服务和会后工作的方法及注意事项,同时还列举了新闻发布会、签约仪式、颁奖典礼和企业年会的组织流程。在学习中深入了解了会议组织的程序,掌握了会议组织工作的技巧和方法,为今后的会务工作打下坚实基础。

✦ 影像展示

1. 会务工作流程。
2. 会务接待礼仪。
3. 会务茶礼仪。

第三章　会务工作
影像展示

✦ 实战训练

1. 实训情景 1

2018 年 7 月 15 日下午,国家药监局通报,长春长生在冻干人用狂犬病疫苗生产过程中存在记录造假等严重违反《药品生产质量管理规范》(药品 GMP)行为。吉林省食药监局已经对此立案调查,而所有涉事批次产品尚未出厂和上市销售,全部产品已得到有效控制。

根据线索,国家药品监督管理局组织对长春长生生物科技有限责任公司开展飞行检查,发现该企业冻干人用狂犬病疫苗生产存在记录造假等严重违反《药品生产质量管理规范》行为。

国家药品监督管理局已要求吉林省食品药品监督管理局收回该企业《药品 GMP 证书》(证书编号:JL20180024),责令停止狂犬疫苗的生产,责成企业严格落实主体责任,全面排查风险隐患,主动采取控制措施,确保公众用药安全。

实训项目:根据上述内容,以国家卫生与健康委员会的名义组织新闻发布会。

实训方法:分小组举行,每组成员扮演相应的角色,召开新闻发布会。发布会结束,小组之间相互点评。

2. 实训情景 2

你在市人民政府办公室工作。本市的友好城市日本长崎市将派代表团来本市作友好访问。市长办公会议决定由市政府办公室组成一个接待小组负责本次接待工作。如让你担任这个接待小组的组长,你将如何筹办本次接待工作?

实训任务:

(1)拟写接待方案;

（2）模拟接待工作的流程，组织本次接待工作。

实训方法：分小组模拟接待工作，实训结束相互评价。

3. 你所在班级将要召开一次家长会，会议主要内容由班主任老师、任课老师和学生代表向家长汇报学生在校表现和学习情况，并向家长介绍学校开展素质教育的成果，与家长交流教育子女的心得。会议拟请学校教务处领导出席并作讲话。

实训任务：请你根据上述内容拟写一份会议筹备方案。

实训方法：每人拟写一份会议筹备方案，完成后相互交换点评。

第四章
接待工作

📋 本章概要

　　办公室接待指对那些预约或未曾预约的到办公室求见上级或反映情况、办理业务的个人或组织的接待。接待工作是现代秘书工作的一个重要组成部分，秘书接待工作的好坏，不但体现了秘书人员个人的素养，更反映出一个组织的工作作风，影响秘书人员在来访者心目中的第一印象，并直接影响双方的关系及合作。本章将在日常接待、专门接待、会见与会谈、宴会与参观四个章节进行介绍。

✏️ 学习目标

　　1. 通过接待事项的学习，了解各种接待活动中的常规程序、注意事项及相关礼仪。
　　2. 能通过情景再现，对各种接待活动进行现场操作。

第一节　日常接待

⚛️ 情景导入

一丑掩百美

　　张厂长刚刚出差两天，办公室秘书小张接待了一个衣着一般，一口乡音的客人。
　　"同志，请问厂长在哪儿?"那人问道。
　　"不在。"小张说，一脸不高兴。
　　"到哪儿去了?"那人又问。
　　"不知道。"小张想你又不是我们厂长的上级，他到哪去了要你管吗?
　　"我是来参观的。该找哪一位?"那人又问。
　　"参观?"小张把那人上下打量了一遍心想，肯定又是乡镇企业来"取经"学技术的，讨厌!"上班时间，不能参观!"
　　"不能参观? 不是早已联系好的吗?"那客人吃惊地问。

"你和谁联系的?"

"你们张厂长和我联系的呀!"那人说。

"得了吧,刚才我说过张厂长不在,你就说是和张厂长联系的,跟我玩这一套! 走吧! 走吧!"

"同志,这是我的名片。我真是和张厂长联系好的。"那客人又转回来,把名片递给小张说,"我还有公司的介绍信。"

小张连名片看也不看一眼就扔在一边说:"不行就是不行! 你怎么这么啰唆!"说着,把那人推出门外。

"你怎么这样……"那人站在办公室门口还不肯走。

"不这样还能怎么样? 厂内有技术机密,能随便让你去看? 再不走,我叫厂保卫来对付你!"小张想,这乡巴佬真讨厌,绝不能给他好颜色看。

"那好! 我走。"那人头也没回地走了。

小张下班时清理办公桌,发现那客人留下的名片上写着"东方公司副总经理……"小张大惊,马上又镇定下来,看那人的熊样子,绝不是副总经理,一定是个"冒牌货"!

可是,"货真价实"的东方公司考察要员一直未来。张厂长回来后一问明情况,大惊,说:"糟啦! 那就是东方公司的副总!"

张厂长连忙拨通长途电话,向对方道歉,并再三强调厂里在生产技术、设备、管理方面下了很大的功夫;张厂长还说,他立即上门道歉,专程接副总来厂指导……

可东方公司回话说,副总已与另外一个厂家订了货,贵厂各方面都好,我们相信,但人员素质太差,从你们办公室秘书身上就可以看出这一点……

"这真是一丑遮百美啊!"张厂长放下电话,气恼地说,"没想到坏事坏在你的身上,你这个小石头打破了我的一口缸!"

任务提示

(1) 认识秘书的工作角色。

(2) 做好迎客、待客、送客等接待工作中的基本环节。

内容提要

接待工作是现代秘书工作的一个重要组成部分,秘书接待工作的好坏,不但体现了秘书人员个人的素养,更反映出一个组织的工作作风,影响秘书人员在来访者心目中的第一印象,并直接影响双方的关系及合作。因此,秘书在接待工作中,应该注意日常接待工作的各个环节及礼仪规范。

必备知识

一、 预先了解上司的活动安排,做好日常接待工作准备

(一) 接待的环境准备

20 世纪 80 年代中期,在西方已经出现了"人类工程学",就是把办公室活动所需要的生

理需求和说明办公人员如何对这种环境做出反应的心理因素综合起来,从外观、视觉、听觉、空气以及安全、保障等方面来研究办公活动的技术。该学科的大量研究表明,接待的环境是否得体舒适,也会在一定程度上影响接待效果。

办公室接待的环境主要有以下几点。

1. 空间环境

空间环境是办公室通过形、色、位置等因素对办公人员的心理状态产生影响的。因此,合理地布置接待室、正确地选择接待室的颜色,以及适当的美化和装饰,就成为改善接待环境的必要措施。在待客前,应清扫整理待客地点的卫生。

2. 视觉环境

视觉环境是为完成办公活动而提供的采光系统。合理地运用自然和人工资源,尽量达到到访人员所需要的视觉和情绪效果。

3. 听觉环境

听觉环境是指影响办公活动的各种声音条件,有有益成分,也有噪声。改善接待的听觉环境,除了使接待室尽量避开室外噪声外,也要高度重视消除室内活动(办公设备等)所产生的噪声。

4. 空气环境

空气环境是由空气的温度、湿度、流通与净化状况形成的办公活动空间的空气质量。改善接待的空气环境,主要通过空气调节设备和适当改善建筑条件来实现。

5. 安全环境

办公室或接待室的环境改善,还应注意排除办公活动场所的各种安全隐患,如火、电、重物等。

(二)接待的物质准备

(1)根据客人爱好、习惯,准备好茶水、果品和点心等待客的必备物品。

(2)有预约的公事访问还要准备好客人所需要的资料。

(3)根据需要,还可以做膳食、住宿和交通工具的准备。

(三)接待的心理准备

(1)要了解客人的基本情况,单位、姓名、性别、职业、级别、人数等,掌握其来访目的和要求、到达的日期、所乘车船次或航班的抵达时间,做到心中有数。

(2)清除坏情绪,以诚恳的态度、合作精神、解决问题的心态接待到访客人。还要做好个人仪表的准备,衣着要整洁大方。

二、 招待客人要及时并热情有礼,把握接待工作的基本环节

(一)亲切迎客、问候

当看见来访者进来时,秘书要停下手头的工作,点头微笑,或招呼"你好",即使正在打电

话,也要用眼神微笑示意,并用手势示意对方请坐。

接待过程也是展示组织形象的过程,这要求接待人员在接待过程中不仅要情真意切,而且举止要规范大方。如握手、介绍、递送名片、引领等一系列的举止,都要注意按照相应的礼仪规范来进行。

(二)热忱待客

对要求见上司的来访者要作出果断准确的判断,做到既不误事,又能减轻上司的负担。

1. 事先预约好的客人

事先约好的客人,要及时引见。不过事前要先告诉上司客人来了,以便上司做好准备(注意引见和介绍的礼仪)。

2. 灵活接待没预约的客人

有些宾客的到来是无法预测的,对没有预约的客人,秘书应平等、热情对待。如果不认识,应先做自我介绍,了解对方的身份和意图,再视情况灵活挡驾或安排会见,最后应做好记录,热情送别。

想一想,下面案例中,哪个选项是最合理的?

文明发挥过滤网作用

这天下午公司秘书正在前台值班,一个剃着大光头、戴着大墨镜,显得很酷的中年客人推门而入。

秘书马上起身迎接客人:"您好!请问您是……"

"我找你们老板!"客人说着直往里走。

于是,秘书对这个不太注意礼貌的不速之客这么说:

A 对不起,老板正在跟客人谈话,有什么事请跟我说吧!

B 对不起,先生,请问您贵姓……

C 客人来访,必须登记,这是公司的规定!

D 你要再往里闯,我就叫保安了!

E 先生,您预约了吗?

---

3. 上司拒绝接见来访者

若上司拒绝接见来访者,秘书应尽可能向对方表达不能接见的理由,以免来访者发生误会。可以用"对不起,某某先生,我们领导已经安排好有事外出,现在正忙着,没法与您见面。我们上司说让你白跑一趟,真是不好意思,能否由我转达留言。我叫某某,是他的秘书"或"抱歉,让您久等,某某急着外出,但他请代理人与您见面"等语言礼貌地拒绝,但要注意,必须用热情又坚定的态度回答来访者,上司确实无法接待。

4. 同时到达的来访者

同时到达,预约客人优先接待,但须向另一位表示歉意,并请他坐着等候。如均未预约,则就来访目的的紧急、重要的程序,转达上司,由上司做出决定。

拓展阅读

接待工作最常见的类型主要有一般性接待和重要接待等。一般性接待是指对日常性、临时性、普通来访者的接待。重要接待是指为团体性或重要来宾所举行的隆重正式的接待活动。一般性接待有时也有特别情况,在此进行补充说明。

如何妥善接待来访的投诉者

面对投诉者我们要注意以下几点。

(1) 转变观念,明确"爱投诉的顾客是好顾客"的观点,他给我们提供了进步的机会,我们应当从内心深处感谢他们。

(2) 耐心倾听,承诺先行。倾听就是礼仪,就是尊重,是缓解对方抱怨的好方法。任何对来宾操作疏忽的猜测,都容易被理解成推卸责任,在对方抱怨的情况下,很容易激化矛盾。应当明确告诉对方:"请放心,我们会根据规定负责到底!"

(3) 专业问题应该由专业部门负责解答。但接待人员一般应按照规定全程督办,限期解决,不能互相推诿。

(4) 明确告诉对方操作流程,告诉对方自己的职务和姓名,并表示负责此事。这样可以令来客产生充分的信赖感。

(5) 委婉提醒客人离场。当秘书已经处理好来访者的所有事宜,并且有下一位客人在等待自己时,应该委婉地提示客人离开。可以使用总结式、赞赏和感谢相结合的言语:"××先生/女士,经过一小时的深入交流,您给我们提出了这么多要求,我们都做了记录,一定按照协议给您限期解决。您的意见是宝贵的,真希望有更多像您这样热心又坦诚的人士。谢谢您的支持!"

(资料来源:蔡超.企业秘书礼仪[M].广州:暨南大学出版社,2009:217-218)

(三)真诚送客

客人走时要礼貌送客,表情自然,言行统一。

(1) 如客人提出告辞时,秘书要等客人起身后再站起来相送,切忌没等客人起身,自己先于客人起立相送。

(2) 不应端坐办公桌前,嘴说再见,而手中忙着自己的事,甚至连眼神也没有转到客人身上。

(3) 当客人带有较多或较重的物品,送客时应帮客人代提重物。

(4) 送客时,可选择合适的言辞送别,如"谢谢你的拜访""希望下次再来"等。

三、 制作、存储来访者信息

为工作中积累来客信息,便于将来的查考,秘书有必要制作来访者信息(卡片),将一些重要来访者的相关情况如姓名、职位、公司、访问日期、来访事由等记录在卡片上,并按来访者公司或姓氏顺序排序。

拓展阅读

妙辞不速之客

胡秘书正在办公室忙着,突然进来了一位西装革履的男士。这位男士自称与李总经理已经约好,但胡秘书一查经理的日程安排,却并没有发现有预约。但既然他说与李总经理有约,也可能是经理亲自约定的,接过名片一看,是某家杂志社广告业务部的钱经理。凭直觉胡秘书觉得对方是个推销员,但仍然很热情地请坐、端茶,然后问道:"您是否和李总约在上午见面?"

对方回答:"如果方便,我希望很快见到李总。"

胡秘书明白了,肯定没有预约。即使是李总亲自约定的,也会有具体准确的约见时间。"您看,很不凑巧,今天上午李总刚好有个临时会谈。我马上设法和他取得联系,告诉他您在这等候。或者另约时间,可以吗?"

钱经理马上表示同意。胡秘书接着说:"您看我怎么向李总汇报您的情况?"

经交谈,胡秘书很快清楚了,来访者是为杂志社编撰本市最新工商名录做广告、拉客户的。这类事不是第一次遇到,胡秘书知道接待不可草率生硬,来访者中不乏"无冕之王",还须"恭敬送神"好。

经与李总联系,从他那里得到的答复是"不见",胡秘书当然不能"直言相告"。

"钱先生,真对不起,李总正在与一家重要客户讨论谈判,我不方便进去打断。您看已近中午,怕要耽误您太多的时间了。您看是否这样,我公司虽在本市,但大多数的业务还是在与外省市和外商之间,全国工商名录上,我公司已在册,本市工商名录上再登当然对本公司也有益,具体事项,我一定请示李总,并尽快电话与您联系,您看,我可以打名片上您的电话吧!"

"好,好。"嘴上这么说,钱先生已显不悦。

"另外,刚才看到您送来的资料,我想起我的同行马小姐曾和我谈起过供职的公司正要做公共关系形象广告和业务宣传,您看我是否可以介绍他们公司与您合作……她的联系电话是……这是我的名片,您也可以直接与马小姐联系。"

"好,好!"钱先生的口气变得和缓了。

"钱先生,这资料您是否可以多留几份给我?尽管我公司业务范围不太适合,但周末的同行联谊会上,我可以帮您向其他合适的公司宣传,同行介绍,恐怕更方便些,您看是否可以?"

钱先生告退时的微笑是真诚的谢意,因为他受到的热情的接待弥补了没有完成任务的缺憾。胡秘书热情地送他到电梯口。

 ## 任务参考

秘书或办公室人员应该深刻地理解接待工作的重要性,尤其是一些特殊的接待。有的特殊的没有预约的接待,没有固定的接待方式。

但是,因为每个客人的个性特征、做事风格不同,秘书要充分利用接待工作的每一个细节,展示企业的全新风采和企业独具魅力的特色文化,用每一次接待机会增强企业的凝聚力和向心力,提升企业的知名度和影响力。

　　秘书可以通过接待客人的机会,积极介绍本单位的特色、发展状况和发展潜力,让客人多了解本单位;可以在与客人的交谈中注意收集经济方面的信息,并及时向有关方面反映;也可以通过热情周到、善始善终的服务,主动让客人投资或解决相关工作问题。

　　(李强华.办公室实务管理.武汉:华中科技大学出版社,2016:103.)

✦ 思考练习

　　1. 判断下面的行为正确与否。

　　(1) 为了便于记忆,可在名片的正面记录备忘事项。

　　(2) 名片代表着人的颜面,所以在接名片时,务必表现出尊重的态度。当对方递名片时,应点头致意,双手在平行胸部的位置接过名片,最好不要捏到字,以示尊重。

　　(3) 双手接过,再收回双肘,大声读出名片上的名称,以确认无误。

　　(4) 遇罕见的字时,可诚恳请教对方。

　　2. 如何接待同时到访的来访者?

　　3. 情景模拟:在秘书综合实训中心开展活动,分组设置场景,模拟不同情况下的日常接待活动。

　　4. 案例分析。

　　某国有企业总经理办公室人员小赵正在看当天准备上报的统计报表,这时公司一位实习生——刚从大学经济管理专业毕业的小林走了进来。小林针对该公司管理写的毕业论文中的某些观点和见解很得指导老师赏识,他本人也认为对公司改革有一定作用,他准备找总经理谈谈。小赵客气地请小林坐下,说:“总经理外出了,有什么事请跟我说吧”。小林就滔滔不绝地讲了起来。小赵一边听,一边看报表。小林言谈中常带“像我们这样的小公司……”小赵越听越不高兴,结果没等小林把话说完,他便满脸怒气地说:“公司小是否埋没了你的才能?你是大材小用,为什么不去大公司呢?”小赵的冷嘲热讽,激怒了小林,引起了激烈的争执,最后小林气愤地离开了办公室。

　　小赵还在闷闷不乐时,三名被解职的职工吵吵嚷嚷地进来了,他们因平时工作不遵守纪律,完不成任务被解职,此刻要找总经理解决他们的问题。小赵说总经理不在,想请他们坐下来慢慢谈,他们不相信,非要找总经理不可。正好总经理走了进来,他们怒气冲冲地推推搡搡,揪住总经理的衣服不放。小赵在一边干着急,不知道怎么办才好……

　　你认为小赵在这两件事上做得怎么样?他有什么失误,他应该怎么做?

第二节　专门接待

◎ 情景导入

　　美国加利福尼亚州 W 大学同我国上海 S 大学建立姐妹学校关系已多年,双方经常开展工作和日常交流,合作富有成效。一次,美国 W 大学分管教学的副校长对上海 S 大学进行工作访问。抵达上海的当天晚上,上海 S 大学国际交流处处长和教务处处长受分管教学的副校长的委托前往宾馆拜访来宾,表示欢迎。

到访第二天,主方安排分管教学的副校长与来宾进行工作会谈,晚上安排校长出面会见并宴请。会见和宴请时,S 大学分管教学的副校长、S 大学国际交流处处长和教务处处长在座。

第三天,客人在 S 大学教务处处长的陪同下,访问 S 大学在郊区的一个技术学院。考虑到对方的身份,技术学院的院长亲自出面拜会了客人,并设午宴招待。

(资料来源:向国敏.现代秘书实务[M].北京:首都经济贸易大学出版社,2005:336)

任务提示

(1) 如何接待团队来访。
(2) 在外宾来访的接待中需要注意哪些事项。

内容提要

专门接待就是在提前预知的情况下,有一定目的性地组织接待国内或国外的个人或团体。本节内容主要介绍团体接待和外宾接待中的基本常识和注意事项。团体接待是一个融合了交际、宣传、特别节目等形式的综合性活动。外宾接待工作关系到国家与国家、内地与我国港、澳、台地区和海外侨胞之间的关系,直接影响到国家的利益和声誉,是一项政治性、政策性都很强的工作。

必备知识

一、 接待团体来访

(一) 了解情况

(1) 了解来访的目的。接待活动可以很好地展示一个单位、一个国家的良好形象,培养宾主双方的情谊,为后续各种主题活动的顺利开展提供有力的保障。了解来访者的目的至关重要,这决定了后期对接待情况的规划和安排。来访者的目的主要有三种情况:礼节性来访,如参观、访问、学习、回访;反馈性来访,如给组织领导人提出批评、建议和要求,反映重要情况等;工作性来访,如业务洽谈、支援合作等。

(2) 了解来访者的基本情况。了解来访者的姓名与职务、人数、性别与年龄、来访目的、日期、主要人物背景简历、生活习惯,兴趣、爱好、忌讳等。如接待中央首长应强调安全保卫;接待少数民族客人应强调尊重其特有的风俗习惯;接待宗教界人士应强调遵守党的宗教政策和对方的宗教习惯。

（二）做好文字材料、相关资料的准备工作

如欢迎词、祝酒词、参观地的资料、对上级的汇报材料、介绍材料、新闻稿件、谈判材料、会谈材料等。

（三）制订接待方案

（1）确定接待人员。接待人员身份与来访者身份应相当，符合礼仪。

（2）确定接待规格。接待规格往往决定了主陪人身份级别、住宿、用车、宴请标准等。接待规格是从主陪人的角度而言的，可以分为高规格、低规格和对等规格三种情况。一般根据来访目的的重要程度和来访人员的身份决定采用哪一种规格。

无论采用哪一种接待规格，秘书拟定后，由领导决定。一旦定下来，秘书应当把主要陪同人的情况和日程安排告诉对方，征求意见，加以确认。

（3）草拟接待计划。接待计划的内容主要包括以下方面。

① 接待规格。除了主要陪同者，还要确定其他陪同者、住宿、用车、餐饮的规格。

② 日程安排。一般以表格、列表的形式列出：日期、时间、活动内容、地点、陪同人员等内容。例如，参观游览和娱乐等活动的时间、地点、人数、次数及陪同人员等。

接待日程安排制定应当周全具体。活动安排应主要围绕来访者的工作事宜，重要内容不可疏漏。时间、活动安排要合理，要注意突出优势，并充分考虑自己的不足之处。同时要确定各活动项目的陪同人员，活动的地点，主持人、住宿的地点、房间数量等。

③ 经费预算。包括工作经费、住宿费、餐饮费、劳务费、交通费、参观费等费用，以及礼品费、宣传公关费及其他费用。

④ 工作人员安排。专门的接待活动必须成立相应的领导组织，设立安全交通、医疗卫生、环境治理、礼宾陪同、组织宣传、后勤保障等专门工作组；组织成员包括负责人、陪同、礼宾、翻译、解说员、导游、司机、保安、保健医生与宣传人员等。在来宾来访期间，东道主要制定专人负责陪同。所有陪同人员既要明确宣传方案和基调，又要明确客人的综合情况，只有这样才能做到心中有数、因人而异，及时向宾客提供有针对性、精细化的服务。

（4）沟通确认。方案拟好后交领导批示，同意后方可通知负责接待的有关人员、有关部门做相应准备。接待计划做好后，秘书要与本单位相关部门沟通情况，协调好具体事项安排。还要与来访者沟通情况，尽量尊重来访者的意见，最后报请上司审批，完善整个接待方案。

（5）实施方案。接待方案制订以后，就要严格按照方案进行程序化运作，使接待工作中的各个环节有序衔接、首尾相连。此时，秘书人员要掌握全面的情况，做好各个部门、各项工作的沟通与协调。

（四）做好后勤准备及保障工作

做好后勤准备和保障，是保证接待能够顺利进行的重要环节。首先要保障接待的物质环境条件，即室内的空气、光线、颜色、办公设备及会客室的布置等；其次还要设置专门的人员进行保安、医疗、交通等的服务。

二、接待外宾来访

外宾是指国外来宾及我国港、澳、台地区的同胞和海外侨胞。外宾接待工作关系到国家与国家、内地与我国港、澳、台地区和海外侨胞之间的关系,直接影响到国家的利益和声誉,是一项政治性、政策性都很强的工作。

(一)外宾接待的原则

(1)平等友好的原则。无论外宾来自哪个国家和地区,都要一视同仁,平等对待,举止文明礼貌,热情友好。要尊重外宾的风俗习惯,不能把自己的观念和思想强加于外宾,对外宾的服饰打扮、形貌、动作、表情等不能评头论足。

(2)内外有别的原则。接待外宾时,必须注意内外有别,严格执行有关保密规定。提高警惕,防范各种可能的收集政治、军事、经济、科技等情报的活动,不得在对外交往中泄露国家机密。

(3)不卑不亢的原则。接待外宾时,既要尊重外宾,以谦虚坦诚的态度对待外宾,又要始终保持自己的民族尊严和人格尊严,自尊、自信、自重。在原则问题上,如果涉及民族感情、民族利益等问题,绝不迁就退让,应始终坚持原则。

(二)涉外活动礼宾次序

礼宾次序是指国际交往中,对出席活动的国家、团体、各国人士的位次按某种规则和惯例进行排列的次序。

(1)按身份和职务的高低排列。这是礼宾次序排列的主要根据。一般的官方活动,经常是按身份和职务的高低排列。

(2)按字母顺序排列。多边活动中的礼宾次序有时按参加宾客姓氏首字母顺序排列。一般以英文字母顺序排列,少数情况也有按其他语种的字母顺序排列。这种排列方法多见于国际会议、体育比赛等。

(3)按通知代表团组成的日期先后排列。东道国对同等身份的代表团,按派遣团组成的日期排列;或按代表团抵达活动地点的时间先后排列;或按派遣国通知代表团参加活动的答复时间先后排列。

(三)涉外活动国旗悬挂

国旗是国家的象征和标志,悬挂国旗是一种外交礼遇和外交特权。悬挂双方国旗,以旗面本身为参照物,"右为上,左为下"。不好操作的话也可以以挂旗人为准,"面对墙壁左为上,右为下"。乘车时,"面对车头左为上"。

(四)其他注意事项

接待外宾前成立接待组,做好充分的准备工作,安排好迎送工作,做好外宾来访期间的生活接待,做好安全保卫工作。[1]

---

[1] 李强华.办公室事务管理[M].武汉:华中科技大学出版社,2016:99-100.

拓展阅读

腾达公司办公室秘书章炎正在忙着起草一份会议报告,进来了一位其貌不扬的外国人,穿着很破旧,说要找总经理。章炎说总经理很忙,他正在主持一个很重要的会议,而且今天的日程已经安排满了。可是对方说没关系,他可以等。章炎热情地请对方坐下,给对方倒了杯水,介绍说自己是总经理的秘书,叫章炎,并向他介绍了公司的基本情况,礼貌地问有什么事情能不能先跟自己说一下。可是来访的外国人只说了他的名字,至于其他的事情一字不提。

章炎还在耐心地询问:"您可以留个字条,我可以转交给总经理。"见对方还没反应,章炎又诚恳地说:"希望您不要介意,我们的公司要求非常严格,您没有预约很难见到总经理,还是让我先跟他说明具体的情况,让总经理决定什么时间能接待您,好吗?"见章炎如此诚恳,对方就简单地说了要投资。

一听此话,章炎马上拿出公司的简介及宣传册,请对方观看,自己借口去卫生间,赶快来到会议室,递给总经理一张纸条,说明了情况,总经理在纸条上答复:"让他等五分钟。"章炎回到办公室,跟对方说:"真巧,会议正好有一段自由讨论的时间,我带您到会客室好吗?"

第二天,总经理一进办公室就兴奋地对章炎说:"昨天,咱们捡了一个大便宜,那个外国人是美国人,想在中国投资,本来看中了一家本市有名的企业,可是那家企业接待很不热情,于是他就想出了一个办法,先考察哪家企业称他的意,他就投哪家公司。"后来,这位美国人给腾达投资达 8000 万元,年产值 10 亿元,年利润有 1000 多万元。

任务参考

美国 W 大学副校长到访第一天,S 大学便派两位处长代表副校长前往拜访,表示诚挚的欢迎,以礼相待。第二天的会谈双方身份相同,礼节上恰到好处。当晚 S 大学校长亲自出面会见并宴请对方,是一种高规格接待,以示友好。第三天的活动,因客人的身份比技术学院的院长高,因此,必须由院长亲自出面会见并宴请客人。如由其他副院长出面,就很不恰当。

思考练习

1. 接待团体来访应做好哪些准备?

2. 在来宾来访期间,东道主要制定专人负责陪同,在陪同人员的挑选上,应该注意哪些方面?

3. 经费预算一般包括哪些?

4. 某公司秘书小李,第一次接待外宾,精心做了准备,她穿着一身剪裁得体的套裙,在单位门前准备迎接。司机把车停靠在单位门前时,小李看到汽车后排坐着两位外国男士,前排副驾驶的位置坐着一位身材高大的外国女士。小李走上前去,以职业性动作和优雅的姿态,先为后排客人打开车门,做好护顶关好车门后,迅速走向前门,准备以同样的礼仪姿势迎接那位女宾下车,但那位女宾满脸不悦,使小王不知所措。通常后排座位是上座,一般有身份者都在此就座,优先为重要客人提供服务是礼仪常规,这位女士为什么不悦? 小王错在哪里?

第三节　会见与会谈

情景导入

　　某省茶叶进出口公司罗经理将与英国客商史密斯谈一笔茶叶出口合同,姜秘书负责接待工作兼任翻译。史密斯一进门,姜秘书马上将他引进会客室,罗经理已在那里等候了。经过一番简单的介绍,他们发现史密斯粗通中文,能听懂不少中国话。罗经理与史密斯寒暄的时候,姜秘书前去泡茶,她用手从茶叶罐中捏了一撮乌龙茶放在茶杯内,然后冲上水,把杯子放在史密斯的面前。

　　罗经理和史密斯都看到了这一切,史密斯疑惑地问:"听说你们中国在加工碧螺春时,姑娘们要用手沾着唾液把茶叶卷起来,是不是?"罗经理还未答话,姜秘书立即回答说:"那种茶叶样子特别好看,特别香呢!"罗经理解释说:"不,不,不,几十年前是这种情况,但现在茶叶的种植、采集、加工都严格按照国家出口标准进行,不会再出现类似的情况。"史密斯说:"刚才那位小姐给我泡茶不是用手抓的吗……"

　　罗经理转移话题,引导史密斯到茶叶样品桌前,双方就合同事宜谈了起来,在价格问题上双方争执不下。最后,罗经理说:"我按最低价格打九折给你。"史密斯正沉思着,姜秘书插嘴说:"我们已经给你成本价了,你应该接受了,你连茶都没有喝一口,怎么知道茶叶的质量呢?"

　　史密斯听了,耸耸肩,说了声抱歉,拔腿就走。

　　望着史密斯的背影,罗经理冲着姜秘书一顿责备:"好好的一笔大生意,都让你给搅了!"

　　姜秘书茫然不知所措:"经理,我不是一直在帮你吗? 怎么会是我的错?"

任务提示

　　(1) 会见与会谈的种类及特点。

　　(2) 会见与会谈中的注意事项。

内容提要

　　会见与会谈是商务双方传递信息、展开工作、进行交际、交流思想感情、建立友谊、增进了解的最为重要的一种形式。会见,国际上一般称为接见或拜会。凡身份高的人士会见身份低的,或是主人会见客人,称为接见或召见;身份低的人士会见身份高的,或是客人会见主人,称为拜见或拜会。凡会见后原主人的回访称回拜,以示礼尚往来。

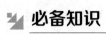

必备知识

一、 会见与会谈

会见与会谈往往相辅相成。

（1）会见，国际上一般称接见或拜会，按其内容可分为：礼节性会见、政治性的会见和事务性会见。

（2）会谈，也称谈判，是指双方或多方就某些重大的政治、经济、文化、军事问题以及其他共同关心的问题交换意见。会谈的内容比较正式，且专题性较强。

二、 会见（会谈）的程序

（1）主人在大楼正门或会客厅门口迎接客人。

（2）宾主见面，互相介绍、握手。

（3）合影留念，要事先排好合影图。

（4）记者采访（在正式谈话开始前采访几分钟，然后离开）。

（5）会见、会谈。可安排扩音器，如用长桌，事先排好座位，并放置中外文座位卡。

（6）送别。主人送客人至车前或门口挥手告别，目送客人离去后再退回室内。

三、 会见（会谈）的准备

提前通知对方，以便对方及早安排。安排时间、地点、客人抵达方式、是否派车接送及我方出席人员等，着手场所、资料等各方面的准备。

不管是作为主方还是客方，会见（会谈）时均应了解对方的背景资料及其习俗、禁忌、礼仪特征等。

四、 场所的布置

会见或会谈一般安排在会客室或会议室。准备文具及扩音器、麦克风等音响设备和灯光设备。准备一定的茶具、茶水和饮料、点心等。有时需放置双方标志性旗帜。

五、 安排座次

会见时，座位安排通常为半圆形。会谈时一般用长方桌子，宾主相对而坐。要遵循面门为上、以右为上、居中为上、以远为上、佳座为上的原则（见图4-1）。

（1）面门为上。采用"相对式"就座时，通常以面对房门的座位为上座，应让之于来宾；以背对房门的座位为下座，由主人自己就座。

（2）以右为上。采用"并列式"就座时，标准做法是宾主双方面对正门并排就座。此时，以右侧为上，应请来宾就座；以左侧为下，应由主人自己就座。

（3）居中为上。如果来宾较少,而东道主一方参与会见者较多时,往往可以由东道主一方的人员以一定的方式围坐在来宾的四周或者两侧,请来宾居于中央。

（4）以远为上。离房门近者容易受到打扰,离房门较远者则受到的打扰较少。

（5）佳座为上。长沙发优于单人沙发,沙发优于椅子,椅子优于凳子,较高的座椅优于较低的座椅,宽大舒适的座椅优于狭小的座椅。

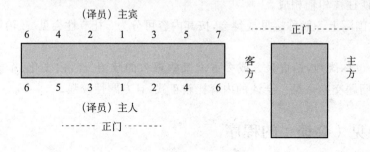

图 4-1

六、会见（会谈）时的要求

（1）客人抵达时,主见人在会客室门口迎接,接待人员则在大楼或大厅口迎接,并引导客人进入会客室。双方成员分别进行介绍。

（2）会见、会谈的整个过程中,不允许其他人员随意出入。会见（会谈）时,均要做好专门记录。

（3）会见结束,主见人及陪同人员与宾客合影留念,然后与客人握手告别。

拓展阅读

六方会谈:中方为朝美接触下功夫　两处细节耐看

2007 年,朝鲜半岛核问题六方会谈在北京举行。中方团长的座位固定不变。以中方为起点,右手顺时针依次为日本、朝鲜、美国、俄罗斯和韩国。据说,为了设计这个顺序,中方当初也颇费了一番心思。

英文字母顺序是排列礼宾顺序的第一要则。不过,英文字母是取全称还是缩写,则很有门道。如果用缩写的话,中国是 China(C),朝鲜是 DPRK(D),日本是 Japan(J),韩国是 ROK(R),俄罗斯是 Russia(R),美国是 USA(U)。按照这一顺序,美国团长和朝鲜团长就被隔开了。

为了让美、朝代表坐在一起,中国采用了按国名全称排座位的方式。这样一来,朝鲜是 DPRK(D),日本是 Japan(J),中国是 P. R. China(P),韩国是 ROK(R),俄罗斯是 Russia(R),美国是 USA(U),美朝正好在首尾两端,双方团长在六方会谈的桌子上也正好成了邻座。此外,会谈用的桌子也进行了改进。在第一轮会谈时,六边长桌的空隙处需用一张小条桌才能合围,呈十二边形。后来,为了体现会场的整体造型,国宾馆的木工师傅们专门设计制作了桌角,真正实现了六边六角。特制的巨型墨绿色桌布覆盖整桌,无一接缝。

引人注目的是在六边会议桌的中央安放了五个灯泡。据工作人员介绍,这五个灯泡分别代表会谈所用的五种语言——华语、英语、日语、韩语、俄语。为使会谈进行得更顺利,会议准备了几套翻译系统。同声传译一开始灯泡便会亮起,五个灯泡全部熄灭则代表五种语言均已翻译完毕,这些是政务会议的排座位技巧,同样值得商务会议借鉴。

（资料来源：2007 年 2 月 9 日,中华网新闻频道报道）

 ## 任务参考

1. 在会见和会谈的过程中应考虑以下几点：来访人的身份；对方来访的目的、内容和性质；双方的关系；对方的求见要求；己方需要。

2. 在会见和会谈中,要注意礼貌和礼节,尤其是在有外宾的场合下,还要注意提前了解外宾的喜好、礼节和禁忌。

思考练习

1. 会见的主要类型有哪些？

2. 会见、会谈时的座位安排一般要遵循哪些原则？

3. 会见（会谈）时有哪些一般要求？

4. 会见会谈后,为客人介绍本单位的基本情况,要准确、简明,富有激情。

如某葡萄酒厂秘书陪一批客人到生产车间参观,边看边介绍生产过程。客人们逐个车间看后,来到休息室,此时每位客人面前是一小杯红色葡萄酒。

此时作为秘书,应该怎么表达陈述,以达到总结会见会谈成果？

第四节 宴会与参观

情景导入

广州市某知名品牌家具公司的董事长委托公司秘书刘小姐安排接待一位来自日本的重要客商高桥先生。对秘书刘小姐来说,这本是一次展示个人专业技能的绝好机会,可是在本次宴请中却出了问题。

刘秘书安排了十多位公司人员陪同宴请,其中包括一位副总经理李先生。李先生的父亲在抗日战争中被日军杀害了,他们家族世代视日本人为仇人。在宴会过程中,李先生曾经多次提到不利于中日友好的话题,高桥先生非常害怕。另外,宴请结束后,高桥先生得知整个宴请总共花了近两万元,很不高兴。他说："本次洽谈的合作项目就两百万元,按这种吃法一百顿就吃光了。"

最后,不光这次合作失败了,从此以后,高桥先生再也没和该公司洽谈过其他合作业务。

任务提示

（1）了解宴请、参观的操作规范。

（2）掌握宴请、参观的基本要求。

内容提要

"夫礼之初，始诸饮食"（《礼记》）。利用宴请，不仅可以招待好来访者，解决实际问题，还可以作为社交活动的一种具体形式，展示个人的良好修养，表达对来访者的敬重、友好和诚意。

必备知识

一、宴请前的准备

（一）明确宴请目的、名义

宴会，是个人与个人、个人与组织以及组织与组织之间一种相互往来的交际手段，是一种较为重要的正餐。在接待工作中常会安排欢迎宴会和送行宴会。

宴会都有目的，目的就是主题。例如，国宴的目的是想通过宴请达到国家间相互沟通、友好交往的目的，因此在设计上要突出热烈、友好、和睦的主题气氛。宴会脱离了主题，轻者可能会导致宴请效果不明显或达不到预期的目的，重者还可能会导致整个宴会失败。

通常情况下，设宴的目的有洽谈业务、签订合同、择日开张、扩大销售、加强联系等，还有庆祝节日、纪念庆典、开幕闭幕等。设宴目的不同，设宴的规格、内容、形式也就不同。

（二）确定宴请的规格、形式

（1）宴请规格就是指出席各种宴请的人员的身份、地位等。一般以主办方活动的性质和准备出席的人的最高身份地位或客方可能应邀出席者的身份地位来确定宴会的规格。

（2）宴请的形式是根据宴请的目的和名义来进行选择的，可以分为宴会、招待会、茶会、工作餐等。宴会，可分别在早上、中午、晚上举行，其中晚宴最为隆重。

（三）确定时间、地点、范围

（1）适当提前，切忌推后。准时开始或赴宴既是对双方的尊重，也是个人良好素养的具体体现。所谓适时、准时，是指宴会前三到五分钟到达。

（2）宴请时间应避开双方的禁忌日。要掌握双方的习俗礼仪和重要的日期，避免不必要的误会。

（3）宴请地点应交通方便，环境优雅，设备齐全，有特色菜肴也可作为一个因素。

（4）范围应当以"少、适、和、偶"为原则，除工作餐外，可以邀请宾客的配偶一起出席宴会，体现主办方的礼貌和体贴。

（四）预订菜谱、制发请柬

（1）尊重来宾的饮食习惯、禁忌。要了解个人禁忌的菜肴、民族禁忌的菜肴和宗教禁忌的菜肴，掌握这些个人和普遍性的饮食禁忌，有助于款待宾客。

（2）菜谱制成菜单。宴会菜单主要根据来宾口味特点、宴会规格档次确定，一般由宴会主办方与餐厅负责人共同商议决定。

（3）印制请柬。请柬是较常用的邀请方式，正式宴会的请柬在制作时，内页写明宴请目的、被邀请人的姓名、邀请的类型、地点和时间、主办者的全称。如果是涉外宴请，还应设计成有中外文对照的版式，如果条件许可，也可以考虑单一采用宾客所在国的文字印刷，以表示主办方对宴会的重视。

（4）发送请柬。正式宴会的请柬在发送时，应注意，如果事先已口头（或电话）预约过或通知过对方，仍应在宴会前正式发送一份请柬，以示正式和真诚。请柬应视主宾之间的位置远近和通信联系的方便程度，提前一周收到为好，要在时间上给宾客留有余地，以便安排工作。

二、宴请策划

（一）宴请策划的原则

1. 突出主题

宴请都有主题，目的就是主题。围绕宴请目的，突出宴请主题，乃是宴请策划的宗旨。根据不同的宴请目的突出不同的宴请主题是宴请策划设计的起码要求；反之，如果不了解宴请目的，宴请策划设计就会很盲目。

2. 特色鲜明

宴请策划贵在特色，可在菜点、酒水、服务方式、娱乐、场景布局或台面上来表现。不同的进餐对象，由于其年龄、职业、地位、性格等不同，其饮食爱好和审美情趣也各不一样。因此，宴请设计不可千篇一律。

3. 安全舒适

宴请既是一种欢快、友好的社交活动，同时也是一种颐养身心的娱乐活动，安全和舒适是所有赴宴者的共同追求。宴请策划要充分考虑和防止如电、火、食品安全、建筑设施、服务活动等不安全因素的发生，避免赴宴者遭受损失。

4. 美观和谐

宴请策划是一种"美"的创造活动，宴会场景、台面设计、菜点组合、灯光音响，乃至服务人员的容貌、语言、举止、装束等，都包含许多美学内容。宴请策划就是将宴请活动过程中所涉及的各种审美因素进行有机地组合，达到一种协调一致、美观和谐的美感要求。

5. 科学预算

宴请策划从其目的来看，可分为效果设计和成本设计。前面谈到的四点原则，都是围绕宴会效果来讲的。秘书人员在宴请策划时，必须注意设计宴请时要进行科学预算，节约成本。对宴请各个环节、各个消耗成本的因素要进行科学、认真的预算，确保宴请的费用支出在计划范围之内。

（二）宴请策划的 6M 规则

Meeting（会务），明确宴请目的，了解主宾喜好，协调宴请时间；

Money（费用），节约费用，体现风格，少而精，突出特色；

Menu（菜单），菜单精美，菜品特色突出，尊重主宾习俗；

Medium（环境），注意收集资料，合理选择环境；

Music（音乐），悦耳应景，符合宾客身份及审美，

Manner（举止），举止优雅，不大声喧哗，注意礼节。

（资料来源：蔡超．企业秘书礼仪［M］.广州：暨南大学出版社，2009:148 - 151.）

三、 宴请中的事项

（一）讲究桌次、座次礼仪

1. 中餐桌次的排列礼仪

中餐：圆桌

方式：横排、竖排、花排

原则：居中为上

　　　面门为上

　　　远门为上

　　　各桌同向

　　　桌次的高低以离主桌位置远近而定

2. 中餐座次排列礼仪

原则：以右为上（国际惯例）

　　　居中为上

　　　面门为上

　　　远门为上

特别说明：桌数较多时，各桌第一主人应尽量面朝主桌的第一主人，也可与主桌主人的位置相同（见图 4-2）。

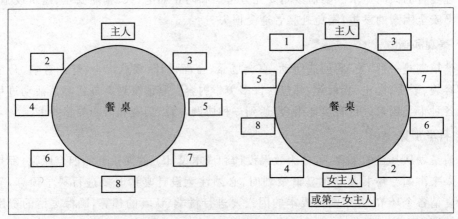

图 4-2　中餐座次

3. 西餐座次礼仪

用桌：长桌或马蹄形桌

原则：女士优先

以右为上

居中为上

面门为上

远门为上

男女穿插排列（见图 4-3）

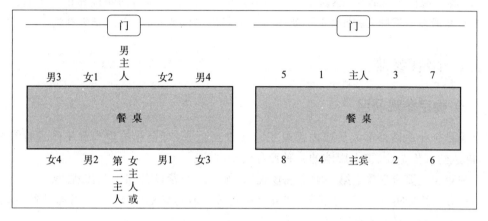

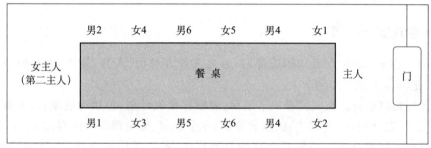

图 4-3 西餐座次

特别说明：按国外习惯，餐桌上座次以女主人为准，男女穿插安排。如：主宾在女主人右方，主宾夫人在男主人右方，这和我国的习惯不同。

（二）宴请接待和就餐礼仪

要掌握宴请中接待礼仪及就餐时的礼节，敬酒要有分寸。席间可安排领导讲话和其他文娱活动。隆重的宴会，要有正式的祝酒词、答酒词。

酒桌上六不要如下。

（1）口内有食物时，不要说话。

（2）自己手上持刀叉，或他人在咀嚼食物时，不要跟人说话或敬酒。

（3）吃进口的东西，不要吐出来，如滚烫的食物，可喝水或果汁冲凉。

（4）如果没有服务员分菜或没有公筷、公勺，夹菜的时候，切不要用自己的筷子在盘中挑来拣去，通常夹距离自己最近的那部分。

（5）不要用手指掏牙,应用牙签,并以手或手帕遮掩。牙签用完放在盘中即可。

（6）不要用筷子向人指指点点或打手势示意,也不要吸吮筷子或把筷子插在米饭中 。

四、 宴请结束

（1）只有主人才有权力表示结束宴席。主人表示宴会到此结束后,首先从座位上站起,宾客们随之起立。在主人和主宾离开座席后,其他人才能依次离席。主人应在门口为宾客送行,并向每位客人说声欢送语,然后送客人乘车,挥手道别并目送车子驶离开去。

（2）客人应向主人致谢,感谢主人的盛情款待,称赞主人的周到安排和精美菜肴。无论你参加的宴请多么乏味,道别时都不要向主人流露出厌倦或不悦,否则是失礼的。

五、 陪客参观

（一）确定参观项目

参观是企业邀请外部人员或内部员工家属来到企业,对企业的生产和工作进行参观和了解,以达到宣传企业、扩大影响的一种商务活动方式。

参观对象主要有三类:第一类是现场观摩,如生产经营设备和工艺流程、实验室、工地、田间等;第二类是实物、图片等展览,如成果展览等;第三类是外部环境、当地风景名胜地。参观项目要有一定的针对性。

（二）参观安排布置

（1）预先通知。要预先通知相关部门,告之参观者身份、人数、要求、参观时间等,以便明确分工,把具体工作落实到个人。

（2）做好相应准备。在安排参观活动前,应做好参观计划,包括参观项目、人数、负责人以及工作人员、起止时间、交通工具、饮食住宿、安全保障、费用预算等内容。

（3）路线安排要合理。要安排合理的参观路线,保证既能够全面、清楚地了解参观内容,又不影响组织的正常工作。

（三）参观中事宜

参观中,陪同人要热情有礼,熟悉参观地,能适时介绍,并机动灵活、善于应变。参观完,可征求客人对工作的意见建议。如条件许可,也可送些小纪念品。

拓展阅读

案例一

中国一个作家团出访某国,得到该国作协主席女秘书安娜的陪同与接待。这位女秘书出色的工作和口才,给作家们留下深刻的印象。

她像一阵热烈的旋风,一见面就带来了爽朗快活的笑声。

"我叫安娜,非常高兴认识你们! 我做梦都想着去你们中国呢!"她甩动着一头亚麻色的短发,毫无顾忌地向我们伸出手来。一见面,她就用爽朗和快乐感染了所有人。

当 65 岁的团长王＊＊艰难地登上某塔顶又下来时,已汗湿衣衫……这时安娜突然出现了,她一路小跑着从某塔另一侧的树丛中过来,手中捧着一束极其耀眼的黄花。

"我要把这束花送给最勇敢的人。""王先生,从你刚才攀登某塔的脚步中,我可以想象你是怎样以坚定顽强的态度走过了你的人生之路,这束花应该献给你!"

案例二

某医药企业生产一种治疗冠心病的某胶囊,引起海内外重视。新调来的一位秘书陪客参观其生产基地。参观中,客人提了些问题,秘书因不懂业务,张口结舌,极为狼狈。

客人:某胶囊除能降低血压、减慢心律外,还有什么作用?

秘书:这个……我说不好。

客人:听说这种药得过几次大奖,都得过什么奖?

秘书:不太清楚。

客人:你们与其他卫生医疗机构合作,建立了多少个冠心病诊疗中心?

秘书:大概十多个吧。具体数说不准。

客人:请问您还能给我们介绍点什么呢?

秘书:对不起。我……

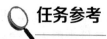

任务参考

宴请是宾主一起饮酒吃饭、备有成套酒菜、比较隆重的待客形式,是举办者表达敬意、谢意、联络感情或扩大影响的一种社交活动。在这次宴请活动中,刘秘书没有处理好以下两方面的问题。

一是在会务安排上,没有针对宴请对象的特殊性进行安排,造成宴请过程中宾客情绪紧张,关系不融洽。

二是在费用预算上,刘秘书没有控制好预算费用,所安排的菜品没有做到少而精,费用严重超支,也体现了秘书的策划漏洞。

✦ 思考练习

1. 宴请策划的原则有哪些?

2. 参观中要注意哪些事项?

3. 简述宴会活动的主要程序。

4. 2005 年 8 月,广西北海市某企业由于商务原因接待了一个来自英国的知名企业领导团队,这次宴请吃的是中餐,情况相当糟糕。

由于该企业的秘书对于英国人的饮食习惯和民族禁忌没有任何了解,8 月 10 日的晚餐安排客人吃狗肉,客人已经非常不高兴了。8 月 11 日的午餐该秘书安排秘书吃"活杀鱼"——当地的一道特色菜,在鱼做好之后上桌时鱼还活着,鱼眼睛甚至整个鱼头都会动。有的客人当场呕吐,有的落荒而逃,有的客人表示强烈抗议,他们认为是受到了歧视和侮辱。

谈谈你对上述事例的看法?

（资料来源:蔡超. 企业秘书礼仪[M].广州:暨南大学出版社,2009:154）

✦ 本章总结

办公室接待指对那些预约或未曾预约的到办公室求见上级或反映情况、办理业务的个人或组织的接待。接待工作是现代秘书工作的一个重要组成部分,秘书接待工作的好坏,不但体现了秘书人员个人的素养,更反映出一个组织的工作作风,影响秘书人员在来访者心目中的第一印象,并直接影响双方的关系及合作。本章在日常接待、专门接待、会见与会谈、宴会与参观四个章节进行了介绍。

在日常接待中,要认识秘书的工作角色,做好出迎、待客、送客等接待工作中的基本环节。首先要预先了解上司的活动安排,做好日常接待工作的准备。其次,招待客人要及时并热情有礼,做好出迎、待客、送客等接待工作中的基本环节。最后,在进行日常接待后,要及时制作、存储来访者信息（卡片）。

专门接待就是在提前预知的情况下,有一定目的性地组织接待国内或国外的个人或团体。本节内容主要介绍了团体接待和外宾接待中的基本常识和注意事项。团体接待是一个融合了交际、宣传、特别节目等形式的综合性活动。外宾接待工作关系到国家与国家、内地与我国港、澳、台地区和海外侨胞之间的关系,直接影响到国家的利益和声誉,是一项政治性、政策性都很强的工作。

会见与会谈是商务双方传递信息、展开工作、进行交际、交流思想感情、建立友谊、增进了解的最为重要的一种形式。会见,国际上一般称为接见或拜会。凡身份高的人士会见身份低的,或是主人会见客人,称为接见或召见;身份低的人士会见身份高的,或是客人会见主人,称为拜见或拜会。凡会见后原主人的回访称回拜,以示礼尚往来。

利用宴请,不仅可以招待好来访者,解决实际问题,还可以作为社交活动的一种具体形式,展示个人的良好修养,表达对来访者的敬重、友好和诚意。要做好宴请前的准备、宴请策划及注意宴请中事项,如讲究桌次、座次礼仪等。

参观是企业邀请外部人员或内部员工家属来到企业,对企业的生产和工作进行参观和了解,以达到宣传企业、扩大影响的一种商务活动方式。参观中,陪同人要热情有礼,熟悉参观地,能适时介绍,并机动灵活、善于应变。参观对象主要有三类:第一类是现场观摩,如生产经营设备和工艺流程、实验室、工地、田间等;第二类是实物、图片等展览,如成果展览室等;第三类是外部环境、当地风景名胜地。参观项目要有一定的针对性,要做好参观安排布置。参观完,可征求客人对工作的意见建议,如条件许可,也可送些小纪念品。

✦ 影像展示

1. 请观看电视剧《小娘惹》和《人民的名义》中的片段,归纳名片的重要作用及礼仪规范。

2. 请观看电视剧《中国式关系》的片段,说明应如何接待没有预约的访客。

第四章　接待工作
影像展示

3.请观看电视剧《三十而已》的片段,并对视频中人物的接待行为做出评价。

✦ 实战训练

1.上海某企业欲与德国某企业合作,德国以品牌、技术入股,利用上海比较便宜的原材料和人工,共同生产国内紧缺的产品。德国代表团一行9人将于8月下旬来访,商议合作的具体事宜,办公室主任请小李做好准备。假如你是小李,你怎样设计这个接待方案?

2.以小组为单位组织一次日常接待。

3.以小组为单位安排一次宴请活动。

第五章
对外事务管理

📖 本章概要

信息时代,先进的设备可以替人们做很多的工作,为我们了解外面世界提供各种便利条件。领导的工作很多,除机器设备帮忙操作外,秘书也在日常中起到辅助作用,如帮领导发文件、打电话、进行电子商务,但面对面的交流与沟通是任何设备和人都替代不了的。因此,领导会经常出差,进行商务谈判,进行参观考察,或者参加别的商务活动。为了使各项活动顺利进行,秘书就要提前做好各项对外事务的管理工作。

✏ 学习目标

1. 通过各种对外事务管理的学习,了解各种对外事务和活动中的常规程序、注意事项及相关礼仪。

2. 能通过情景再现,对各种对外事务和活动进行现场操作。

第一节　安排领导活动

🎯 情景导入

某公司经理 A 的朋友 B 打来电话给 A,希望能拜访 A,可惜 A 不在公司。他的秘书告诉 B:"A 总今天整天都不在,您可以在明天 9 点半来公司,他那时可以和您见面。"第二天上午 9 点半,B 在那家公司很顺利地见到 A 总。

任务提示

(1) 安排领导活动,要遵循什么原则?

(2) 如何能准确自如地安排领导的外事活动?

内容提要

领导的对外活动很多样,有外事接见、洽谈、宴请,有礼仪性庆典、接见、与会、陪客、外出参观以及到下属单位视察等。这类活动是大量的,需要办公室部门进行安排、落实。本节主要从宏观上介绍秘书在安排领导活动中的方法、原则、意义及准备。

必备知识

一、 安排领导活动的方法

（一）制订详细的活动计划

计划要包括活动时间、地点、参加人的范围、人数等项;同时要有活动前和活动中的具体安排。

（二）搞好协调

有些重要活动需要事前把有关单位请来,开好协调会。要向各单位讲清任务,提出要求,明确责任,分头落实。对各单位的工作人员要明确提出到达岗位的时间,尤其是一些有重要任务的单位,如新闻单位,千万不可迟到。

（三）查看现场

凡重要活动必须查看现场,千万不可只在电话中落实,也不可只根据有关单位报来的材料纸上谈兵。有关工作人员要亲自到现场看一看,到领导要去的路线走一遍,到劳动现场转一转。对行车道路是否畅通,现场是否会停电等,都要考虑周全,做好充分的准备,做到万无一失。

二、安排领导活动的原则

社会发展迅速,公司事务千头万绪,公司间竞争也在加剧。秘书的职责就是采用各种形式把公司内外多而杂的问题和事情安排好,做到有条不紊,才能让上司把主要的精力投入到决策上。在安排领导活动的原则上,我们要遵循以下几点。

（一）时间安排

（1）一天中的某一段时间,领导很可能希望留作处理日常事务,秘书应该牢记这一点。
（2）在有两个以上活动的情况下,要留有充足的路上所需时间。
（3）不要在领导外出回来当天给领导安排活动。
（4）在周一早上、周五下午、周末和节假日等时间,尽量不要安排活动。

（二）精简高效

（1）对领导所要参加的活动进行筛选,合理利用时间。
（2）电话提前一天再次确认预约活动,保证不做无用功。

（3）记下活动对方负责人的电话，以便万一活动取消或变更可以另行通知对方。

（三）社交技巧

（1）当联系社交活动时，因为社交活动一般包括领导配偶，所以无论活动时间是白天还是晚上，都要问清楚每项活动领导配偶是否方便参加。

（2）活动前要备好资料及名片，注意仪容形象的修饰，守时守约。

一般来说，刚参加工作的秘书，不可能把上司的工作日程安排得那么周到，要想达到良好效果，提升熟练度，至少需要在公司工作两到三年。因此，对于新入职的秘书来说，在工作中要多向前辈学习，与有关科室密切配合，学习安排技巧与方法。

三、 安排领导活动的意义

（一）有利于提高领导者活动的效率

秘书会按照活动的性质，将各种活动安插在适当的工作空挡之中，而且尽量将活动安排得有弹性。经过这种安排，领导处理一天的工作就会觉得顺利圆满，提高效率。

（二）有利于领导者集中精力管大事

一位经验丰富的秘书，在替领导安排活动上极为妥善，从不让领导费脑筋去想。秘书首先了解领导及公司的各种情况，对领导在一天中将要处理的各种事项都有个大概印象，而且将它们的重要性和所需时间弄清楚，协助领导办理重要工作事务。

（三）有利于树立领导者的良好形象

合理的活动安排会使领导游刃有余，经过周密的安排和准备，领导也会信心十足，有条不紊，有利于树立领导者的良好形象。

四、 安排领导活动的准备

各种活动需要提前安排内容、做计划和准备。如：参观学习活动的安排，需要有思想准备、资料准备、后勤物质准备；宴请活动的安排，需要有邀请、安排席位、服务工作的准备。另外还有慰问活动的安排、节庆活动的安排、纪念活动的安排、庆功活动的安排等。同时还会有突发性的活动安排，如悼念活动、治丧活动、吊唁活动、追认活动等。秘书应合理安排领导的活动，做好领导公务活动的预安排、月安排、周安排，替领导安排得当。

拓展阅读

上司 A 相约 B 公司的研发部主管 C 就联合开发研制某种新产品的问题谈一次。于是他让秘书代他去邀请对方。

约好的第二天，对方的秘书突然来电话："C 主管最近要出差，不知会谈的时间能不能提前一点？"为了减少来回折腾，节约时间，经验丰富的秘书由于熟知自己的工作日志

　　和上司的工作日志,可以直接答复对方:"改在某天上午 10 点 30 分,您看如何?"

　　为了慎重起见,在会谈的前一天或会谈的当天早上,秘书还应打电话问一下对方,以防对方有临时变化。千万不要认为这是啰唆之举,这是以防万一的例行程序。

　　(资料来源:胡鸿杰. 办公室管理[M]. 合肥:安徽大学出版社,2005:145.)

 任务参考

　　案例中这位秘书的办事效率实在让人折服,即使领导不在,秘书也能够分辨事情的轻重,主动替领导安排约见。如果秘书不能清楚地掌握领导的日程安排,一定没办法安排这次约见。

✦ 思考练习

　　1. 安排领导活动的原则有哪些?

　　2. 简要说明安排领导活动的意义。

　　3. 安排领导活动有哪些方面需要准备?

　　4. 秘书接到 C 公司 A 打来的电话:"我是 A,请问 B 总在吗? 我想下个星期二 14 时与他见面。"不巧的是,上司买好了下星期二 16 时去某地出差的机票。电话中提到的会见,是什么事,要多长时间,对方都没有讲清楚。这位秘书应该怎么答复 A?

第二节　旅 行 管 理

情景导入

　　移动通信公司领导因公务需要,携王秘书到西安出差,主要是洽谈手机生产项目合作前期有关事宜,请思考小王出差前要做哪些准备工作? 假如小王没有随同领导一起出差,那在领导出差中、出差后,小王要做哪些工作?

任务提示

　　(1) 安排领导差旅。

　　(2) 领导出差前、出差中及出差后的工作。

内容提要

　　秘书旅行管理事务工作的特点有:单兵作战,素质要求高;时限性强,劳动强度大;环境陌生,未知因素多等。秘书应该在工作中学习为领导的商务旅行制订行程计划,准备随行物品;领导外出期间秘书对文件及来电的处理方法,能够在领导出差期间保持单位或部门的正常工作；了解办理出国旅行手续的内容和程序,能够为领导国外出差做好准备工作。

⚓ 必备知识

秘书随同领导外出,要做好组织安排,主动提出建议,保持与单位的联系,处理好日常事务。

一、 制订旅行计划、旅程表

掌握对公司发展有益的信息,寻找更好的合作伙伴,使企业在国内外市场上保持不断进步,是上司的商业旅行的重要意义。秘书要为上司的商务旅行提供一流的服务,除为上司筛选相关目的地资料等准备工作外,很重要的一项工作就是制订一份合理的旅行计划,并制定旅程表。

（一）制订旅行计划

一份旅行计划应包括的内容主要有：出差的时间、启程及返回日期、接站安排；出差的路线、终点及途经地点和住宿安排；会晤计划（人员、地点、日期和时间）；交通工具的选择,飞机、火车、大巴或轿车；需要携带的文件、合同、样品及其他资料；上司或接待人员的特别要求；上司旅行区域的天气状况；行程安排,约会、会议计划、会晤人员的名单及背景、会晤主题；差旅费用,现金、兑换外币、办理旅行支票；上司的住宅电话号码。

（二）制定旅程表

旅程表（见表5-1）的内容一般比旅行计划更详尽。除活动计划外,还应记载提醒上司注意的事项,如抵达目的地前需要中转的机场、休息时间、在当地应该注意的一些风俗习惯等。同时,填写相应信息：旅馆名、所在地、电话号码；当地的联系人名、地址、电话号码；企业名、所在地、电话号码；海外出差时当地的中国大使馆所在地、电话号码等。

表 5-1　旅程表

深圳罗湖—深圳宝安
2008 年 4 月 6 日 9:00—17:00,出差司机刘志群师傅,上车时间 8:50

时间	日程安排
4 月 6 日	
9:00	从罗湖红岭公司总部出发,去宝安。
10:30	抵达宝西乡镇。（前进路修路,建议走 107 国道）
10:30—11:30	拜访日昇公司胡总。
11:45—13:00	与胡总在东方宾馆用餐,地点为桂花厅。
13:20—14:30	在东方宾馆午休。
14:40—15:00	前往宝安机场。
15:10—16:30	拜访深航总经理,联系空运业务。
	（携带合同样本）
16:45—17:20	前往新泰包装公司。
17:30—18:00	协商更改外形包装设计。
	（携带外形包装需要资料）
18:00—19:00	返回

（三）差旅计划具体要求

1．合理安排时间

时间的安排应留有余地，不可安排得太紧凑。

2．注重效率

安排出行时，尽量不走"倒路"；避开维修路段；尽量避开上下班高峰期。

3．突出重点

上司出行可能有较多项事务要完成，但在制作计划时，要突出中心工作。对中心工作要优先安排。

4．复印

差旅计划应复印至少四份，除秘书本人手执一份外，另外三份分别交给上司、上司家属、办公室存档。

二、 领导出差前、出差中及出差后的工作

（一）出差前

1．确定出差目的和日期

要明确上司旅行的意图、目的地、旅行时间及到达目的地后的商务活动安排计划。在时间上，一是指旅行出发、返回时间，包括中转时间和抵离时间；二是指旅行期间各项活动或工作时间；三是指旅行期间就餐、休息时间。

2．确认出差期间领导的出差陪同人

出差期间领导的陪同人员安排很重要，陪同人员不仅要在生活上能与领导协同互助，更重要的是在差旅期间的各项会议及活动中，能给领导提供材料，出谋划策。针对性强的差旅活动，往往要给领导搭配相关部门的陪同人员一同前往。

3．及时安排沟通

与出差地相关人员沟通，确定周到的日程安排（明确如三餐安排、所到地地址、需要的路程时间、接待人员等信息）。

4．确定行程

预订机票（注意选择好航空公司、机型及班次）、酒店（选择领导习惯的酒店、熟悉酒店的电话、传真等）、接/送机人员（明确接送机人的联系方式）。拟定几个行程方案，与上司共同讨论，最后选定最佳方案。

5．制定详细的日程表

一般来说，商务旅行日程表应包括：目的地、时间、地点、交通工具、住宿、对方参会人、议程、资料文件、备注等。其中备注可记载领导需要注意的事项，如抵达目的地需要中转的中转站或中转站机场的名称，休息时间、飞机起飞时间，在当地需要注意的一些风俗习惯和礼仪等。

6. 准备物品

根据领导的习惯,准备出差用物品。除一些日常用品外,还要准备充分的工作物品,如所参加会议、活动或仪式需要的背景材料及相关的谈判合同、协议书、科技或产品资料、演讲稿等。

7. 及时授权

拟写授权书,并于领导出差前一天向各相关部门及相关人员发出邮件和复印件(财务部等)。秘书应该谦虚豁达,对于在日程表中有变更的事项,要谨慎处理,避免引起有关部门人员的误解。

8. 兑换外币

了解外汇,办理兑换外币。有些商务旅行需要在出发前购买少量外汇,以便抵达时支付各项杂费,如电话费、小费、出租车费等。因此,秘书应在上司出发之前打电话给公司国际部,询问最新的外币兑换率,当然,直接向银行打听相关信息是最简便可靠的。

9. 收集背景资料

要了解当地的风俗和商业条件,需要在出发前了解大量的背景材料,包括经济、市场流通、经营管理、语言、文化、政治、地理、历史等知识。如果是去国外,那么对于那个国家的政治变动情况的了解也是相当必要的。秘书要对所查到的信息进行整理,按类编排,并针对上司此行的主要目的,注意各类信息的详略程度。

(二)出差中

(1)在第一时间掌握领导到达后的联系方式,必要时通知授权人及其他相关人员。为便于突发事件发生时能够及时联系领导,秘书应掌握领导的全部行程,但应视情况进行保密。

(2)根据领导日程安排,随时通报公司及领导关心的业务进展情况。与领导随时保持联络,既做必要的情况通报,又可以及时获得帮助和支持。最好能与领导约定每天在固定的时间通话联络,汇报单位工作。

(3)配合领导授权人的工作,及时掌握公司及业务相关信息。能够处理领导出差期间的信件、电话等工作内容,保证领导出差期间公司工作的有序性。及时整理各种事项,按轻重缓急分类,相关授权事项及时转告授权人;重要情况、紧急情况,应随时与领导本人取得联系。

(4)根据情况及时与相关人员及领导沟通,及时调整日程安排。如果日程安排有变更和调整,秘书不能自行决断,而是应立即向领导报告计划变更的情况,说明可能带来的影响,与领导商量处理办法,及时与各方进行联系,调整日程安排。

(三)出差后

1. 汇报工作

领导回公司上班后,要及时向领导汇报出差期间公司内部事务及业务进展,包括重要和紧急事件、信件和电话的处理情况。

2. 整理材料

进行出差资料整理(包括资料、名片、会谈备忘),把领导差旅过程中的材料按重要、紧急的顺序进行整理,并根据需要转发相关人员或存档,履行告知义务。

3. 致函感谢

向差旅中帮助、关照过领导的人,或领导认为有必要的合作方,致感谢函并尽快发出。

4. 报销差旅费

按规定时间尽快报销各种差旅费用。

5. 跟进后续事宜

对在差旅过程中已经形成的合作业务项目或可能形成的合作业务意向,跟进业务后续事宜,视情况制订相关方案及计划。

三、 办理出国(境)手续

(一)办理出国旅行手续的内容和程序

撰写出国申请—办理护照—办理签证—协助办理《国际预防接种证书》—协助办理出入境登记卡—订购机票(车票、船票)。

1. 办理好护照

护照是公民出入本国国境和在国外旅行或居留时,由本国发给的一种证明公民国籍和身份的合法证件。

我国的护照分为:外交护照、公务护照、普通护照三种。普通护照又可分为因公的和因私的两种。

2. 办理《预防接种证书》

《预防接种证书》即黄皮书,是国际卫生组织为了保障出入境人员的人身健康,防止某些疾病传染流行所需要的证明。出国人员在办理有效护照和签证后,应持单位介绍信到所在地的卫生检疫部门进行卫生检疫和预防接种,领取黄皮书。

3. 办理出境登记卡

办理完护照、签证、黄皮书后,需携带出国人员的护照、签证、户口本、身份证等证件办理临时出国登记手续。

(二)办理出境检查

1. 边防检查

出入境者要填写出入境登记卡片,卡片的内容有姓名、性别、国籍、护照种类和号码、有效期限等,还要交验护照和签证。

2. 海关检查

海关有权检查出入境者的行李物品,但不是对所有旅客的行李都一一检查。有的国家要求出入境者填写携带物品申报单。各国对出入境物品的管理限制不一样,一般会对烟、酒等物品限额放行。有的国家还要求填写外币申报单。

3. 安全检查

登机旅客绝不可以携带武器、凶器、爆炸物、剧毒品等登机。检查方式有:过安全门、探测器近身检查、检查随身携带的手提包等物品,甚至脱鞋检查等。检查是为了乘客的安全,

所以尽管会占用一些时间，但还是必要的。

四、 随从事务工作程序

（一）准备阶段

1. 思想准备

进行差旅安排时，有很多琐碎的事要做，秘书可能不知道从哪着手。但要知道，秘书所做的一切，最终目的是让领导圆满完成此次公务旅行。秘书要了解商务出访的意图、目的，出访的内容和重点，邀请单位和对象，参加出访的有关人员，出访的大致日程安排，希望邀请单位做哪些准备工作等。

2. 组织准备

拟制出访方案；通知有关部门确定参加出访的随从人员名单，并进行编组和分工；组织所有出访人员参加预备会，听取领导关于出访工作的指示，学习有关文件，布置具体任务；印发出访方案和日程安排；与邀请单位联系，使其有所准备。

3. 资料准备

邀请单位的历史沿革，领导班子情况，当前工作的资料；同出访工作相关的领导指示、政策法规性文件；同出访中心内容相关的理论和典型经验资料；出访地区有关地理、气候、交通情况以及风土人情方面的资料。

4. 物质准备

携带办公用具、常用药物、差旅费以及照相机、收录设备等。

（二）出访阶段

1. 做好组织安排

领导商务出访免不了有察看商品生产现场，召开座谈会或个别访问等形式。这就要求随从秘书为之安排好时间、地点和有关人员。无论哪种活动，随从秘书都要做好记录，以便事后分析、研究。秘书看到、听到的情况要及时、准确地向领导汇报。

2. 主动提出建议

在出访阶段，随从秘书如发现问题，应主动向领导提出如何处理的建议。

3. 保持与企业的联系

在领导出访期间，秘书要同原企业及时沟通信息。要将外出领导的活动情况及时用通信工具告知企业，使企业留守领导者掌握外出领导的状态。同时也要从企业内部获取信息，使外出领导及时了解领导的重要指示，以及原企业的工作动向，保证领导信息灵通，以利实施不间断的指挥。

4. 处理好日常事务

随从秘书要主动处理日常的事务工作。在组织安排中碰到人事、时间、地点等方面的矛盾，要主动协调，尽量做到事半功倍，提高效率。还要尽可能保证首长的生活和休息，使之身心健康、精力充沛地投入工作。

（三）结束阶段

1．做好返程安排

联系安排好返程的交通工具，预定好车、船、机票，安排好途中食宿，确保领导的安全。

2．整理调查资料

回企业后，要把出访中发现的问题整理归纳成条，提出改进工作、解决问题的建议。

3．督促有关问题的落实

在出访时，领导答应办的事，回到企业后秘书要及时通知、督促有关部门抓好落实，做到言而有信，件件有着落，事事有回应。

4．报销差旅费

随从秘书要协助领导结算开支、报销差旅费、偿还预借款。

5．回顾总结

随从秘书要对自己跟随领导出访期间的工作进行回顾总结，主动请求领导批评指正，这对秘书自身的提高不失为一种有效的办法。

拓展阅读

小钟刚到公司不久就要求陪同总裁一起出差到杭州。小钟一直就想去看看这个"天堂"。想到可以去杭州，她一点都不紧张，反而很兴奋。经过两个小时的飞行和一个小时的机场巴士，他们上午10∶00到达入住的酒店，这是一家五星级的酒店，他们住的是一个高档套间。他们一到酒店，总裁也不休息，就和等候他们多时的客户谈了起来。总裁吩咐小钟沏茶招待客人。因为刚到，根本就没有开水。这时服务员又不在，于是小钟只好从冰箱里拿出矿泉水，又去找服务员烧水。等水烧好后，总裁和客户的谈话已经结束了，小钟只好给老板沏了一杯茶，并赶紧诚惶诚恐地向总裁解释。

还好总裁看到小钟刚毕业不久，并没有责怪她，但总裁还是提醒她以后要事先安排好，另外，告诉她不要用酒店的矿泉水，因为这种酒店的矿泉水十几块钱一瓶，而外面只要几块钱。经过这次出差后，小钟以后每次和老板出差，都会提前做好准备，熟悉酒店，准备与客户的会谈资料等。

🔍 任务参考

应做好旅行前的准备如下。

1. 业务资料：收集西安某公司的有关材料、讲话稿、备忘录、合同、协议、请柬等。

2. 旅行相关资料：介绍信、选择去西安的旅行方式、查询火车、航空等信息资料，并进行书面整理，形成日程表。

3. 有关事务：预订车、机票、旅馆、出入境事务，预留相关的联系电话。

4. 相关办公用品。

5. 相关个人物品。

◆ **思考练习**

1. 领导出差前,秘书应该做哪些准备事项?

2. 旅程表和旅行计划哪个更详尽?

3. 秘书随从领导出差办理事务,在差旅结束后,应做哪些工作?

4. A公司的刘秘书由于公司事务繁忙,不能陪同公司领导一起出差,秘书如果没有跟随领导一起出差,那么在领导出差中和出差回公司后,秘书应如何做呢?

第三节　商务活动与对外交往

 情景导入

天地公司与春天集团会谈成功后,达成了关于合作开发动漫软件的意向书,秘书高山需安排与对方的签字仪式。假设你是高山,应该怎么做呢?

任务提示

(1) 通过各种商务活动与对外交往事项的学习,了解各种对外仪式和活动中的常规程序、注意事项及相关礼仪。

(2) 能通过情景再现,对各种对外仪式和活动进行现场操作。

内容提要

在商务活动与对外交往事务中,安排领导活动主要有:参观考察的准备工作、商务谈判的策略、庆典活动的组织工作、会见会谈的准备工作、签字仪式的准备和程序等。本章主要讲解各种仪式和特定场景下的商务活动与对外交往,如商务谈判、庆典活动、签字仪式等。

必备知识

一、 商务谈判

谈判由谈和判两个字组成,谈是指双方或多方之间的沟通和交流,判就是决定一件事情。商务谈判是谈判双方(或多方)为了协调彼此之间的关系和满足各自的需要,通过协商而争取达到意见一致的行为和过程。在商务交往中,彼此存在着某种关系的各方,往往为了进行合作、拟定协议、签订合同,或是为了处理争端、消除分歧,而坐在一起进行面对面的讨论与协商。

商务谈判由谈判当事人、谈判标的和谈判议题三个要素构成。

（一）商务谈判的特点

商务谈判有三个方面的主要特点。

1. "合作"与"冲突"并存

谈判往往是一种利益之争，但不应当以"你死我活"为目的，"合作"与"冲突"本身就是谈判的组成部分和双面表现。在谈判中，只注意争利而不懂得化解冲突，不会真正赢得谈判。

2. 追求双赢

商务谈判的结果并不是"你赢我输"或"你输我赢"，谈判双方首先要树立双赢的概念。一场谈判的结局应该使谈判的双方都要有"赢"的感觉。

3. 利益的非均等性

面对谈判双方的利益冲突，谈判者应重视并设法找出双方实质利益之所在，在此基础上应用一些双方都认可的方法寻求最大利益的实现。

（二）商务谈判的准备工作

1. 仪表方面的准备

在仪表方面，着装是最应重视的，由于谈判事关重大，谈判者应穿着传统、简约、高雅和规范的正式服装。男士应选择西装，女士应选择套裙。也不能浑身上下戴满饰品，不宜穿细高跟的皮鞋。男士应当理发、剃须，女士应该选择端庄素雅的发型，不可染彩色头发，不可化艳妆或使用香气过浓的香水和化妆品。

2. 谈判场所的准备

根据商务谈判举行地点的不同，可以将谈判分为客座谈判、主座谈判、主客座轮流谈判及第三方地点谈判。谈判地点应由双方协商而定。如果是主座谈判，那一定在礼仪方面多做准备。

3. 谈判的座次

举行双边谈判时，应使用长桌或椭圆形桌子，宾主分坐于桌子两侧。若桌子横放，则面对正门的一方为上座，应属于客方；背对正门的一方为下座，应属于主方。若桌子竖放，应以进门的方向为准，右侧为上，属于客方；左侧为下，属于主方。

举行多边谈判时，按照国际惯例，一般以圆桌为谈判桌，这样尊卑的界限就被淡化了。但在具体就座时，依旧讲究有关各方的与会人员应尽量同时入场、同时就座。主方人员也不应该在客方人员之前就座。

（三）谈判的程序

理论上讲，谈判的过程由七个步骤组成，包括：探询、准备、磋商、小结、再磋商、终结和谈判的重建。其中的每一个步骤都有一系列的准备工作要做，这就需要准备工作做得详尽和充分。

（四）谈判的技巧

要在谈判中获得成功，谈判者除了具备正确的立场、观点、较高的政策理论水平和一定的专业知识、经验外，还必须掌握谈判语言技巧，以便在谈判过程中因人而异、灵活应用，根据对方的处境、心理动向和要求,有针对性地使用各种语言表达技巧说服对方。可以用以下方法进行谈判:重复意见法、赞美对方法、故意示弱法、巧妙激将法、曲径通幽法、正话反说法、刚柔并济法、侧面暗示法、列举数字法、巧做比喻法等。

案例一

3位日本商人代表日本航空公司来和美国一家公司谈判。会谈从早上8点开始,进行了两个半小时。美国代表以压倒性的准备资料淹没了日方代表,他们用图表解说、计算机计算、屏幕显示等各式的数据资料来回答日方提出的报价。而在整个过程中,日方代表只是静静地坐在一旁,一句话也没说。终于,美方的负责人关掉了机器,重新扭亮了灯光,充满信心地问日方代表:“各位意下如何?”一位日方代表斯文有礼,面带微笑地说:“我们看不懂。”美方代表的脸色忽然地变得惨白:“你说看不懂是什么意思?什么地方不懂?”另一位日方代表也斯文有礼,面带微笑地说:“都不懂。”美方发言人带着心脏病即将发作的样子问道:“从哪里开始不懂?”第三位日方代表以同样的方式慢慢答道:“当你将会议室的灯关了之后。”

美方代表松开了领带,斜倚在墙旁,喘着气问:“你们希望怎么做?”日方代表同声回答:“请你再重复一遍。”美方代表彻底丧失了信心。谁有可能将秩序混乱而又长达两个半小时的介绍重新来过?美国公司终于不惜代价,只求达成协议。

日本商人充分运用疲惫策略,直接以语言、知识方面的欠缺为借口,使得美国人精心准备的资料失去了意义,弄得美国人既疲惫又无可奈何,不得不妥协。

案例二

苏联外长葛罗米柯是个谈判老手,他的谈判特色之一就是不断地重复说“不”。当对手准备了无可辩驳的理由来进行谈判时,在理论上不能与其一争高低,同时也不具备摆脱对手的条件时,葛罗米柯就不申明理由地讲“不”字。1979年,美国国务卿万斯在维也纳同苏联人谈判时,他记录了葛罗米柯说“不”字的次数,共12次。

葛罗米柯靠着这种不申明理由不断重复说“不”的谈判技巧,造成了一种使对手感到沮丧和绝望的谈判气氛,从而摆脱了应承担的义务,因此历经4位苏联领导人的变换而不倒,同9位美国总统谈判而不败。

二、 庆典活动

庆典活动是社会组织为了引起公众的关注,扩大自身的知名度,围绕重要节日或自身值得纪念的日子而举行的庆祝活动。庆典活动的最终目标是使组织获得更大的经济效益和社会效益。

庆典活动包括开业庆典、周年庆典、颁奖庆典、开工庆典、竣工庆典等,其中以开业庆典、周年庆典更为常见。

(一)庆典活动的准备工作

1. 确定活动主题

庆典是各种庆祝仪式的统称。在组织庆典活动前,要明确活动主题,确定庆典种类。根据庆典的内容划分,庆典仪式大致可以分为以下几类:周年庆典、荣誉庆典、业绩庆典、发展庆典等。可以根据具体情况,决定庆典的时间、地点、来宾、场地布置、庆典程序等,以达到庆典目的——塑造举办单位的形象,显示举办单位的实力,扩大举办单位的影响。

2. 选择时间

选择庆典时间应考虑以下因素:关注天气预报;考察营业场所的建设情况、各种配套设施的完工情况、水电暖气等硬件设施建设等情况;选择主要嘉宾、主要领导能够参加的时间,选择大多数目标公众能够参加的时间;考虑民众消费心理和习惯,善于利用节假日传播组织信息;考虑周围居民生活习惯。

3. 选择地点

商务庆典活动现场一般选择企业或组织的正门之外的广场、正门之内的大厅等处,也可以是工程现场等地。在选择具体地点时,应结合庆典的规模、影响力以及本单位的实际情况来决定,如举办单位的礼堂、会议厅,举办单位某个标志性建筑或门前广场等,均可予以选择。

4. 做好舆论宣传

邀请报纸、杂志、电视、广播等大众媒体,并主动与他们合作,将有助于他们公正地介绍举办单位的成就,有助于加深社会对举办单位的了解和认同,扩大影响力。

5. 做好来宾邀请工作

要精心确定出席庆典人员名单,一般来说,出席庆典的人员一般包括:上级领导、社会名流、合作伙伴、社会实体、大众传媒和单位员工。

6. 拟定庆典程序

庆典的具体程序一定要精心拟定,一次庆典举行的成功与否,与其具体程序有密切关系。程序时间宜短不宜长,以一小时为宜;程序环节宜少不宜多,程序过多会分散出席者注意力。

7. 做好现场布置

为了烘托出热烈、隆重、喜庆的气氛,可在庆典活动现场张灯结彩,悬挂彩灯、彩带,张贴一些宣传标语,并且张挂标明庆典具体内容的大型横幅。如果有能力,还可以请出由举办单位员工组成的乐队或社会上的乐团、锣鼓队等,届时演奏乐曲。

8. 做好接待工作

与出席一般活动的来宾接待相比,对于出席庆典活动的来宾接待,更应突出礼仪性的特点。不但应当热心细致地照顾好全体来宾,还应当通过主办方的接待工作,使来宾感受到主人真诚的尊重与敬意,并使每位来宾心情舒畅。庆典的接待小组,原则上应由年轻、精干、身材与容貌姣好、口头表达能力与应变能力较强的男女青年组成。

(二)庆典活动的组织工作

1. 接待宾客

接待小组的具体工作包括来宾的迎送、引领、陪同、接待。对某些年事已高或非常重要的来宾,安排专人全程予以陪同,随时提供周到的服务。

2. 检查巡视

庆典活动中哪怕是一个细小的环节出了差错,如请柬发放不及时,来宾的胸花、饮品、礼物、迎宾车辆等没有妥善落实,某一个席位安排失当等,都会影响到活动的整体效果。因此,在组织工作中,秘书人员要注意反复落实好相关的具体细微事物,协调好各方面的关系。

3. 典礼的具体程序

(1) 宣布典礼开始

邀请嘉宾就座,宣布庆典活动正式开始。全体立正,奏唱国歌、厂(企业)歌,介绍出席庆典的重要嘉宾。

(2) 负责人致辞

举办单位主要负责人致辞,内容包括介绍此次庆典的缘由、对来宾表示感谢等,重点是突出业绩及庆典的可"庆"之处。

(3) 嘉宾讲话

出席庆典活动的上级主要领导、协作单位及社区关系单位,均应有代表讲话或致贺词。对外来的贺信、贺电等,可不必一一宣读,但对其署名单位或个人应当公布。在进行公布时,可按照其"先来后到"为序,或分类按照具体单位名称或个人姓名,根据笔画数多少或首字母先后为序。

(4) 配套节目

可以安排文艺演出,这项程序可有可无,如果主办方有此安排,应当慎选内容,注意不要有悖于庆典的宗旨。可以邀请来宾参观,如有可能,可安排来宾参观举办单位的有关展览或车间等。

开业典礼方案

时间:2016 年 9 月 9 日 10 时

地点:天地公司

活动名称:天地公司开业庆典剪彩

活动简介:天地公司于 9 月 9 日在公司所在地隆重举行开业剪彩仪式,届时会有许多当地的各界商业人士、新闻媒体及市政府领导出席。活动中,大家可以了解到公司代理的各种酒类产品,同时公司准备了丰盛的晚宴款待各位嘉宾,另外还有内容丰富的娱乐活动请大家共享欢乐。

时间安排

时间	安排
10:00—10:30	醒狮,礼仪小姐迎宾。
10:30—11:00	开业典礼正式开始,邀请张总经理致辞,邀请嘉宾剪彩。
11:00—11:30	参观公司。
12:00—14:00	在亚洲大酒店设宴,请嘉宾共进午餐。
17:30—18:00	在度假村酒店星光厅迎宾。
18:00	晚宴开始入席。
18:10	张总经理致辞,晚宴正式开始。
19:00—20:30	精彩节目表演及黄金抽奖活动。
20:30—02:00	世纪之星夜总会活动。

> **开业庆典过程**
>
> 1. 宣布开始,全体肃立,介绍来宾。
> 2. 邀请专人揭幕或剪彩。
> 3. 在主人的引导下,全体到场者依次进入幕门。
> 4. 主人致辞答谢。
> 5. 来宾代表发言祝贺。
> 6. 主人陪同来宾进行参观。开始正式接待顾客或观众,对外营业或对外展览宣告开始。

三、签字仪式活动

签字仪式通常是指订立合同、协议的各方在合同、协议正式签署时所正式举行的仪式。签字仪式一般较隆重、正规,礼仪要求十分严格。

(一)签字仪式的准备

1. 准备代签文本

如果是涉外谈判,还要准备中文和外文两种文本;文本必须经过严格的校对,然后印刷、装订、盖印;文本分正本和副本,正本用于签字后双方保存,制作两本,副本的数量则根据实际需要数量确定。

2. 确定参加仪式人员

客方需把出席签字仪式的人员提前通报给主方;双方主签人员原则上身份和职位应大体相当;各方安排一名熟悉仪式程序的助签人员;其他参加签字仪式人员各方人数应大致相等;相关媒体;各方对等邀请更高一级的领导人出席,以示重视。

3. 布置签字仪式场所

场地宽敞明亮,各方协商;长方形签字桌及深绿色或红色台呢;椅子;文本、签字笔、吸墨器、国旗架或席位牌、台花;横幅(面门,以右为上,客右主左);话筒、托盘、香槟等。

(二)签字仪式程序

1. 各方就座

双方代表及特约嘉宾同时入座;主签人主左客右入座;助签人站各自主签人外侧;其他人员主客各站一边,按身份前高后低,中高外低。

2. 正式签字

助签人翻开文本,指明签字处(己方首位处),主签人签字;国际“轮换制”,交换文本,主签人签署他方文本。

3. 交换文本

签好后,双方主签人同时起立,互相交换文本(右手),握手祝贺,还可互换签字笔以示纪念;陪同人员鼓掌祝贺;香槟庆祝;合影留念。

4. 顺序退场

结束后双方可共同接受媒体采访；退场顺序：双方领导—客方—主方。

（三）座次安排

1. 并列式

这是举行双边签字仪式时最常见的形式。签字桌在室内居中面门横放。双方出席仪式的全体人员在签字桌之后并排排列，双方签字人员居中面门而坐，客方居右，主方居左。

2. 相对式

签字桌在室内面门横放。双方签字人员居内面门而坐，客方居右，主方居左。双方出席仪式的全体人员则在签字桌之前并排排列。

3. 主席式

多用于多边签字仪式。签字桌在室内横放，签字席设在桌后面对正门，但只设一个，并且不固定其就座者。举行仪式时，所有人员，包括签字人在内，皆应背对正门、面向签字席就座。签字时，各方签字人应以规定的先后顺序依次走上签字席就座签字，然后即应退回原处就座（见图5-1）。

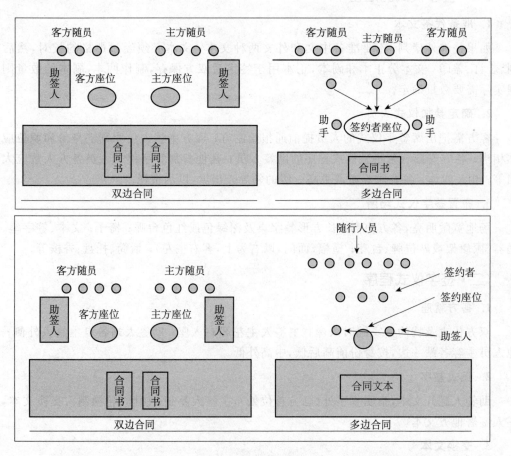

图 5-1　签字仪式座次

（四）礼仪注意事项

1. 组织者

（1）仪容（女士淡妆、男士发须）。

（2）着装（制服。女士西装套裙或套装或素雅连衣裙,肉色丝袜,黑色高跟鞋;男士深色西装或中山装,浅色衬衫,素色领带,黑皮鞋）。

（3）时间（遵守时间,准时开始、准时结束,表现诚信）。

（4）态度（真诚热情,不厚此薄彼,不评头论足）。

（5）行为（自律,不嬉笑打闹,不做无关的事,依礼行事）。

2. 参加者

（1）仪容、着装。

（2）签字者双方身份和人数应对等（互相尊重）。

（3）注意站立的位置和次序。

（4）态度（真诚友好,营造轻松和谐气氛）。

（5）行为（礼貌文雅,保持平和的微笑、彬彬有礼的姿态。共饮香槟酒时,不大声喧哗,碰杯要轻,高举示意,浅抿即可）。

 任务参考

情景案例中出现的签字仪式,应做以下准备和安排。

（一）准备阶段

（1）准备签约文本。秘书高山应根据谈判结果准备好签约文本,正本两本,副本若干。文本的内容应该是在双方充分讨论、平等协商、达成共识的情况下形成,表达应清晰、周密。

（2）确定主签人员与参与人员。秘书高山可由对方主签人为伍总从而确定我方主签人员为我公司经理张总,参与人员可与参加会谈的人员一致,也可邀请更高级领导参加。

（3）商定助签人。助签人可商定为秘书高山,因为文本的起草及制作高山最为清楚,而且全程参与了文本的商讨和签订。

（4）现场布置和物品准备。现场应布置长方签字桌,铺好深绿色的台呢。桌后放好两把椅子,客方座位安排在主方的右边。将准备好的两本签字的正本放在各方座位前的桌子上,签字笔横放在文本的下方,吸墨器放在文本的外侧。可准备香槟酒。

（二）基本程序安排

（1）安排主签人和参加人员的位置。助签人即秘书高山站在张总身后外侧,对方助签人站在伍总身后外侧。其他参加人员按照主左客右和身份高低分两边站立于后面。

（2）安排双方主签人按预定位置入席。

（3）助签人高山为张总翻开文本,指明签名之处,并用吸墨器吸干。

（4）在各自保存的文本上签字完毕后,助签人高山与对方助签人互换文本,再由主签人在对方保存的文本上逐一签字。

（5）签字完毕,张总和伍总起立,交换文本,相互握手致意。

（6）举杯庆贺。

（7）退场。

✦ 思考练习

1. 常见的庆典活动有哪些?

2. 签字仪式中应该注意的礼仪事项有哪些?

3. 商务谈判的座次安排,怎样更符合礼仪要求?

4. 黑德公司与金鱼实业达成了合作协议,黑德公司的刘总要求秘书小文安排一下签字仪式。

到了签字仪式那天,小文将签字文本随意摆放在了桌子上,然后安排大家随意入座。会场闹哄哄,等到领导入席签字时才发现没有签字笔,小文就将自己随身携带的圆珠笔递给了领导,又给对方领导随便找了一支中性笔。签字完毕后,小文由于站在领导内侧,使得领导被远远挤开,站在一边观看她与对方助签人交换文本。刘总对小文这次的表现很不满意。

思考与分析:小文错在哪些地方? 应该怎么做?

第四节　组织会展与参展

🖱 情景导入

法国某城市一家照相器材厂的技术人员经过艰苦努力,研制生产出一种先进的显影液。世界许多国家和地区的同类生产厂家纷纷派人来参观考察,无不对其生产工艺及产品配方抱有极大的兴趣。作为照相器材技术强国、拥有诸多世界名牌的日本,其厂商对此也表示关注。

某天,一日本公司派来代表团。厂方打起十二分的精神接待,以保护其机密技术。在厂方秘书人员的引导下,日本代表团到器材厂各车间参观,他们对生产设备、生产工艺及产品优良性能赞不绝口,来到显影液样品前面,参观者兴奋起来,有的参观者拿出相机不停地拍照,有的拿出笔记本记着什么,几位日本客人与厂方工作人员不时在低声交换意见,一同参观的 A 先生弓着腰,拿着眼镜在仔细地观察显影液,A 先生做这个动作,是为了让领带尖沾上显影液,以便回去研究成分。虽然这一举动十分隐蔽,但还是没能逃脱接待人员的眼睛。

考察现场的气氛十分热烈,一天过去了,日本代表团结束了访问,当 A 先生走出车间时,接待人员礼貌地说:"对不起先生,您的领带在参观时弄脏了,这是我们工作的失误,请您换上我们赠送的新领带,以表我们的歉意,您的领带我们洗干净后再送还给您。"A 先生无可奈何,只得把领带换了下来。

任务提示

(1) 举办活动应及早筹划与确定。邀请国外、境外人士前来参加活动,至少于半年前发出邀请,并寄送相关说明资料。

(2) 由多个机构共同举办的活动,要事先明确各自职责分工,避免多头指挥,多头对外,让嘉宾无所适从。

（3）确定开幕时间应充分考虑当地交通、气候及工作习惯等因素，开幕式尽量按原定时间举行，避免时间过长。

（4）在组织参观的过程中，如果有必要，要注意进行保密。

内容提要

会展组织是指在会展活动过程中，为实现会展目标所形成的相关特定组织以及组织设计会展活动的连续过程。组织会展的目的是提升整体力量，即整体目标、多客户、优质服务、创造品牌、实现社会价值和经济价值等。

必备知识

一、组织会展的方法步骤

（一）场地的选择及布置

地点决定人流量，所以不能太闭塞，如果预算有限就没办法了，那么就在布置上稍微动点心思，布置得简单但不失内容最好；参展商品的宣传册或者样本的数量以及种类要准备充足；展会过程中需要用到的名片、笔、纸、订书机等用品要一一准备好，尤其是名片的量要充足且切勿手涂。

（二）展示品的准备

参加展会最重要的莫过于展示品，展示品既要有自己的主打产品也要有这个展场的少有甚至是没有的产品，这个需要做展前的调查，别人没有的自己有就会吸引更多的顾客，那么推广其他的主打产品就不是难事了。

二、会展期间相关活动的种类

（一）会议

展会期间的会议一般可分为：以学术交流为主要目的的专业研讨会；以技术交流和技术合作为主的技术交流会；以发布新产品为目的的产品发布会；以推介新产品为主的产品推介会。

（二）表演

展会期间的表演可分为三种：一是文艺性表演活动；二是营销性表演活动；三是程序性表演活动。

（三）比赛

展会期间举办的比赛通常有两种：一种是以大众观赏性为主要目的的比赛活动；另一

种是以行业为特征的专业性比赛活动。

（四）其他相关活动

除了常见的会议、表演、比赛外，有些展会还会举办一些其他相关活动，如群众性参与活动、现场幸运观众抽奖、投资项目招商洽谈活动、项目招标活动、明星及公众人物与大众见面活动等。

三、 展会进行时的注意事项

展会第一天早点到场，将展台各处布置安排妥当，卫生打扫干净，桌椅摆放很重要，既不能影响顾客观展，也不能影响随时需要的走动。服务台上的名片样本要保持充足的供应，这其中需要秘书用火眼金睛去过滤那些搞推销的、收废弃品的等无关人员的骚扰，影响展会进行和整体视觉效果。不得不说展会有很多国际友人来询问，英语不好而又没有英文样本真的伤不起，所以展前调查真的很重要。

四、 展会中产品销售人员或介绍人员注意事项

这里特别要说明一下，作为一名销售人员，公司企业及产品熟识度一定要过关，因为展会中的顾客五花八门，问题也是千奇百怪，一定要在熟练的基础上做到随机应变，真有不懂的也不能让顾客过于察觉，要处变不惊。作为接待人员，顾客的信息要记录清楚并整理收档，谁归谁要明确。

五、 撤展注意事项

虽说展会有市场部协助帮忙，但是如果秘书把宝都压在他们身上，那么这次的展会注定要失败，所以自己的事情还是自己上心的好。机器包装膜准备好，展后仍然需要的东西该带走的都带走，最最重要的是——撤展运输机器的车子一定要尽早安排，下午撤展，最好上午就到停车场排队，否则，撤展会是一件很痛苦的事情，一不留神从5点就要出展位，11点左右才能回公司，所以，这真的值得注意。

六、 参加展会时的注意事项

（1）参加展会期间，除与客户洽谈商务外，应坚持站立参展。

（2）参加展会时，不应看闲书与报刊，应时刻把握机会与其他企业洽谈业务。

（3）参加展会时，杜绝随意吃喝现象。

（4）参加展会期间，应注意接打手机的方式与时间，防止潜在客户流失。

（5）应尽量统一服装，大方得体，注意个人修养，对人彬彬有礼，不得有随地吐痰、乱扔垃圾等不雅行为。

拓展阅读

展会开幕式的创意设计

在第四届中国杭州国际汽车展览会与第 54 届全国汽车配件交易会开幕式上,特别邀请了著名相声表演艺术家姜昆主持开幕式文艺演出与西博车展现场直播,并邀请俄罗斯大型演出团体精彩献艺,从而将开幕式表演推向高潮。

当杭州市委书记王国平宣布第四届中国杭州国际汽车展览会与第 54 届全国汽车配件交易会正式开幕时,中国汽车工业总公司副总经理王松林和吉利控股集团 CEO 徐刚一起掀开舞台左前侧的帷幕,一辆鲜艳夺目、伏地欲奔的黄色美人豹映入大家眼帘。随之,喧天的鼓号齐鸣,五色的礼花纷飞,几百只美丽的和平鸽展翅翱翔在十月金秋杭州国际汽车会展中心上空……

任务参考

在参展接待过程中,如果有必要,要注意进行保密。案例中接待人员保密意识非常强,而且能及时发现状况。在处理过程中,礼貌客气,随机应变,巧妙地解决了问题。

思考练习

1. 会展组织的目的是什么?

2. 参加展会时的注意事项有哪些?

3. 会展期间有哪些相关的活动种类?

4. 首届中国—南亚博览会期间,全省各州市、部门共举办招商推介会、项目说明会、企业见面会、合作项目专场签约等各类招商推介活动近 40 场,组织全省各州市招商部门、开发区及企业参加各类招商推介活动 20 余场,共签订投资合作项目 467 个,签约金额 5956 亿元人民币。其中,国内合作项目 409 个,总投资 5378 亿元;外资项目 58 个,协议外资 94.34 亿美元,比上届昆交会增长 58.6%。

请简要说明组织会展的作用及会展期间的会议种类。

本章总结

领导的对外活动很多样,有外事接见、洽谈、宴请、有礼仪性庆典、接见、与会、陪客、外出参观以及下去视察等。这类活动是大量的,需要办公室部门进行安排、落实。本章主要介绍秘书在安排领导对外事务活动中的方法、原则、意义及准备。

秘书旅行管理事务工作的特点有:单兵作战,素质要求高;时限性强,劳动强度大;环境陌生,未知因素多等。秘书应该在工作中学习为领导的商务旅行制订行程计划,准备随行物品;领导外出期间秘书对文件及来电的处理方法,能够在领导出差期间保持单位或部门的正常工作;了解办理出国旅行手续的内容和程序,能够为领导国外出差做好准备工作。

商务谈判是谈判双方(或多方)为了协调彼此之间的关系和满足各自的需要,通过协商而争取达到意见一致的行为和过程。在商务谈判活动中,实力处于劣势的一方,往往采用疲惫策略、权力有限策略、先斩后奏策略、吹毛求疵策略和以退为进策略等。在谈判活动中,实力处于优势的一方,往往采用不开先例策略、先苦后甜策略、声东击西策略、价格陷阱策略、规定时限策略等。在谈判活动中,均势条件下常用的谈判策略有攻心为上策略、开诚布公策略、化解压力策略、僵局策略和休会策略等。

庆典活动是社会组织为了引起公众的关注,扩大自身的知名度,围绕重要节日或自身值得纪念的日子而举行的庆祝活动。庆典活动的组织工作包括:接待宾客、检查巡视、典礼的具体程序、善后工作等。会见与会谈的组织工作包括:迎客、介绍、致辞、赠礼、合影、会见与会谈中的事务、记录会见与会谈记录、送别、整理文件。签字仪式通常是指订立合同、协议的各方在合同、协议正式签署时所正式举行的仪式。签字仪式一般较隆重、正规,礼仪要求十分严格。

会展组织是指在会展活动过程中,为实现会展目标所形成的相关特定组织以及组织设计会展活动的连续过程。组织会展的目的是提升整体力量,即整体目标、多客户、优质服务、创造品牌、实现社会价值和经济价值等。

✦ 影像展示

1. 请观看电视剧《我的博士老公》的片段,列举开业剪彩活动中应注意的问题。

2. 请观看电视剧《一天零一夜》的片段,列举会展活动中应注意的问题。

3. 请观看电视剧《青春斗》的片段,思考贝贝跟领导出差,为什么领导很不满意,并简要说明差旅活动中员工应该注意的事项。

第五章　对外事务管理
影像展示

✦ 实战训练

1. 以小组为单位,在校园内组织一次参观考察活动。

2. 以小组为单位,确定谈判内容,模拟进行一次商务谈判。

3. 以小组为单位,模拟进行一次会展活动。

第六章
办公室事务管理

本章概要

　　为领导或主管处理好外围的、事务性的工作,使领导或主管从琐碎的具体事务中解放出来,是秘书的重要工作之一;同时,处理好事务性工作,也是整合部门和单位资源、理顺各方面关系、提高工作效率的关键所在。

　　秘书需要面对的事务性工作包括:本单位或本部门办公资源的管理,办公环境的管理,时间管理,领导日程安排,办公设备管理,对内对外通信管理,机要管理,印信管理,财务与报账管理,以及其他临时性、偶发性事务管理。

　　这些事务性工作大致可以分为三类:一是资源的分配与整合;二是程序性事务管理;三是保密性事务管理。

学习目标

　　1. 了解办公资源的种类,能配置好办公室资源;熟悉各种办公资源的性能,能很好地利用办公资源;能管理好办公资源。

　　2. 了解办公室时间管理的内容及作用;掌握时间管理应遵循的原则;能安排好办公室日常工作。

　　3. 了解办公自动化体系及功能;熟悉办公自动化操作。

　　4. 能做好各项保密工作,印信工作和值班工作。

　　5. 熟悉财务制度,能管理好办公室现金。

第一节　办公资源与环境管理

情景导入

　　因为要赶写经理下午开会需要的一份材料,一上班,秘书孙琴就急急忙忙坐到放在办公室角落里的电脑前,专心致志地准备材料。忙碌了一会,她感觉有些异味,扭头一看才发现办公室窗户没开,她刚打开窗户,电话响了,孙琴三步并作两步跑到了自己办公桌前,拿起电话,是一个客户找经理的电话,孙琴告之经理不在,对方要求留言,孙琴赶忙去找可以用来记录的纸笔,在抽屉里翻找没有,又在堆满文件、报刊及各种物什的办公室桌上寻找,终于在一堆零食下面找到了纸笔。记录完毕,孙琴将其放到了临窗的经理办公桌面上,然后又回到电脑前。刚坐下来,营销科的一位员工来请孙琴帮他找一份文件资料并要求复印,孙琴起身走到靠门的文件柜前找资料,可发现光线太暗,看不清楚,又走到另一侧开灯,再回来找资料。文件找到,孙琴利索地走到办公桌旁的复印机旁,很快就复印好了。回到电脑前在键盘上敲了没几下,突然,沙沙一阵响声,孙琴一抬头,发现天好像要下雷阵雨的样子,眼看着自己放在经理桌面上的电话留言被风吹到窗台上了,孙琴赶紧过来"抢救",可一着急,不知道被什么绊了一脚,"呼"的一声,她和风扇一起摔了个大跟斗,原来,前两天办公室的空调坏了,还没修,因为天气热,孙琴用插板连接电插座,在电脑旁边放了台风扇,孙琴就是被电线绊倒的。

任务提示

(1) 孙琴在办公环境管理方面存在哪些不足? 需要做哪些改进?

(2) 秘书在办公事务管理方面的重要性。

(3) 为正、副经理的办公室拟定一份必须添置的办公设备计划。

(4) 说说你会使用和维护哪些办公设备。

内容提要

本节主要阐述办公资源的种类,办公环境的定义与要素;着重介绍办公资源的配置,各种办公设备的操作与管理,以及办公环境的布局与发展趋势,以及如何为公司做好后勤服务工作。

必备知识

资源是个很宽泛的概念,一个单位、一个部门所拥有和涉及的物力、财力、人力等各种物质要素,都属于资源。秘书工作中涉及的办公资源,范围也很宽,凡是在行政办公过程中所需要的房屋、场地、设备、家具、耗材、信息等,都属于办公资产的范畴。办公环境则是由办公资源组合起来所形成的办公物理空间和人文环境。办公环境的设计和营造,是一个单位自身文化建设的重要组成部分。

资源与环境的管理属于后勤管理的范畴。近年来,随着管理模式的不断改革与创新,资源与环境管理呈现出一些新的态势:一是受共享经济的影响,企事业单位不再追求大而全的、自给自足的管理模式,寻求将非主营业务、核心业务以资源共享的形式委托第三方管理,最典型的是物业管理社会化、公车改革举措被越来越多的单位所采用;二是为了响应国家节能减排的号召,同时降低单位运行成本,资源与环境管理更加重视环保与节能理念的贯彻;三是资源配置和办公环境的营造更加个性化、人性化、智能化,更加重视人文关怀;四是资产与环境管理的方式基本告别了手工管理模式,普遍采用网络化管理。

在一些规模较小、层级关系不很复杂的单位,资源管理通常是由综合部门统筹管理的,秘书是资产管理的直接执行者。在一些规模较大、层级关系较复杂的单位,通常会有专门的资源管理部门,例如后勤部门、物业部门、资产部门等,但这并不意味着秘书不再涉及资源管理,因为,作为领导或主管身边的工作人员,秘书一方面在本单位本部门资源管理中发挥综合协调作用,同时还要直接处理与领导或主管相关的资源管理事务。因此,无论哪种情况,资源管理都是秘书重要的工作职责。

办公室或秘书对资源的管理主要包括两个方面,一是资源的分配与整合,包括资源管理制度建设、资源的分配、申购、登记、调配和报废等,主要通过台账管理来实现;二是资源的使用和维护及人员培训。

一、 办公资源的配置

办公资源的宏观管理主要包括资源配置标准的制定,资产的申购、登记、分配、维护、维修、报废等。

(一)办公资源的种类

1. 办公设备

办公设备是指管理人员办公室必备的用于日常办公或改善办公环境的各种电器、电子产品、机械设备,例如,电脑及其配套设备(存储设备、视频设备、鼠标、键盘)、传真机、碎纸机、打印机、复印机、传真机、电话机、录音笔、投影仪、速录设备、扫描仪、空调(暖气)、风扇、烤火炉等。基于接待或服务的需要,某些主要领导的办公室还需要配备咖啡机、电视机、电冰箱、热水器等电器。

2. 办公家具

办公家具主要是指办公室必备的家具,通常包括:办公桌(班台)、办公椅、小型会议桌、会议椅、桌前椅、沙发、茶几、文件柜、跟衣柜、保密柜(保险箱)、茶水桌、挂钟、白板等。

3. 办公易耗品

办公易耗品通常是指单品价格在 200 元以下、不纳入固定资产、日常办公中易于消耗的物品,主要包括如下内容。

纸张:打印纸、复印纸、文稿纸、便笺纸、名片、信封等。

笔:钢笔、中性笔、油性笔、白板笔、签字笔、铅笔、修正液等。

小型仪器:订书机(订书针)、电子日历、计算器、拆信器、切纸机、号码机、打孔机、充电器等。

其他办公用品:文件夹、文件箱、文件袋、图钉、大头针、回形针、橡皮筋、大纸夹、光盘、U 盘。

4. 车辆与交通资源

交通工具是单位重要的办公资源,一般来说,公车数量较多的大型公司或企事业单位,会有专门的车辆管理部门,如车队。车队隶属于单位办公室。

单位公车分为三类:一是领导专车,通常根据领导职级按标准配置,主要领导会配有专车司机;二是公务车辆,主要用于单位接待,或中层及以下人员短距离出差、办事代步;三是单位班车,用于接送员工上班、下班。

5. 专业设备

有些单位,办公室承担宣传职能,需要配备照相机、摄像机等专业设备;有些单位是多地点办公,或者有大量国际业务,需要配备视频会议系统。这些专业设备只能根据需要而定。

(二)办公资源的配置

1. 办公设备与家具的配置

办公设备与办公家具通常根据各类管理人员的职级来配置,各单位会有不同的标准。财政部、全国人大常委会办公厅、政协全国委员会办公厅、国管局、中直管理局联合发布《中央行政单位通用办公设备家具配置标准》,各级政府部门、事业单位通常会根据这个文件,制定相应的标准,这个标准的上限是不能突破的。企业,特别是私营企业在办公设备、家具的配置上会相对宽松、灵活一些。

办公设备和家具的配置需要从人员职级、工作职责、配置密度、配置规格、资产价格、使用年限、性能要求等方面进行考虑。

为了规范管理,单位通常会制定《办公设备与家具管理办法》,明确其配置标准、申购流程、管理权责、维修报废等事项。

2. 其他办公资源的配置

(1)易耗品

易耗品的配置主要有两种方式:一种是预算申购制,由各部门根据工作需要申请购买;另一种是分级配给制,有单位或第三方专业公司根据各部门工作需要,制订易耗品配置方案,按年度配给。为了规范管理,单位可以制定《低值易耗品管理办法》。

(2)车辆管理

2017年12月,中共中央办公厅、国务院办公厅印发了《党政机关公务用车管理办法》,这个办法适用于党的机关、人大机关、行政机关、政协机关、监察机关、审判机关、检察机关,以及工会、共青团、妇联等人民团体和参照公务员法管理的事业单位。可以作为企事业单位公车管理的依据或参考。

企事业单位通常会有归属于办公室的车辆管理机构,负责领导专车的服务与管理,公务用车的调度,出差交通管理,车辆租赁,交通安全管理,交通工具的养护、维修、申购、报废以及税费保险管理。

近年来,随着专车、快车业务的兴起,很多单位都实行公车改革,除主要领导专车外,其他交通业务都以租赁的形式委托第三方提供服务。

(3)水电暖气管理

水电暖气管理属于后勤服务的范畴,办公室或秘书负有倡导节约用水用电用气、落实全民节能减排的职责。

完善水电管理制度是规范管理、厉行节约的前提,水电管理制度应包括以下内容:明确水电暖气归口管理部门及其职责;明确用水用电标准及计量方法;水电暖气设备管理细则;厉行节约的措施;水电暖气使用的奖惩。

(4)专业设备管理

专业设备适用范围较窄,通常根据工作需要进行申购。

专业设备的使用通常只涉及少数员工,通常采用个人责任制的管理办法。

二、 主要办公设备的使用与维护

熟练使用办公设备是文秘人员必备的基本工作技能,所有的办公设备(特别是电子设备)都附有详细的使用说明,只要按照使用说明规范操作,办公设备的一般使用技能都是很容易学会的,其中有一些经验性的使用技巧,需要文秘人员格外重视。

(一)复印机的使用

在复印机的使用和维护过程中,有以下事项需要特别注意。

(1)预热。复印设备通常需要预热,特别是气温较低的情况下,预热必须充分。在工作时间内,复印机尽量保持预热。下班后务必关机。

(2)原稿检查。原稿检查主要是查看原稿是否完整,字迹图像是否清晰,是否有深色底纹,是否双面有复印内容。如果有深色底纹,要通过调整浓淡确保复印效果。

(3)缩放设置。文件复印的缩放主要根据复印要求、纸张大小来决定。证照、带有印章的重要文件一般不宜使用缩放。

(4)涉密检查。涉密文件通常是不允许复印的,在复印之前,务必检查文件是否涉密及其机密等级。特殊情况需要复印的,须向领导请示,并作好复印件回收、销毁的安排。

(5)双面复印。在文件需要双面复印但复印机没有双面复印功能时,需要手动单张逐一复印,这时特别需要甄别进纸方向,以及二次复印时纸张的平整性。

(6)大件接拼。某些开本大于 A3,或者不规范开本的原件,在复印时需要接拼。接拼复印时注意相邻部分需要留出一定重叠量。

(7)复印机日常保养。复印机须时刻保持盖板、透稿玻璃、分离带、电极清洁,每周检查分离、输送装置是否正常,复印量超过 2000 张后须检查显影设备、定影辊、送纸设备、墨盒是否正常;复印效果出现异常时,要重点检查墨盒、定影辊、显影设备是否正常,查看是否需要更换墨盒;复印超过 10 万张,须请专业人员进行保养。

(二)传真机的使用和维护

(1)装纸与自动接收设置。为了避免漏接传真,传真机一般设为自动接收状态;并且要经常检查传真机是否缺纸,确保传真机始终保持工作状态。

(2)接收。传真接收方式有四种:电话优先、传真优先、传真专用、传真/录音电话。选择传真优先或传真专用,传真机处于自动接收状态。接到传真后,须仔细甄别来函的性质和重要性,并做好来函登记。垃圾传真件要及时清理。

(3)发送。传真发送按操作指南进行,如果发送过程中想要终止发送,可使用停止键。发送国际传真时,在输入国际电话号码后,按"重播/暂停"键停留 6~10 秒,有利于线路接通。

(4)复印。传真机带有复印功能,一间办公室不必重复配备传真机和复印机。

(5)无人值守功能。如果在非工作时间需要接收重要文件,特别是需要接收时差较大的国际传真,可将传真机设置为无人值守状态。

(6)注意事项。使用传真机需要注意以下事项:一是不要频繁开关机,工作时间确保传真机处于通电开机状态；二是不可使用不规范传真纸张；三是注意去掉传真件的装订针、大头针、回形针等硬物；四是使用传真机复印不宜过于频繁，不宜一次性大量复印。

（三）打印机的使用和维护

目前，办公室使用的打印机绝大部分是激光打印机，其特点是输出质量好、速度快、噪声低、纸张适应度宽、缩放和图形功能强大。

激光打印机的使用要注意以下几个问题。

（1）启动安装。激光打印机通常配有驱动程序（USB设备或光盘），手动安装驱动程序；也可插接到电脑之后，在网络正常的情况下，自控搜索并安装驱动程序。

（2）打印机设置。除常规设置外，可根据需要设置是否双面打印，是否缩放，是否需要设置特殊纸张（如照片）。

（3）共享设置。在网络正常的情况下，打印机可以实现网络共享，即多台电脑共用一台打印机。打印机共享的前提是，共享的电脑须在同一个局域网络中（相互能够发现对方ID），最好使用相同的操作系统，都安装了打印机驱动程序，这样就可以在电脑的"打印机与传真"中设置共享。

（四）碎纸机的使用

碎纸机是纸质办公时代重要的保密设备，随着无纸化办公的推广，碎纸机的适用范围在缩小，但碎纸机仍然是文秘人员必不可缺少的办公设备。特别提醒，文秘工作者处理过的任何过程性文件、校对修改文件、过时或废弃的文件，未经碎纸处理，不能直接弃置，更不能当作废纸变卖。

碎纸机的使用，需要注意以下几点。

（1）碎纸机一般具有自动开关功能，使用比较便捷。将碎纸机插上电源，打开碎纸机的自动开关，将纸张放到进纸口处，即可进入进纸状态。

（2）在使用过程中，一次切碎不要加入过多的纸，以免出现卡纸；不要将回形针、图钉、塑料袋等硬物送入碎纸机，以免破坏碎纸机刀具。

（3）如果发现将有效文件送入了碎纸机，可以按"停止/反向"键退回，以减少损失。

（4）注意安全。请勿将衣角、领带、头发等卷入进纸口，谨防无关人员，特别是儿童使用碎纸机。

（五）扫描仪的使用

扫描仪是利用光电技术和数字处理技术，以扫描方式将图形或图像信息转换为数字信号的设备。文秘人员使用扫描仪，主要是将纸质的图片、文件，扫描成数字图片，制作成PDF文件。纸质文件转换成电子档案，主要通过扫描仪来实现。

扫描仪的使用需要注意以下几点。

（1）扫描仪属于计算机外部设备。扫描仪生成的数字图片，需要通过电脑进行处理、传送、储存，也可以通过激光打印机打印输出。

（2）使用扫描仪时需要与图形图像处理软件配合使用。扫描出来的图片输出到电脑之后，需要利用图形图像软件（如Photoshop）作裁剪、对比度调整、亮度调整、色彩色调调整、大小调整、分辨率调整、格式转换等处理。

（3）随着数码技术的不断进步，近年来出现一种新型扫描设备：手机终端的扫描软件（APP）。这是一种通过手机摄像镜头拍摄照片，然后通过图像处理软件进行几何变形校正、图形图像处理，并能直接生成 PDF 文档的软件，使用起来比传统扫描仪更方便、更快捷。其缺点是分辨率不高、成像质量不佳，无法适应大尺寸打印。

（4）目前比较成熟的数码扫描软件（APP）有微软的 OfficeLens、扫描全能王（CamScanner）、印象笔记（Evernote）。这些扫描软件不但具有扫描功能，同时还带有文字识别功能，可以识别图片的中的文字，并将它复制到文本中。

（六）数码相机初级使用

在工作中，文秘人员经常会碰到需要拍照的情况。虽然大部分情况下可以用手机摄影或摄像，但在一些比较正式的接待场合需要提供新闻摄影、宾主合影等照片，或者某些工作场合需要图像存档，这时就需要用到数码相机。

目前，比较常用的数码照相机有单反相机、微单相机两种。单反相机拍摄有一定的技术要求，微单相机使用相对比较简单一些。对于非专业人员来说，使用微单相机更加方便。

无论是单反还是微单，初学者在使用数码相机拍照时，以下几点常识需要牢记。

（1）尽可能使用全自动拍摄模式，或者使用光圈优先（AV）模式。

（2）焦点对准拍摄主体，如果是人像照，对准人物的眼睛、脸部聚焦。

（3）尽量使用较大的光圈，特别是在光线条件不好的时候，要使用最大光圈，将 ISO 调至自动。

（4）将测光模式调整为"评价测光"，不要对准取景框中最亮或最暗的地方测光，而要对准中间亮度测光。

（5）同一个取景多拍几张照片。

（6）端稳相机或使用支架，这一点至关重要。

（7）掌握必要的图像处理技术，熟悉 Photoshop 等图形图像处理软件。

三、 办公环境的管理

（一）办公环境定义与要素

办公环境是指组织或机构建设和营造出的工作环境，包括工作场所、公共区域、周边区域共同构成的自然环境、职能环境、人文环境。在空间上包括办公室、会议室、会客室、值班门岗、卫生间、绿化区、停车区、休闲区等。

办公环境的营造主要考虑以下因素。

（1）空间配置。即整个办公区域内功能区域的合理分布、各类人员办公室的科学配置、公共区域的设计、绿化设计、建筑与装修风格的设计等。

（2）光线。办公区域内的光线设计非常重要，既要合理利用自然光，做到自然、节能、有利健康；又要合理设计灯光，使之适应人的工作习惯。特别是会议室与会客室的灯光设计，要具备可调控性，以便在不同的工作主题或不同的季节，根据需要进行调节。例如，会议室的灯光要分区域控制，在使用投影仪或观看视频材料时，可以调暗屏幕区域的光线；在需要全员会议记录时，要尽量使用无影光线；在使用自然光时，背光侧保持柔和光线。

（3）颜色。办公环境中的色彩色调要精心设计。很多公司或单位的 VI 设计中，有自己的主色调，办公环境的色彩设计应与主色调相同或相协调。同时，色彩的搭配与设计要充分考虑公司或组织的理念，员工的心理期待，以及色彩的审美性，让整个办公环境的色彩色调简单、鲜明、和谐。

（4）声音。声音管理主要是要保持办公环境的肃静、安宁的氛围，因此，地面、墙面、房顶、走廊等要尽可能使用吸音材料。会议室墙壁要使用吸音材料，在空间设计上要避免产生回音。

（5）空气。在办公环境的设计与管理中，空气的对流、扬尘与空气颗粒的消除、空气湿度温度的管理等，都是应该考虑到的。在工作中，会议室、会客室、办公室都需要在进入或使用前，提前开窗开门，保持空气流通，净化空气，调整室内温度。

（6）办公用品与家具。办公室是办公环境的主体，办公室内家具与办公用品的摆设，是办公环境管理的重要环节。办公室、会议室、会客室的摆设应整齐、洁净、便于工作，特别是要避免管线凌乱，通道阻滞，杂物乱堆乱放。

（7）绿化。办公环境中的绿化设计，可以起到美化环境、净化空气、赏心悦目、舒缓心情的作用，同时也起到分割空间的作用。办公环境中的绿化，分为室外绿化与室内绿植两个方面。绿化由园艺工管理，室内绿植由秘书部门负责管理。

（二）办公环境的整体布局的原则

（1）舒适性原则。办公场所既是本单位工作人员的工作场所，也是业务（服务）对象的体验场所，让所有身处其中的人感到舒适，是办公环境设计与管理的第一原则。因此，办公场所空间的设计、家具的选择、景观的设置，都要考虑工作人员在工作上的方便性、来访者的舒适感，处处要考虑到人的工作习惯、生活习惯和空间需求，体现办公环境的人性化要求。因此，办公场所的色彩色调要尽可能使人感到明朗、轻松、愉快，空间不能给人产生压抑感，整体设计上既不能因为单调而让人产生视觉疲劳，也不能过于复杂让人产生纷乱感。

（2）美观性原则。办公室美观性主要体现在空间的设计、色彩的搭配、室内的布局、绿化的装点和文化氛围的营造上，做到结构合理、色彩和谐、布局简明、生机盎然。

（3）开放性原则。开放性是现代办公环境的普遍要求，打破空间封闭、等级森严的官衙风格，形成空间开放，自由平等的办公环境，是一种普遍的趋势。开放式办公室、交互式公共空间成为很多公司与单位的首选。

（4）规范性原则。开放并不是对秩序的彻底破坏，办公环境必须遵循自身内在的规范性。在办公室的布局上，既要考虑各部门职能的关联性，也要考虑服务对象办理业务的连续性，还要考虑上下级之间的层级关系。因此，办公室、会议室的设计，既要通过空间大小、主次顺序、色彩色调营造内在的秩序感，又要考虑空间上的保密性，将会议室、主要领导的办公室设置在人流量较少的地方。必要的时候，要通过门禁、值班岗亭来强调这种秩序感。

（5）节能环保原则。现代社会，节能环保理念已经深入生活的每一个细节，办公环境的设计与管理也必须贯彻节能与环保的理念。在设计上，办公环境要尽可能充分地利用自然光源、热源，减少实用电灯、空调的频率和时长；全面普及节能灯，安装自控装置，减少电能消耗；室内外装修尽可能使用天然材料和可循环使用的材料，减少环境的污染；保持办公环境的空气流通。在办公室管理中，要特别强调节能减排，倡导养成节约能源的习惯，做到人离灯灭、及时关闭水龙头等；倡导调低电脑屏幕亮度，提高空调制冷温度，不使用大功率电器等。

（三）现代办公环境新趋势

1. 对人文因素的重视

一家致力于企业文化建设的公司或单位，对于办公环境的设计和管理，在追求舒适感、美观感的同时，还会将企业精神、企业文化融入办公空间，对内形成员工的认同感、归属感、凝聚力，激励员工积极创新，对外营造良好的交互体验，以优质的企业文化吸引、打动顾客，才是办公空间设计与管理的重点所在。

因此，很多企业寻求第三方实施视觉识别系统（VI）设计，在更大的范围内，可以上升到企业识别体系（CIS）设计。

VI 即 Visual Identity 的缩写，通译为视觉识别系统。简单地说，VI 设计就是将企业（组织）文化实施可视化设计，让受众通过视觉感受到企业（组织）的文化内核和特色。

VI 设计包括基本要素系统和应用系统两个方面。基本要素主要包括单位的名称、Logo（文字与造型）、标准字、标准色、象征图案、宣传口号等。应用系统包括产品造型、办公用品、企业环境、交通工具、服装服饰、广告媒体、招牌、包装系统、公务礼品、陈列展示以及印刷出版物等。

2. 交互空间的营造

传统的办公环境管理，比较重视办公场所的设计与管理，忽略了对公共空间的设计与管理。近年来，随着人文理念的普及，交流需求的增强，公共区域不再被简单地视为一个空间通道，而是被提升到社交、体验的高度来认识，一些理念前卫的公司甚至已经打破了办公区域与公共区域的界限，将整个公司打造成全开放式的交互区。

办公环境下的交互区，设置有咖啡厅或咖啡机、茶具、休闲沙发、书吧、健身房、糕点房、小型会议室（讨论区）、休闲玩具、休闲小游戏。这些空间设置具有非常明显的共享性，并具有讨论、休息餐饮、健身娱乐功能。

3. 移动互联网和人共智能对办公环境的影响

移动互联网的普及，对办公环境管理已经并将进一步产生深远而全面的影响，特别是办公空间的可穿戴技术、VR（Virtual Reality，虚拟现实技术）、AI（Artificial Intelligence，人工智能）技术的应用，大数据的广泛使用，促使办公场所实现革命性变化，办公场所的数字化、智能化已成为必然趋势。

移动互联网与人共智能的普及，对办公环境管理将产生以下几个方面的影响。

（1）办公场所的边界变得模糊甚至消失。移动互联网与虚拟现实的结合，使办公场所的空间界限变得不再重要，很多工作在家里或者出差途中就行可以完成，考勤也变得毫无意义，因为每一个人的工作状态是完全可知的。除了政府部门，企业、公司和其他组织的工作、社交、生活、休闲可能会交集在一起，它们之间的边界也变得模糊，对于很多人来说，已经没有"办公室"这个概念了。甚至公司或组织也不再具有空间意义，很多员工大部分工作时间都是与合作伙伴在一起，联合办公空间、办公共享空间将变得越来越常见。

（2）办公环境的知识化、信息化。在移动互联网和人工智能条件下，办公环境主要一是物理空间环境；二是知识环境、信息环境。办公环境管理的一个重要的内容是员工的学习管理。

（3）办公环境管理的智能化。既然工作本身已经实现了智能化，那么办公环境的管理也将实现智能化。例如，水电、采光、声音、通风的管理全面实现自动化，办公室、会议室也可根据需要进行调整重组。

（4）资源配置的个性化、人性化。在移动互联网和人工智能条件下，办公资源的配置将根据个人需求来进行，办公环境不但考虑工作的便捷性，还要将员工的健康、生活、学习等因素考虑进去。

拓展阅读

办公空间的个性化

　　北京天行建国际商务花园推出的人性化办公形式值得提倡，它不规定早晚工作时间，而是为个体员工提供 24 小时办公的时间保障，充分考虑每个员工的工作习惯。办公室的空调系统，普通的写字楼均为中央空调，每一间办公室的温度很难随心所欲调节，而天行建国际商务花园把空调设计为单户式中央空调，昼夜温度可以自动调节，完全取决于内部员工的自身需要，不受制于任何方面。办公室空间内设置休息室、卫生间甚至厨具等设施，使办公室条件更加自主、工作更加自由、办公空间更加丰富，给员工家的感觉。这些设计显著提高了员工工作效率，充分顺应了以人为本的办公趋势。

🔍 任务参考

　　办公室是秘书工作的场所，也是一扇体现机关公司整体水平的窗口。办公室的环境及布置，体现秘书的工作风格及工作作风，也反映秘书的整体素质。孙琴把电脑放在办公室的角落，这是非常不方便的，电脑是秘书的主要工作设备，应放在办公室最方便的位置。办公室要保持通风，空气新鲜，光照明亮，要经常开窗透气。孙琴的办公室光线太暗，并且没有把台灯的开关放在最方便的位置。办公物件摆放太乱，办公室不整洁。办公物件没有固定的位置，使用起来经常找不到。秘书办公桌上的摆放应当简单有序，一些常用的小件文具要放到文具盒或者抽屉中，避免给人凌乱的感觉。电话机应放在比较固定的位置，一般放在秘书办公桌左前方。办公室不能放过于生活化的物件，像玩具，零食等。要保持办公室地面的整洁，经常清扫。要注意办公室的安全管理，地面不能有电缆线，文件柜上不能放置其他重物，防止下滑伤人。

　　秘书作为领导的参谋和助手，要替领导管理好员工的后勤服务。办公室事务纷繁复杂，秘书要有的放矢，进行科学的管理。无论是办公资源管理和环境管理都非常重要。秘书做好领导的内当家，公司上下才能井然有序，员工的工作物资设备才能有保障。秘书对于办公环境的有效管理能为领导和员工创造一个舒适、和谐、愉悦的办公环境，有利于员工的身心健康和提高工作效率。

✦ 思考练习

1. 办公资源包括哪些？

2. 复印机在使用和维护时需要注意哪些事项？

3. 办公环境整体布局需要遵循什么原则?

4. 案例分析。

秘书阳佳今天来得比往日都早,她准备利用公司刘总出差之际为刘总出差归来后创造一个舒适温馨的工作环境。她打开窗帘,打开空调,调节好办公室的温度、湿度。之后将窗台、办公桌、电脑……凡是目光可及的地方都细细地擦过;饮水机里的水不多了,应该和送水公司联系一下,储备的办公日用品也应该再补充;应该再去买点书法绘画之类的物品装饰一下墙面……她想好好美化这里的办公环境,不仅给刘总,也要给来访的公司内外的客人一个良好的印象。请你对阳秘书的工作进行点评。

第二节 办公时间管理与日程安排

情景导入

肖鹏是海尔公司的行政经理,负责销售部办公室工作,他也是一位资深的秘书。前几天办公室新聘任进来一位实习秘书李丹。肖鹏希望自己能亲自指导李丹,让她能胜任办公室秘书这份工作。肖鹏首先要求李丹熟悉公司的基本情况,并且要求李丹为自己安排每天的各项事务。他告诉李丹,秘书是一项综合性很强的职业,每天的事务性工作很多也很杂,所以秘书首先得学会分配时间,把时间效率提升到最高值。秘书不仅要管理好自己的时间,也要管理好单位的时间和领导的时间。有一天肖鹏给李丹讲了个故事,他说:一位教授给学生作讲座,他把一个瓷罐放在桌上。接着他拿来拳头大小的石块,把它们一块块放进去。当石块满到顶部时,他问:满了吗? 学生们回答:满了! 这时教授又拿出些碎石,把它倒入罐中,又问道:满了吗? 学生们肯定地回答:满了,这时教授又拿出一筒沙子,把它倒入罐中,沙子填满了石块和碎石的缝隙。他又问:满了吗? 学生不语。教授又拿起一桶水,倒入罐子,直到水浸到罐口。他问:我做的说明了什么? 一个学生说:这说明不论你的时间有多紧,如果你努力,总能做更多的事。不对,教授说,它并非说明这个观点。它告诉我们,如果你不先把大石块放进去,你就再也没机会把它们放进去了。生活中总有很多琐碎的事情分散你的精力,甚至阻碍你的成功,你能做的就是分清哪些事情是重要的石块,哪些是沙子。李丹听了这个故事,终于明白了作为一个秘书统筹安排时间的重要性。

任务提示

(1) 如果你是这位实习秘书,请说说你对个人时间管理的理解。

(2) 要进行有效的时间管理,必须制作工作日志,请你结合自己的工作经验谈谈制作工作日志应该注意的事项。

(3) 收集一个实际案例,分析秘书时间管理的作用与意义。

内容提要

本节主要阐述秘书时间管理的基本内涵,着重探讨秘书时间管理的内容、作用、原则等,要求秘书能做好自己的时间、领导的时间、单位的时间管理。

必备知识

现代管理学之父彼德·德鲁克说："不能管理时间，便什么都不能管理。时间是世界上最短缺的资源，除非严加管理，否则会一事无成。"

时间管理在本质上就是效率管理，通过对时间的精确分配、工作流程的精细控制、工作计划的宏观把控，实现效率的提高。

一、 时间管理概述

（一）什么是时间管理

时间管理是通过规划、预设、安排、备忘、提示、跟踪、督办等方式，对与工作相关的重要时间节点实施事前管理，以提高工作的条理性和效率。时间管理在本质上，就是将事务与人员，置于时间维度中的管理。时间管理是秘书人员的重要职责。

在快节奏的工作环境中，事务繁多是文秘人员碰到的首要问题，如何将纷繁杂乱的事务整理成井然有序的工作计划，并按轻重缓急依次推进？最有效的办法就是将所有事务都放置到时间的轴线上，然后按照重要性、紧迫性两个维度进行安排和管理，这就是时间管理的基本思路。

（二）时间管理的作用

（1）工作备忘。时间管理的最基本的作用是形成工作备忘，使任何一项工作不被遗忘，使每一项工作在事前能得到安排，每一项重要工作在事前能得到提示。

（2）增强工作的计划性。时间管理主要通过工作规划、日程安排等方式实现，可以提高工作的计划性、条理性，有效防止工作的盲目性，避免工作混乱。

（3）提高工作效果与效率。在日程安排的基础上，区分出工作的重要性、紧迫性，根据轻重缓急安排工作，调整日期，根据工作进展情况调整工作策略，掌握工作的主动权，这样收到良好的工作效果，提高工作效率。

（三）时间管理理论的发展

人类很早就产生了时间观念，但将时间纳入管理的范畴，是到弗雷德里克·温斯洛·泰勒（Frederick Winslow Taylor，1856—1915）在《科学管理原理》等著作中提出"劳动时间定额"概念才开始的。

时间管理理论经历了五个发展阶段。

第一阶段是备忘录式的时间管理，为了防止遗忘，方便在忙碌中调配时间与精力，人们用备忘录罗列未来工作与事项。

第二阶段是日程安排式的时间管理，通过行事历与日程表安排未来一段时间的工作，这一阶段的时间管理已经注意到规划未来的重要性。

第三阶段是优先顺序理论。也就是根据轻重缓急设定短、中、长期目标，然后根据目标计划来分配时间和精力，争取最高的效率。其中最典型的例子是效率大师艾维利时间管理法，根据艾维利时间管理法,人们将所有工作分为四种:紧急而重要的事情、紧急而不重要的事情、不紧急而重要的事情、不紧急且不重要的事情,然后按这个顺序来区分工作的轻重缓急。

第四阶段是 GTD 理论。GTD 是 Getting Things Done 的缩写,意即"将事情做完"。GTD 提供了一套可用于时间管理的基本方法,将时间管理分为分成收集、整理、组织、回顾与行动五个步骤:①收集。就是将工作中所有的未尽事宜罗列出来,做成电子或纸质的备忘录,然后将它从头脑里清空。②整理。就是以时间为轴线,对所有未尽事务进行区分整理,对暂不具备可行性的事务,可作为备选项列为参考资料。③组织。主要分成对参考资料的组织与对下一步行动的组织。④回顾。每周进行工作回顾与检查,以便对工作清单更新调整。⑤行动。根据可行性、紧迫性与重要性执行工作。

二、 时间管理的内容

在秘书工作中,时间管理既包括自我的时间管理、单位的时间管理,也包括对领导(高管)时间的管理。

(一)自我时间管理

秘书的自我时间管理是做好一切工作的基础,很难想象,一个将自己工作安排得一塌糊涂的秘书,能为单位和领导做好服务协调工作。秘书的自我时间管理要注意四个方面问题。

(1)要有严格是时间观念,将守时作为工作最重要的要求来执行。

(2)高度重视工作的条理性和计划性。

(3)恰当地区分手头工作的轻重缓急。

(4)工作要有前瞻性和预见性,将所有的工作都想在前头。

(二)单位的时间管理

秘书是单位时间管理的重要参与者之一。秘书需要参与或了解的单位时间管理的事项主要有几个方面。

(1)参与单位中长期规划的制定,并督促实施。

(2)主持或参与单位的年度工作计划、工作总结的起草与实施。

(3)参与单位日常工作安排。

(4)参与制定并执行单位作息制度,并实施考勤。

(三)领导(高管)的时间管理

领导活动是秘书时间管理的中最重要的部分,内容包括领导(主管)重要工作安排与提醒、会议安排、参观访问、庆典仪式、集体视察、接待洽谈、宴请活动、报告演讲、节庆活动、慰问活动、纪念活动、出差休假,等等。

三、 时间管理的原则

秘书执行时间管理,要遵循以下几条原则。

（一）要事优先原则

领导的工作千头万绪,秘书的重要职责之一就是删繁就简。衡量一项工作是否需要优先安排,有三个方面的因素需要考虑到:一是事项的紧迫性,越是时间紧迫的,越是要优先安排;二是事项的重要性,重要的工作提前安排;三是确定性,已经拍板确定的事务优先安排,具有不确定性的作为重要提醒事项安排。通常情况下,事项的重要性按这样的顺序来排列:紧急的重要事项→紧急的非重要事项→非紧急的重要事项→不紧急的非重要事项→不确定事项。

要事优先的原则不能僵化地执行,因为很多事务的紧迫性、重要性、确定性是可能发生变化的。例如,一个不确定的事项一旦条件成熟确定下来,有可能变得既紧迫又重要,其优先级别就会大大提高。

（二）内外兼顾原则

领导的工作范围既有内部的沟通、部署与协调,也有外部的联络、洽谈与公关,在安排内外事务的时候,秘书一定要把握好内外兼顾的分寸。特别是在时间安排上,原则上优先外部重要事项的时间安排,特别是要严格区分刚性时间与可机动时间,例如,上级重要会议时间、对外重要接待时间、重要出差航班时间、媒体见面时间、重要法律事务时间、重要领导或客户预约时间等,属于刚性时间,需要优先安排且不容更改。内部事务中可机动安排的,发生时间冲突时,可以协调解决。

（三）统筹安排原则

体现效率是日程安排的基本要求,效率来源于秘书的统筹安排。在日程安排中,要充分考虑每一个事项在时间、空间及职能上的相关性,以便统筹考虑,减少重复安排。例如,在同一时段,要考虑到有哪些事项与当前事项相关,并提前做好信息、资料、资源上的安排;领导出差某地,如果时间上允许,就要考虑到出差目的地是否有重要客户、重要人物、重要合作单位需要拜访与联络,如果有,最好一次性安排;某一事项与另一事项具有职能、内容上的相关性,就可以考虑合并执行。

统筹安排的另一个方面是要留有余地。在时间上留有余地,以应对突发状况;空间上留有余地,以应对人数、规模上的变化。

（四）保密性原则

文秘人员的时间管理中,会碰到很多保密内容,例如,企业的商业机密、领导行踪、人事信息、涉密的文件和政策,对此要高度保密。特别是要注意网络安全,机密等级较高的商业信息、人事信息、设计方案等,尽量不要上传到网上,也不要通过邮件、QQ、微信等网络手段传递。

四、 日常时间管理

在日常时间管理中,文秘人员个人的时间管理、单位的时间管理、领导的时间管理其实

是交融在一起的。个人的工作时间管理,是围绕本职工作特别是服务领导工作来展开的,领导的工作安排与单位的整体工作紧密相关,有时候是两位一体的,秘书在安排或处理领导的日程安排时,必须将与该项工作相关的信息,特别是与此相关的别的工作的安排进展情况及时、充分地汇报给领导。

秘书人员做好时间管理的先决条件是要对公司或组织的全局工作要有所了解,这样才能正确理解自己负责的工作在全局工作中的地位和作用,才能对职责范围内的工作作前瞻性的安排。因此,秘书人员必须了解公司或组织未来几年的发展规划、年度工作计划、月度工作安排。

秘书日常时间管理主要做好三个方面的工作。

(一)备忘录和工作清单

"好记性不如烂笔头",这句话对从事秘书工作的人员来说尤其重要。文秘人员一定要养成将碰到、想到、领导提到、相关岗位牵涉到的工作随时记录下来,形成备忘录。要经常性开展调研,与其他部门保持密切联系,以便将当前以及未来的各项工作记录下来,了然于胸。同时要记下领导交办的各种事务,不可留下疏漏。

工作备忘录是秘书实施时间管理的基础工作。工作备忘录通常要记录以下几个方面的信息。

(1)单位发展规划摘要。

(2)单位年度工作计划摘要。

(3)工作督办、催办情况摘要。

(4)会议纪要中有办理期限的工作部署。

(5)上级文件中需要办理事项的摘要。

(6)往来函件中的重要内容。

(7)领导交办事项。

(8)领导的来访预约。

(9)与本职工作相关的其他工作。

备忘录是随手记录,信息完备但缺乏系统性和条理性,需要每隔一段时间对备忘录进行整理、分区、排序,使之形成工作清单。工作清单可以有不同的排列方式,例如,以时间顺序排列的工作清单,可以清晰反映每一个时段需要完成的工作,便于在事前提前预案,作出提醒与安排;按职能(部门)排列的工作清单,可以清晰地看到各部门的工作责任;按项目或主题排列的工作清单,可以清晰地看到各项工作的内在关系,有利于整合资源。为了便于时间管理,工作清单以时间顺序排列成日程安排,思路更为清晰。

(二)日程安排

秘书通常有两份日程安排,一份是自己的个人日程安排,另一份是领导的日程安排。作为工作内容安排的是后者。

时间管理主要通过时间表来实现,在时间跨度上,有年度时间表、季度时间表、月度时间表、周时间表。选择哪一种时间表,要根据需要来确定,时间跨度太长,安排就不可能精细精确,确定性也不大,例如年度时间表;跨度太短,计划性不强,例如单日安排表。通常,以月度、周为单位安排日程比较合适。

传统的日程安排以表格的形式来实现，例如，周日程表通常是这样的（见表6-1）。

表6-1 日程安排表

（＊＊＊＊年＊＊月＊＊日—＊＊日）

日期	重要工作	日常工作
星期一（＊＊月＊＊日）		
星期二（＊＊月＊＊日）		
星期三（＊＊月＊＊日）		
星期四（＊＊月＊＊日）		
星期五（＊＊月＊＊日）		
星期六（＊＊月＊＊日）		

在互联网高度普及的今天，充分利用互联网平台实施时间管理非常便捷。可以用于时间管理的办公系统和第三方APP很多，例如办公自动化系统（OA系统）、微信企业号、钉钉办公等，设计有"日程安排"模块，都有自动提醒功能，而且都是免费的，文秘人员可以充分利用好这些资源。

（三）工作日志

工作日志是对每一项工作的过程管理。建议文秘人员养成记录工作日志的习惯，特别是通过网络平台（如OA办公系统、钉钉办公软件等）记录工作日志。

工作日志可以包括以下7个方面的内容。

（1）工作完成的状态（已办结、正在推进、尚未开始）。

（2）存在的问题。

（3）改进的办法。

（4）出现的新情况及应对策略。

（5）工作留痕（照片、视频）。

（6）成果资料（会议纪要、报告、总结）。

（7）参考资料（相关文件、材料）。

拓展阅读

麦肯锡30秒电梯理论

麦肯锡公司曾经得到过一次沉痛的教训：该公司曾经为一家重要的大客户做咨询。咨询结束的时候，麦肯锡的项目负责人在电梯间里遇见对方的董事长，该董事长问麦肯锡的项目负责人："你能不能说一下现在的结果呢？"由于该项目的负责人没有准备，而且即使有准备，也无法在电梯从30层到1层的30秒内把结果说清楚。最终，麦肯锡失去了这一重要客户。从此，麦肯锡要求公司员工凡事要在最短的时间内把结果表达清楚，凡事要直奔主题、直奔结果。麦肯基认为，一般情况下人们最多记住一二三，记不住四五六，所以凡事要归纳在3条以内。

任务参考

　　秘书要做好时间管理工作,对时间进行有效的计划和控制,这样才能在有限的时间内创造最大的效益。秘书在进行自我时间管理的同时,又肩负着对领导的时间管理,相对而言,对领导的时间管理更加重要。秘书在进行时间管理过程中,首先要有时间管理的意识,其次要采取科学的方法进行有效的时间管理。在工作时要有先后顺序,分清楚主次和轻重缓急,能主动地去完成工作,做到有条不紊。要能够统筹安排时间,编写好工作计划,制作好工作日志,这样才能高效率地完成工作。

　　肖鹏经理讲的故事也发生在秘书身上,有些秘书整天埋头工作,辛辛苦苦,但还是不能按时完成工作,经常需要加班,但有些秘书则能在有限的时间里高效率地完成工作。这是一个时间管理的问题,这只罐子的最大容量,象征着在一段时间内,一个人的最大工作量。碎石象征着既重要又紧急的事务,例如危机、急迫的问题、有时间限制的工作,石块象征着重要、但不紧急的事务,细沙象征着紧急、但不重要的事务,临时遇到的问题琐事,水象征着既不重要也不紧急的事务,比如一些可做可不做的事儿,一些业余活动。如果你是先处理碎石类的事儿,会有很强的压迫感,总在处理危机、收拾残局,因此显得心力交瘁。偏重于先处理沙子一类事务的人,通常缺乏自制力、短期行为严重,难以持久。偏重于先处理水一类事务的人,恐怕连生活中一些其他事情都很难处理好。大家要明白,碎石是如何产生的,它是石块破碎而成的,真正善于处理石块一类事务的人,他的碎石会很少。偏重于先处理碎石一类事务的人,他的碎石会源源不断,这就是人无远虑必有近忧。

✦ 思考练习

　　1. 时间管理要遵循什么原则?

　　2. 秘书工作备忘录通常要记录哪些方面的信息?

　　3. 秘书的单位时间管理有哪些内容?

　　4. 请你代李丹秘书为肖鹏经理制作一份工作日志。

　　肖鹏经理出差回来,第二天刚好是周一,有一系列的活动要参加,他给李丹秘书发了条信息:10:15—11:15召开董事会,所有的经理都参加;11:30—12:00给参加员工培训课的新员工讲话;中午12:30与光华公司董事长马明及其夫人共进午餐;14:00—15:00前往阳光公司拜会市场开发部经理高原;15:45会见丽康公司的销售部经理张建。请你做好安排。

　　5. 案例分析。

　　小张是某商社的秘书,她生性优柔寡断,一件事情总是掂量来掂量去,想出好多种结果,生怕引人不快。对于一些重要的又不太懂的事情,她总是采取逃避的态度,非拖到不能再拖的时候才去处理,结果却因时间仓促,常常草草了事。在她的办公场所里,人们总是看到满目狼藉、一片繁忙的景象。她常常在一摞摞的文件中不断地翻来找去,她的抽屉里总是堆放着满满的文件,她总是穿梭在办公桌与文件一段不算短的路途之间。她总感到时间不够用,一天到晚忙忙碌碌事情做不完。张秘书的做法对你有什么提示?

第三节　办公自动化与通信工作

情景导入

宏远公司行政助理刘杰主持办公室全面工作,他曾经是公司董事长的资深秘书。李丽是文秘专业大四的学生,她来宏远公司实习,刘杰也理所当然成了李丽的实习指导老师。刘杰首先要李丽熟悉公司的情况,并且要李丽熟悉办公室的各项事务。李丽走进办公室,只见办公室整洁干净,桌子上没有堆积的文件,只看到电脑、传真机、打印机、复印机等办公自动化设备,跟她想象的办公室情景很不一样。刘杰也看出了她的心思,对她说,现在是办公自动化时代,有一台电脑就能够实现所有的办公室工作,不需要太多的纸质文稿。刘杰告诉李丽,现在的秘书必须通过办公自动化来办公,这样才能提高工作效率,比如文稿撰写、文件的签收、秘书与各级单位的沟通协调、各种信息的传达、电话的监控等都是通过办公软件来完成。所以,一个优秀的秘书必须熟悉办公自动化软件的操作,才能在最短的时间里更好地完成各项各种。李丽表示自己在学校也熟悉一些办公软件的操作,但是没有太多的实践经验,也还有很多办公自动化设备没有接触过。刘杰助理说,只要有基础,好好学习就肯定没有问题,并鼓励李丽要多向有经验的同事学习,多看书,同时表示自己会经常指导李丽操作。李丽听了也信心满满,下决心好好地做好这份工作。

任务提示

1. 请你说说办公自动化对秘书工作的重要性。
2. 请你简单说说对办公自动化的理解,你熟悉哪些办公软件操作。
3. 收集一个实例,说说接听电话对于维护公司形象的重要性。

内容提要

本节主要阐述办公自动化的构成体系和功能、通信工作的内涵,其中重点阐述 OA 的强大功能对秘书工作的意义,要求秘书能实际利用办公自动化来办公。

必备知识

一、办公自动化

（一）办公自动化的定义及其发展

1985 年,我国召开第一次全国办公自动化规划讨论会,与会专家提出办公自动化的定义为:利用先进的科学技术,使部分办公业务活动物化于人以外的各种现代化办公设备中,由人与技术设备构成服务于某种办公业务目的的"人—机"信息处理系统。

办公自动化(Office Automation,OA)没有统一的定义,广义的办公自动化泛指在办公业务中采用各种新技术、新机器、新设备代替人的手工操作,实现办公自动化,优化现有的管理组织结构,调整管理体制,提高工作效率,增加协同办公能力的新型办公体系。狭义的办公自动化是以计算机为中心,以互联网为平台,以其他非网络现代化办公设备为辅助,利用先进的通信技术,广泛、全面、迅速地收集、整理、加工、存储和使用信息,使企业内部人员方便快捷地共享信息,高效地协同工作,为科学管理和决策服务。

办公自动化起源于20世纪50年代的美国,当时,部分美国企业开始使用机器来处理办公业务,使用的主要机器有打字机、传真机、复印机等,自动化主要体现在对文件(文档)的处理上。随着电脑普及和信息化技术的迅猛发展,办公自动化系统也发生了翻天覆地的变化。

我国的办公自动化经历了三个发展阶段。

第一阶段是20世纪80年代至90年代中期,典型特征是IT技术被应用于办公,实现了文字与信息处理的飞跃。在传真机、复印机、打印机、电话等办公自动化设备广泛使用的基础上,电脑的普及和Word、Excel等办公软件的广泛使用,使文档排版、储存、输出更为便捷,极大地提高了文字和信息的处理能力。

第二阶段是20世纪90年代中期至2013年,网络技术的普及使办公自动化从个人文档处理发展到多人协同办公。这一阶段的办公自动化是建立在互联网的基础上,形成完备的办公自动化系统(Office Automation System),该系统以工作流为中心,具有文档管理、电子邮件、目录服务、群组协同等功能,在网络上实现了公文流转、事项审批、会议管理、时间管理、制度管理等功能,打破了办公时间、地域上的限制,真正可以做到无纸化办公。

第三阶段是2013年至今,移动互联网在中国的兴起,使办公自动化再次实现飞跃。由于办公自动化软件可以在移动终端(手机、iPad)使用,办公彻底打破了办公室的空间限制,同时,多媒体技术的使用,使办公的协同化、个性化进一步加强,移动办公成为常态。

可以预计,下一场办公系统的革命,必然是人工智能迅猛发展带来的智能化办公。

(二)办公自动化体系的构成

办公自动化不仅仅是办公手段的革新,而是一场办公理念的革命。

办公自动化的核心是信息的整合和利用,通过对信息采集、加工、传递、共享、保存等各个环节的整合,实现全员协同办公。

办公自动化体系通常由五个部分构成。

(1)办公自动化系统。即我们平常所说的OA系统。这是一个基于网络开发的办公自动化系统,是整个办公系统的中枢,也是整个办公系统运转的网络平台。在这个系统中,集成了单位全部基础数据,预设了所有工作流程,设定了所有人员的管理权限,可实现所有工作流程的留痕记录,可满足所有人的工作需求。

(2)自动化办公终端。办公自动化系统的终端连接着电脑或移动设备(手机、iPad),通过应用软件实现网上办公。与终端设备相关联的还有文档处理软件,如Office办公软件、图形图像处理软件、音频软件、视频软件及其他可用于办公的专业软件等。

(3)输出、存储、传送设备,主要是打印机、复印机、传真机等。

(4)视频或音频会议系统。基于远程会议或演示的需要,很多单位会建立自己的视频、音频会议系统。

（5）其他办公设备。办公自动化体系中，也还是会用到其他传统的办公设备和用品。

（三）办公自动化的功能

办公自动化包括以下功能。

（1）图文处理功能。主要是利用计算机实现各种文字的输入、编辑、修改、打印、传送、转换等功能。通过激光照排，可以实现印刷、装订、发行等功能。利用扫描仪、扫描软件、办公软件，还可以实现图片处理、图文混合处理、图片与文字的相互转换等功能。

（2）数据（信息）处理功能。在自动办公环境下，可以实现数据或信息的查询、检索、统计、制表、修改等功能，特别是在财务管理、人事管理中，可以自动生成各种统计报表，自动打印单据等。

（3）通信功能。办公自动化管理中，通信录管理、邮箱管理、电子会议管理功能都日益强大，通信管理更加完善。

（4）行政管理功能。行政管理功能主要通过 OA 系统来实现，其核心是工作流程管理与控制。

（5）多媒体功能。在现代办公中，多媒体技术应用非常广泛，例如 PPT（投影仪）、闭路电视、网络视频、音频等技术手段，被广泛用于现场会议、远程会议和点对点工作交流中。

（四）OA 系统

作为办公自动化体系中的中枢和核心，OA 系统的构建和使用至关重要。目前，OA 系统正在向轻便化、移动化、智能化、交互化方向发展。

OA 系统通常由基础框架、应用组件、定制化功能三部分组成。基础框架主要是单位结构的描述和构建，包括本单位组织架构、部门设置、岗位职责与权限、通信录、邮箱、办公场所等。应用组件主要是指软件预设的各种功能组件，如表单中心、公文流转、公共信息、会务管理、车辆管理、资产管理、督办系统、短信平台等。通常软件供应商可以提供 30 余个功能组件 10000 余个功能点菜单，供使用单位选择。定制化功能是指根据使用单位需求，在应用组件以外，个性化开发的应用功能。

通常，OA 系统至少包括以下功能模块。

（1）信息中心：信息模块是一个可以实现点对点、点对多、多对多的交互平台，可以查看发送系统公告、通知、新闻、办公提示，可以在线查看各种消息所附带的附件文本信息，并也能够对各种消息进行回复、转发、删除等操作。

（2）个人事务：OA 系统可以根据每一个人的职务与权限，将与个人相关的工作执行事项集成在个人事务模块中，使每一个人都可以清晰地看到自己尚未处理的事项、已经处理的事项。

（3）发文与收文：这个模块广泛用于政府部门、事业单位和国有企业，是行政公文的处理中心，在这里可以执行文件审批、修改、传阅、会签、转发等功能。

（4）流程管理：流程管理是实现行政管理的主要渠道，在这里可以实现出差管理、接待管理、会议室管理、申购管理、报账管理、车辆管理等。

（5）文档中心：可以按划分的实际目录查看文档中心及个人文件柜上传的文档信息，并可在线阅读文档的内容。

（6）通信录：可以查看系统的公司、公共、个人通信录，可以查看通信录中任一人员的详细信息,可以自动识别电话号码进行打电话、发送手机短信功能,也可以执行邮件管理。

时间管理:在这里可以建立自己的日程安排。

二、 通信工作

通信就是利用电讯设备传送消息或音讯,讯息的内容主要是话音、文字、图片和视频图像等。传统的通信工作主要是指电话管理、电报管理、电传管理、信函管理等,其网络的构成主要由电子设备系统和无线电系统,传输和处理的信号是模拟的。现代通信则主要通过计算机网络系统和数据通信系统实现数据的端到端传输,完全实现了数字化、网络化。

目前,除了政府部门涉密文件的传递,电报电传已经逐渐退出历史舞台。现代通信工作主要是电话管理。随着新媒体的兴起,QQ、微信等即时通信工具也开始进入工作领域,微信、QQ 群组的管理也可纳入通信管理。

(一)电话管理

电话管理包括总机管理、电话接听、电话通信录管理等内容。

1. 总机管理

电话总机是一项电信增值业务,它相当于一个虚拟的交换机,运营商通过分配给客户一个固定的电话号码,来实现电脑话务员,"一号通"等企业总机功能。在提供总机电话接续功能的同时,为用户提供自定义个性化 IVR 导航语音、分时段智能化转接等多种特色应用功能。

电话总机的优势在于:企业对外统一号码、统一 IVR,提升企业形象;客户地址迁移不改号,对原有线路不影响;提高企业对员工的科学管理性,提高综合效率;在公司可由固定电话呼出,在途可用手机呼出,在家可用家庭电话呼出,都可显示公司号码,节省通信费用。

总机管理要注意以下事项:① 总机房是全厂通信联络的机要重地,无关人员未经批准不得进入;② 总机服务人员在接转电话时要做到迅速准确,不可拖延;③ 认真做好原始记录和数据统计工作,严格遵守长途电话审批登记制度;④ 严格遵守保密守则,不窃听电话,不泄露机密;⑤ 进行用户访问,不断改进服务质量。

2. 电话接听

在日常工作、值班,总机接转和服务中,接听电话不但是业务需要,同时也是公司形象的展示,做好电话接听工作,是每一个工作人员特别是文秘人员必备的技能。

接听电话要遵循以下规范。

(1)注意使用问候语和礼貌用语。接到来电,首先要有个自我介绍:您好,这里是某某单位,我是某某。讲话过程中,要注意使用礼貌用语和敬词,如"您""请稍等""对不起""麻烦您""谢谢""再见"等。

(2)在电话铃响第一声后开始接听电话准备工作,注意保持平和的心境,电话铃响三声以内接听,如果电话铃响过四声后才接起,拿起话筒要向对方说:"对不起,让您久等了。"

(3)保持中等语速,音调亲切,吐字清晰。

(4)严禁在接听电话时抽烟、喝茶及吃零食等不相干的活动。

(5)做好电话记录,按照 5W1H(Why—What—Who—When—Where—How)要点,简

洁完备地做好接听电话的记录工作。

3. 电话通信录管理

传统的通信录管理主要通过印制《通信录》来实现,办公自动化系统普及后,电话通信录管理已经完全通过网络来实现了。定期更新电话号码,是文秘人员的职责。在以下几种情况下,文秘人员要及时更新通信录:① 单位机构调整(新增、撤销、合并)时;② 单位人事变动时(任免、新聘、解聘);③ 电话号码升位时;④ 其他情况导致电话号码变化时。

(二)微信、QQ 群组管理

是否提倡将微信、QQ 群组纳入工作通信工具,目前还存在争议,现实中,微信、QQ 已经成为员工之间、部门内部沟通信息、传送资料的工具。

在使用 QQ、微信及其群组时,要注意以下事项。

(1)不得违法国家法律法规。

(2)建立 QQ、微信工作群组必须经单位授权,未经授权的群组不得涉及工作内容。

(3)因工作主题创建的微信 QQ 群组,不得有无关人员加入,所有成员必须使用实名。

(4)不得在工作群组中发布与工作无关的内容。

(5)不得在微信、QQ 群组中发布涉密内容以及未经授权发布的重要文件。

拓展阅读

周茜给王总当了一年多的专职秘书了,对王总的社交范围基本熟悉。这天上午王总外出办事,有一个陌生人打电话来找王总。周茜问对方姓名,对方非常不耐烦,说他是王总 20 多年前的铁哥们儿。如果王总不在,就把王总的手机号码告诉他,他自己联系。秘书处理陌生人的电话,要注意:① 不随便说上司"在"或者"不在"。比如,铃响拿起话筒自报家门后,对方开门见山就问上司在不在。在没有弄清对方的身份和目的之前,不能随便回答说"在"与"不在";② 尽量诱导对方说出姓名和意图。如对方问:××在公司吗?之后,不要直接回答,而应反问以下:"请问您是……";③ 请示。在弄清对方的身份和目的之后在说:"请您稍等一下,我去看看××是否在公司。"然后搁下电话,去请示如何答复。如果上司不在办公室,那就打手机联系。但如果事情不是很急,就可以委婉回复对方等上司回来再联系。

 ## 任务参考

秘书工作零碎繁杂,各种公文和会议文书的起草以及领导工作行程的日程安排都需要大量的表格和文字,需要秘书人员制作和书写,这样使得秘书工作一直保持机械和程序化的模式,秘书人员需要大量的体力和精力来从事工作。办公自动化的运用使得秘书从繁重机械的工作中解放出来,更提高了办公的工作效率和办公质量。实现办公自动化的过程,也是促进管理工作改革的过程,实现办公自动化以后,可以实现管理现代化,使秘书工作从传统秘书工作向现代秘书工作转变。

✦ **思考练习**

1. 办公自动化包括哪些功能?

2. OA 系统至少包括哪些功能模块?

3. 办公室接听电话是秘书的一项非常重要的工作,请你谈谈在接听电话过程中需要注意的事项。

4. 案例分析。

这天上午公司孙总正在主持召开公司的董事会。公司有规定,在开董事会时,参加人员一般不接电话,等散会了再说。十点左右,公司的大客户李总来电话,他对孙总的秘书于雪说他有急事要与孙总商量。于雪语气委婉,态度谦恭地回答说:"李总,对不起! 我们老总正在开会,不能接听电话。"分析于雪在接听电话时的回答是否规范合适。

第四节 保密工作 印信工作 值班工作

🔍 **情景导入**

文芳和刘洁是无话不谈的好朋友,经常在下班时一起游玩。两人性格完全不同,文芳热情开朗,乐于助人,刘洁温柔沉静,内向含蓄。文芳是皇朝贸易公司总经理的秘书,她聪明能干,能处理好各项工作,在公司深受重用。刘洁是罗浪斯公司的总经理秘书。两家都进行皮革进出口贸易。在一起闲聊时,刘洁说最近心情不太好,因为公司生意一直不佳,总经理急得茶饭不思,并且常常把气出在她身上。文芳劝说道:"你也不要太在意,我们做秘书的要自己调节好心情。我们公司的成绩倒是还不错,我们经理在今天上午就签订了一个合同意向。这次谈判确实非常顺利。"文芳一边说,一边沉浸在谈判成功的喜悦之中。过了几天,文芳跟随总经理去芙蓉宾馆与德国贸易代表团签订正式合同时,超过了约定时间,还不见代表团的影子。后来德国某公司常驻中国的代表打来电话说:"代表团已于昨天回国,就在昨天上午与贵市的罗浪斯公司签订了购货合同,价格低于贵公司百分之中十。"皇朝贸易公司上下都非常沮丧,文芳也十分懊恼,她谴责自己没有提醒总经理及时采取快速行动,也怪自己没有时时关注德国代表团的动向。令她百思不得其解的是罗浪斯公司是怎样获取德国代表团的情报的,他们是怎么抢走自己公司生意的。

任务提示

(1) 如果你是文芳,你认为罗浪斯公司是如何抢走你们公司生意的? 应该如何反思自己的保密工作?

(2) 秘书与亲朋好友交往和闲谈时,是否可以不分场合、不分对象地畅所欲言?

(3) 请你收集一个案例说说印章管理的重要性。

 **内容提要**

本节主要阐述保密工作、印信工作及值班工作的内容,着重探讨保密工作的重要性,印章的特性、种类、规格及管理,值班工作的种类、任务和注意事项等,进一步规范秘书工作。

必备知识

一、保密工作

秘密是一个相对于公开而言的概念,任何个人、组织、团体,都会在一定时间内、为保护自身的隐私、安全、利益,而对某些信息加以隐蔽、限制、保护。这些被隐蔽、限制、保护的信息,对于个体来说是隐私或秘密,对组织、团体来说,就是机密。秘密具有时间性、隐蔽性与莫测性。

为了达到保密的目的,组织或团体制定工作纪律和制度,采取一定的手段和措施,将秘密信息限制在一定范围和时间内,这就是保密工作。

保密工作涉及保密立法、保密宣传和教育、保密规章制度、保密技术与设备、泄密追查与追责、保密理论研究等内容。

(一)国家秘密、工作秘密、商业秘密

1. 国家秘密

保密工作的最高层级是国家机密的保护,即从国家安全和利益出发,将国家机密限制在一定范围和时间内,防止非法泄露和利用。我党和国家高度重视保密工作,在革命和建设历程中,保密工作都发挥着重要的保障作用。

1951 年 4 月,中央召开了全国第一次秘书长会议和全国保密会议,6 月,公布实施了《中央人民政府政务院保守国家机密暂行条例》这是我国第一部保密工作行政法规。1989 年 5 月 1 日,颁布实行《中华人民共和国保守国家秘密法》(简称《保密法》),次年国务院批准颁布《〈中华人民共和国保守国家秘密法〉实施办法》,这是我国第一部关于保密工作的法律。2010 年 4 月 29 日第十一届全国人民代表大会常务委员会第十四次会议对保密法进行了修订。

国家保密法是对国家机密的法律保护。保密法规定,"一切国家机关、武装力量、政党、社会团体、企业事业单位和公民都有保守国家秘密的义务。任何危害国家秘密安全的行为,都必须受到法律追究。""机关、单位应当实行保密工作责任制,健全保密管理制度,完善保密防护措施,开展保密宣传教育,加强保密检查。"

所谓国家机密,就是关系国家安全和利益,依照法定程序确定,在一定时间内只限一定范围的人员知悉的事项。

国家保密法第九条规定:涉及国家安全和利益的事项,泄露后可能损害国家在政治、经济、国防、外交等领域的安全和利益的,应当确定为国家秘密:

(1)国家事务重大决策中的秘密事项;

(2)国防建设和武装力量活动中的秘密事项;

（3）外交和外事活动中的秘密事项以及对外承担保密义务的秘密事项；

（4）国民经济和社会发展中的秘密事项；

（5）科学技术中的秘密事项；

（6）维护国家安全活动和追查刑事犯罪中的秘密事项；

（7）经国家保密行政管理部门确定的其他秘密事项。

国家秘密的密级分为绝密、机密、秘密三级。绝密级国家秘密是最重要的国家秘密，泄露会使国家安全和利益遭受特别严重的损害；绝密级国家秘密由国家保密工作部门确定。

机密级国家秘密是重要的国家秘密，泄露会使国家安全和利益遭受严重的损害。机密级国家秘密由省、自治区、直辖市或者其上级的保密工作部门确定。

秘密级国家秘密是一般的国家秘密，泄露会使国家安全和利益遭受损害。秘密级国家秘密由省、自治区政府所在地的市和国务院批准的较大的市的或者其上级的保密工作部门确定。

国家机密设有保密期限。国家秘密的保密期限，除另有规定外，绝密级不超过三十年，机密级不超过二十年，秘密级不超过十年。保密期限已满的，自行解密。

除了国家保密法外，我国还颁行了一系列与保密工作有关的法律法规，对保守国家秘密有严格规定。例如，2005年，我国通过了《中华人民共和国公务员法》，第十二条关于公务员应当履行的义务之第六款是："保守国家秘密和工作秘密。"第五十三条规定了公务员必须遵守的纪律，其中之一是不得"泄露国家秘密或者工作秘密"。2007年国务院颁布的《行政机关公务员处分条例》第二十六条规定："泄露国家秘密、工作秘密，或者泄露因履行职责掌握的商业秘密、个人隐私，造成不良后果的，"要给予相应的处分。2008年施行的《政府信息公开条例》的第十四条明确规定："行政机关应当建立健全政府信息发布保密审查机制，明确审查的程序和责任。行政机关在公开政府信息前，应当依照《中华人民共和国保守国家秘密法》以及其他法律、法规和国家有关规定对拟公开的政府信息进行审查。行政机关对政府信息不能确定是否可以公开时，应当依照法律、法规和国家有关规定报有关主管部门或者同级保密工作部门确定。"

2. 工作秘密

工作秘密是指在各级政府及其行政管理部门的公务活动和内部管理中，不属于国家秘密而又不宜对外公开的，依照规定程序确定并在一定时间内只限于一定范围人员知悉的工作事项。广义的工作秘密还包括企事业单位及其工作人员所知晓或拥有的在公务活动中不得公开扩散、泄露，一旦泄露会给本单位的工作带来被动和损害的事项。

工作秘密包括如下内容。

（1）拟制中不宜公开的政策文稿。

（2）不宜公开的会议材料、领导讲话材料。

（3）不宜公开的规划、计划和总结。

（4）业务工作的管理和监督活动中不宜公开的事项。

（5）拟议中的机构设置、工作分工、人事调整和职务任免、奖惩事项。

（6）行政管理部门工作人员的档案及其有关材料。

（7）正在调查不宜公开的材料、证词、证据和其他事项。

（8）不宜公开的计算机系统网络总体方案、安全保密实施方案。

（9）不宜公开的内部管理措施。

（10）国家有关规定中其他工作秘密。

工作秘密一般不分密级，而以"内部"二字为标记。单位需要设置密级的，不得与国家秘密的密级相同。

工作秘密可以设置保密期限，可直接在"内部"二字后注明期限。保密期限超过1年的，标记为"内部（＊年）"，不足1年的，标记为"内部（＊月）"。

各级政府机关或企事业单位，可以制定相应的保守工作秘密规定。

3．商业秘密

我国《反不正当竞争法》第十条中规定："商业秘密是指由权利人采取保密措施加以保护，不为公众所知悉、能为权利人带来经济利益、具有实用性并经权利人采取保密措施的技术信息和经营信息。"

商业秘密包括技术信息和经营信息两类。

技术信息包括：技术设计、技术样品、质量控制、应用试验、工艺流程、产品配方、制作工艺、制作方法、计算机程序等。作为技术信息的商业秘密，也被称作技术秘密、专有技术、非专利技术等。

经营信息包括：发展规划、竞争方案、管理诀窍、客户名单、货源情报、产销策略、财务状况、投融资计划、标书标底、谈判方案等。

商业秘密在形态上表现为上级机关及公司发送的有密级的文件、资料，不宜公开、扩散的各种文件、资料、信息、刊物、生产数据、会议资料、电子信息、科技成果，以及涉及国家、公司安全和利益的事项等。

商业秘密分为"核心商密""普通商密""内部信息"三个等级。"核心商密"是最重要的商业秘密，泄露会使企业的经济利益和形象遭受特别严重的损害；"普通商密"是一般的商业秘密，泄露会使企业的经济利益和形象遭受损害。"内部信息"是指仅供内部传阅的各类信息和资料。

"核心商密"的期限一般不超过十年，"普通商业"秘密时限不超过三年。不可以预见时限的应当定为"长期"或者"公布前"。其他保密事项的保密期限依实际情况确定。

（二）文件保密、会议保密、通信保密、电子保密

不管是国家机关还是企事业单位，秘书处、办公室、文秘人员都可能接触到涉密文件，树立严格的保密意识，坚守保密纪律，做好保密工作，是对文秘人员最基本的要求。

文秘人员的保密工作主要包括以下内容。

1．文件保密

做好涉密文件的管理，要从以下几个方面去加强工作：①准确表明文件密级，秘密文件的附件单独装订的，也要在首页相应位置表明密级。②严格限定文件阅读范围。涉密文件限级发行的，要严格遵守阅读级别，控制阅读范围。③加强印制管理，发行量较大的涉密文件，要到指定的印刷厂或保密车间印刷，印数较少的，由机要员打印。印制时要严格控制数量，印制完成后，要将清样、废页、废件、铅版、胶版、衬纸等销毁。④上级机关的秘密文件，原则上不准翻印、复印、拍照，只能到机要室阅读或摘录。必须翻印或复制的，必须履行审批手续。⑤严格执行秘密文件的流程管理，秘密文件的收发、分送、传阅、保存借阅、移交、清退、回收、立卷、归档、销毁等，必须严格按照制度执行。

2. 会议保密

召开涉及秘密内容的会议或举办涉及秘密的其他活动,主办单位应该采取保密措施,并对参会人员进行保密教育。①严格会议纪律,特别是会议保密纪律。会前要采取严格的保密措施,对与会人员提出明确的保密要求,不得向任何人泄露会议的任何信息。②加强会场管理。秘密会议要选择周围环境较为安全的地方召开,特别重要的会议,安全保卫部门要对会场进行安全排查。③设备保密。会议召开之前,要高度关注录音、摄影、摄像、扩音设备的保密性,涉及重要秘密事项的会议,要禁止与会人员携带通信设备、摄影摄像设备、录音设备进入会场,禁止会议记录。领导讲话,未经许可,不得整理印发。④文件资料管理。涉密会议的文件资料,从接受、起草、印制、装订、装袋到回收,都要由专人负责,统一编号,严格控制发放范围。⑤做好会议记录的整理、保管工作。⑥严格审核新闻发稿,避免涉密内容通过新闻报道泄密。

3. 通信保密

现代通信手段高度发达,通信泄密成为保密工作的一大难点。为了防止在通信过程中发生泄密,保密人员必须做好以下工作:①属于国家机密的文件、资料或其他物品,必须通过机要通信部门传递,不得通过普通邮政、快递传送。②严禁在无保密措施的普通电话里,谈论涉及国家机密或重要工作秘密、商业机密的话题。③密电的传送必须通过机要部门,使用规定密码传送,不得使用普通电报、无保密措施的明传设备传送。④严禁使用无保密措施的普通电话、移动电话、无线电话等召开电话会议。

4. 电子保密

在互联网时代,电子保密包括网络系统保密、个人电脑保密、存储设备保密、访问权限保密、信息安全管理、系统灾备管理等。电子保密管理的主要责任在信息主管部门,以下是涉及文秘人员的电子保密工作。

(1)对计算机系统和计算机信息要严格划分密级,分类处理,秘密信息一律不能在未采取保密措施的电脑里加工、处理、存储、传递。处理秘密信息的电脑在投入使用前要配置保密机,并进行安全保密检测。

(2)加强对秘密信息的电子载体的管理,包含秘密信息的电脑硬盘、移动存储设备、光碟等,不得外传、转借、复制。

(3)加强对个人电脑的管理。不得使用个人工作电脑处理私务,离开办公位必须立即锁定计算机屏幕,严禁将敏感或关键业务信息存贮于个人工作电脑,不得私自将电脑送往第三方维修、检测。

(4)加强对办公自动化系统及其他应用系统的用户管理,不要与别人共用网络账号和系统账号,系统账号密码、单位关键数据与表格,必须定期更新。不得用与公司相关的个人信息(如邮件地址、电话、职务)在公共网站进行注册。

(5)加强对电子邮件的管理,禁止将涉密信息通过电子邮件传送给无关单位或人员。

(6)加强对自媒体、社交媒体的管理,禁止在非工作群组讨论工作,禁止在社交媒体和社交群组发布与工作相关的信息。

(三)保密工作的要素

无论对于国家机关还是企事业单位,保密工作都是一件非常重要的工作。保密工作是国家、政府机关、企事业单位正常开展重大决策,顺利推进各项工作的重要保证,是确保国家或其他组织安全的重要手段,是保护各类组织发展优势、促进组织健康稳定发展的重要保障。

保密工作如此重要,那么,保密工作由哪些要素组成呢?

1. 保密事项

保密事项是保密工作的对象。凡在指定范围和时间内,不能完全公开的资料和信息,都属于保密对象。保密对象包括上文提到的国家秘密、工作秘密、商业秘密。

保密事项既可以是物理形态的文件、产品、模型、电子载体,也可以是无形的信息、数据、名单、技术、方案等。

保密事项是一个相对概念,同一个事项(文件或信息),在保密期内或尚未公布之前是保密事项,解密或被公之于众之后,就不再构成保密事项。

2. 涉密单位

涉密单位是指执行保密工作,或工作中涉及保密事项的单位。

《中华人民共和国保守国家秘密法》明确规定:"国家保密行政管理部门主管全国的保密工作。县级以上地方各级保密行政管理部门主管本行政区域的保密工作。"根据谁主管,谁负责的原则,"国家机关和涉及国家秘密的单位(以下简称机关、单位)管理本机关和本单位的保密工作"。我国的保密行政管理部门是国家保密局,各级政府都设有相应的国家保密局或机要保密局。

各级保密局的主要职责是贯彻党中央、国务院以及各级政府机关关于保密工作的方针、政策、决定和指示,依照国家法律法规或地方行政法规、规章履行保密职能,指导协调党政机关事业单位开展保密工作,组织开展保密宣传教育工作,对涉密事件进行调查处理。

除直接执行保密工作的单位外,涉及国家秘密、工作秘密、商业秘密的其他要害部门,也属于涉密单位。例如,有权接收涉密文件的各级国家机关和事业单位,涉及部门或组织密码、重要文件、核心技术、重大决策的单位等,都属于涉密单位。通常来说,政府机关和企事业单位的综合办公室、人事部、信息部门、规划部门、技术部门、财务部门、资产管理部门、保卫部门等都是涉密单位。

3. 涉密人员

涉密人员包括直接执行保密工作或知悉保密事件负有保密责任的一切人员。由于长期在重要领导身边工作,参加重要会议,可以接触到涉密文件,秘书是重要的涉密人员之一。

政府职能部门通常会与涉密人员签署保密协议或保密承诺书。保密承诺书至少应包括以下内容。

一是要认真遵守国家保密法律、法规和规章制度,履行保密义务;

二是不提供虚假个人信息,自愿接受保密审查;

三是不违规记录、存储、复制国家秘密信息,不违规留存国家秘密载体;

四是不以任何方式泄露所接触和知悉的国家秘密;

五是未经单位审查批准,不擅自发表涉及未公开工作内容的文章、著述;

六是离岗时要自愿接受脱密期管理。

在现代企业中,公司或组织不但在涉密员工在职期间要签订并遵守保密协议,离职后一定期限内,也不得到具有竞争性的其他公司就职。

二、印信工作

印信，公私印章的总称。古代的公章是行使权力的信物，故称印信，因此也被借指为权力或官制，最高的印信，则是代表皇权的玉玺。我国封建社会，称辞职为挂印，在农历春节前官吏将代表权力与地位的印绶封存起来，称为封印。可见古代对印信的重视。

也有人认为，印信指现代办公中使用的印章与介绍信。介绍信是用来介绍联系接洽事宜的一种应用文体，是用于联系工作、洽谈业务、参加会议、了解情况时的自我说明。

（一）印章的特性

现代机关单位的印章是指在行政办公与商务活动中，刻制在固定介质上的，代表机关、组织或个人权力、职责的凭据。单位印章具有法定性、权威性、效用性。

印章的法定性是指是一种权力的象征，具有法律效力的印章经过依法批准后，具有法律的性质，公文、证件等一旦盖上单位公章，即表示已受到盖章单位的认可而正式生效。

印章的权威性是指公章即单位的代表，在一定场合下，单位权威的实现是以印章为鉴证的，公章是单位权威的象征。属于公务专用单位领导人的签名章或图章，代表单位领导人的身份，同样具有权威性。

印章的效用性是指印章已经加盖，就代表单位做出的承诺，对盖章文件的行政、经济、法律责任负责。没有加盖公章的文件和指令是无效的，加盖了公章的文件才能生效。

（二）印章的种类

历代印章的品类有以下几种。

中国古代的印章种类繁多，有官印、私印、花押、鸟虫书印、吉语印、闲章、斋馆印、收藏印、肖形印等。现代企事业单位管理中用到的印章主要有七种。

（1）单位正式印章。对于国家机关或事业单位而言，正式印章是按照国家规定，由上级领导机构正式颁发给所属领导机构使用的、代表一定职责、权力的印信凭证。对于企业或其他组织而言，正式印章是指由单位最高权力机构授权刻制，且经公安机关备案，代表本单位职责权力的印章。单位正式印章一般与机构名称相同。

（2）专用章。专用章是各级各类机构、组织为履行某项专门职责，经过一定审批手续，经上级机关颁发或有单位最高权力机构授权刻制，由某一专门机构使用的印章。例如，合同专用章、财务专用章等。

（3）套印章。套印章是根据需要，按照正式印章或专用印章的原样复制而成，专供印刷用的印模。套印章主要在印刷需要加盖印章的文件、颁发的通知、布告以及经微缩后在各种凭证印刷品上使用，它用制版印刷的方式代替手工盖章，适用于制作批量公文凭证。随着电子印章的广泛使用，套印章的使用范围在缩小。

（4）钢印。钢印是国家政府等权威组织专门使用的，用于鉴别证件、文书和文件真伪的重要印鉴。钢印由钢板刻制的上下阴阳两块印模组成，常盖在专用的文书或照片上，无颜色，只有凸起的文字、数字和图记。钢印主要用于毕业证、工作证、结婚证、公证书等证件。

（5）手章。手章是刻有主要领导人姓名的图章。领导的个人手章代表着行使法定职能的领导个人印信。领导手章主要用于支票、毕业证等文件或证件上。

（6）名章。名章也是刻制有个人姓名的私人印章，主要用于代替手写签名。

（7）戳记。戳记是在行政、商务等事务办理中，刻有一定字样，带有某种标志性，对某项工作程序起到证明、标示作用的印章。常见的戳记有"现金收讫""原件已验""急""加急"等。

（三）印章规格与刻制

（1）国家行政机关和企业、事业单位、社会团体的印章一律为圆形。根据单位性质、级别不同，其形状、尺寸、印文各有不同。

国务院的印章，直径 6 厘米，中央刊国徽，国徽外刊机关名称，自左而右环行。国务院各直属机构的印章，直径 4.5 厘米，中央刊国徽，国徽外刊机关名称，自左而右环行。国务院办事机构的印章，直径 5 厘米，中央刊国徽，国徽外刊机关名称，自左而右环行。国务院所属事业单位及国务院直接批准的全国性公司的印章，直径 4.5 厘米或 5 厘米，中央刊五角星，五角星外刊机关名称，自左而右环行。个别国务院所属事业单位的印章，经国务院批准可刊国徽。国务院有关部委管理的国家局，其印章直径 4.5 厘米，中间刊国徽，国徽外刊机关名称，自左而右环行。国务院有关部委外事司（局）的印章，直径 4.2 厘米，中央刊国徽，国徽外刊机关名称，自左而右环行。国务院设置的议事机构、非常设机构的印章，直径 5 厘米，中央刊五角星，五角星外刊机关名称，自左而右环行。

各省、自治区、直辖市人民政府和国务院各部委的印章，直径 5 厘米，中央刊国徽，国徽外刊机关名称，自左而右环行。

自治州、县、自治县、市、市辖区人民政府的印章，直径 4.5 厘米，中央刊国徽，国徽外刊机关名称，自左而右环行，由省、自治区、直辖市人民政府制发。

行政公署的印章，直径 4.5 厘米，中央刊五角星，五角星外刊机关名称，自左而右环行，由省、自治区人民政府制发。

乡、镇人民政府的印章，直径 4.2 厘米，中央刊五角星，五角星外刊机关名称，自左而右环行，由县、自治县、市人民政府制发。

驻外国的大使馆、领事馆的印章，直径 4.2 厘米，中央刊国徽，国徽外刊机关名称，自左而右环行。

国务院各部门和地方各级国家行政机关所属的单位，以及工厂、矿山、农场、商店、学校、医院等企业、事业单位、社会团体的印章，直径不得大于 4.5 厘米，中央一律刊五角星，五角星外刊单位名称，自左而右环行，或者名称的前段自左而右环行、后段自左而右横行。

印章所刊名称，应为本机关的法定名称。印章所刊名称字数多、不易刻印清晰时，可以适当采用通用的简称。

（2）印章刻制的手续，通常如下。

国家机关及事业单位的印章刻制，根据国务院《关于国家行政机关和企业事业单位社会团体印章管理规定》执行。

企业事业单位、民政部门登记的民间组织、村（居）民委员会和各协调机构及非常设机构需要刻制印章的，应当凭上级主管部门出具的刻制证明和单位成立的批准文本到所在地县级以上人民政府公安机关申请办理准刻手续。

无上级主管部门的，应当凭登记管理部门核发的营业执照、登记证书或者所在地公安派出所出具的证明，到所在地县级以上公安机关申请办理准刻手续。

办理准刻手续的经办人员，需持刻制单位的委托证明和本人身份证明；办理人名章准刻手续的,同时提供名章所刻人员的身份证明。

需要更换印章的,须公告声明原印章作废后,重新办理备案或准刻手续。

任何单位和个人禁止买卖印章,不得非法制作、使用印章。

(四)印章的管理

1. 印章的管理机构

各单位须制定专门的部门管理印章,通常,一个单位只能申请刻制一枚单位法定名称的正式印章,由办公室或法务部门保管。除专用章由行使专用职能的部门保管外,其他印章都可以由办公室或法务部门保管。

印章保管必须配备保险箱。

2. 印章的使用范围

单位正式印章主要用于内部发文,上级的请示报告,对外公函,以单位名义印制的各类证书、证件、奖状、聘书,员工出国出境及其他证明材料,单位出具的介绍性,对外签署的部分重要协议、合同。

党委印章、工会印章主要用于以党委、工会名义颁发的文件(含上行、下行、平行文)、业务往来函件、上报材料,以党委或工会名义印制的各类证书、证件、奖状。

专用章仅用于专用事项,不得超越范围使用。

领导手章主要用于证件办法,或代替领导签字。

3. 用印的注意事项

印章使用必须执行严格的审批程序,并做好用印记录。重要的用印,须留存用印文件的复印件。

印章原则上不得带出机要室。如因特殊情况需在机要室以外的地点使用印章,需由用印单位提出书面申请,报领导批准后,由印章管理人员携印随行用印。

任何时候都不得在空白纸张或不完整的文件、材料、介绍信、证件上用印。

4. 印章的停用封存与销毁

印章损坏,保管部门应立即报告总经理办公室,由总经理办公室立即以公司或其相关关联方名义公告停止使用,由办公室统一封存或销毁。公章或财务章或银行印鉴的销毁须经总经理或公司和其相关关联方董事会的批准。法定代表人私章的销毁须经相关法定代表人的批准。部门印章的销毁须经部门负责人和总经理的批准。

5. 被盗或丢失的印章

若发生任何印章被盗或丢失的情况,保管部门应立即向总经理办公室提交书面报告,办公室接到报告须及时向当地公安部门报案,并以公司或其相关关联方名义登报申明作废。

(五)介绍信的使用

介绍信是用来介绍联系、接洽事宜的一种应用文体,是机关团体、企事业单位派人到其他单位联系工作、了解情况或参加各种活动时用的函件,它具有介绍、证明的双重作用,可以使对方了解来人的身份和目的,以便得到对方的信任和支持。介绍信有格式介绍性和便函式介绍信两种。

格式介绍信一般由存根、间缝、正文三部分组成。存根部分由标题(介绍信)、介绍信编号、正文、开出时间等组成。存根由出具单位留存备查。间缝部分写介绍编号,应与存根部分的编号一致。还要加盖出具单位的公章。正文部分要写明派遣人员的姓名、人数、身份、职务、职称,说明所要联系的工作、接洽的事项等。

便函式的介绍信,用一般的公文信纸书写或打印,包括标题、称谓、正文、结尾、单位名称和日期、附注等几个部分。

标题一般是在第一行居中写"介绍信"三个字。称谓另起一行,顶格写收信单位名称或个人姓名,姓名后加"同志""先生""女士"等称呼,再加冒号。

正文另起一行,首行缩进两格写正文,不分段。一般要写清楚派遣人员的姓名、人数、身份、职务、职称,说明所要联系的工作、接洽的事项等,对收信单位或个人提出"请接洽""请予协助"等希望或要求。

结尾写上表示致敬或者祝愿的话,如"此致敬礼"等。附注主要用于注明介绍信的有效期限,具体天数用大写。最后,在正文的右下方写明派遣单位的名称和介绍信的开出日期,并加盖公章。日期写在单位名称下方。

开具和使用介绍信的注意事项:①被介绍人信息务必真实准确,不得弄虚作假;②接洽和联系的事项应写的简明扼要,不写无关内容;③介绍信应有存根或底稿,存根或底稿的内容应与介绍信的正文完全一致,并由开具介绍信的人认真核对;④公章应盖在骑缝线上;⑤书写应工整,不能任意涂改,如有涂改,涂改处应加盖公章;⑥联系工作时,首先出示介绍信。

接受介绍信时注意事项:①认真核对被介绍人信息是否与身份证、工作证相符;②确认来访人数、日期、期限是否相符或有效;③确认接洽联系事项与本单位的关联性,重要事项向领导汇报;④做好来信来人登记;⑤根据联系事项或领导指示,做好接洽安排。

三、 值班工作

值班,顾名思义,就是在当值的班次里担任工作。值班是指单位工作需要,安排有关人员从事非生产性的值守任务。值班的工作内容可以与值班人员本职工作有关联,也可以是完全无关工作。在很多单位,值班是针对节假日、特定事项(如安全、维稳等)的制度性安排。

值班管理是企事业单位一项重要的日常性、基础性工作,是秘书工作的重要内容。

(一)值班的种类与任务

根据值班的工作内容,值班分为综合值班、机要值班、库房值班、安全值班、维稳值班。秘书主要参与综合值班和机要值班。

综合值班的主要职责如下。

(1)信息的上传下达。通常,值班最日常的工作是来电、来人、来函的接待,值班人员每天接听值班室电话,接受 OA 系统来文,传真机来函,传达室来信,接待来访人员,并认真做好记录,重要信息及时向领导汇报,或转有关负责人阅处。领导有口头指示或回复的,立即协调办理。对来访人员能够答复或处理的,请示领导后妥善处理;不能处理的,转交其他部门,或做好解释说明。

(2)协调处理紧急、突发事件。值班人员在遇到紧急、突发事件后,须第一时间做出现场判断,向相关负责人汇报,并按照领导指示迅速办理。无法与领导取得联系时,按照应急预案处理。

（3）值班巡查。根据值班需要，值班人员要定期在值班区域进行安全、消防巡查，主要检查办公场所门锁关闭情况、电器断电情况等。

（4）办理领导交办事项。值班期间，领导交办事项包括：对某一事项、某一问题的指示，对以前交办事项的追踪，有关材料和数据的整理报送，向上级机关的请示与报告等。

（5）纪要事项。值班期间的纪要事项包括：各类证明材料的用印，报送文件的用印，涉密文件的领取、传阅和办理等。

安全值班通常由安全保卫部门执行，主要任务是治安巡查、消防安全检查、治安事件的处置等。

维稳值班通常由综治部门执行，主要任务是舆情监控、维稳事件预防与处置等。

库房值班主要是资产部门、图书馆、IT部门的仓库、机房、阅览室的值班。

机要值班主要是政府机关和事业单位的机要室值班，很多单位已经将机要值班并入综合值班中了。

（二）值班安排

（1）时间安排。值班通常安排在非法定工作时间，因此，值班的首要考虑的是值班时间安排不能违反劳动法，即员工每天工作时间不能超过8小时，平均每周工作时间不能超过44小时。对一些需要24小时值班的岗位，要适当安排值班人员调休。

（2）人员安排。对于某些需要值班的工作岗位，要配备一定数量的专职值班人员。法定节假日值班，要安排一定数量的中层以上干部值班，政府部门、事业单位、高等学校要安排领导值班。窗口部门、面对人民群众的服务部门，在周末或节假日要安排人员值守，确保服务工作不断线。

（三）值班工作注意事项

1. 来电处理

值班电话接听是秘书在值班过程中最经常的工作，要做好这项工作，要注意以下几个方面。

（1）注意使用问候语和礼貌用语。接到来电，首先要有个自我介绍：您好，这里是某某单位，我是某某某。讲话过程中，要注意使用礼貌用语和敬词，如"您""请稍等""对不起""麻烦您""谢谢""再见"等。

（2）在电话铃响第一声后开始接听电话准备工作，注意保持平和的心境，电话铃响三声以内接听，如果电话铃响过四声后才接起，拿起话筒要向对方说："对不起，让您久等了。"

（3）保持中等语速，音调亲切，吐字清晰。

（4）严禁在接听电话时抽烟、喝茶及吃零食等不相干的活动。

（5）做好电话记录，按照5W1H（Why—What—Who—When—Where—How）要点，简洁完备地做好接听电话的记录工作。

2. 来访处理

值班的来访接待是比较复杂的，大致有四种情况：一是业务来访，有具体的业务洽谈联系事项；二是媒体采访，就某个新闻事件了解情况；三是投诉与上访，属于信访范畴；四是咨询与了解。

值班时的来访接待，可以按以下程序执行。

（1）了解情况，作好记录。值班人员要耐心倾听来访者的讲话，了解其来访目的，并如实准确地记录来访者姓名、身份、工作单位、家庭住址、来访目的、联系方式等信息。必要时要查看来访者的身份证、工作证、介绍信。

(2) 处理与安排。如果属于业务来访,可按照接待流程办理;如果是咨询了解,尽可能给来访者全面、准确的答复,不能答复的,可提供其他建议。如果是投诉或上访,则按照信访接待要求处置;如果是媒体采访,则需联系本单位宣传部门或新闻发言人。

3. 报告制度

值班过程中,碰到重大事项和难以解决的事项,要立即向领导报告。

4. 值班交接

值班过程中,需要与下一轮值班人员交接的,要做好口头或书面交接。交接的主要内容包括:值班任务、已处理完毕的事项、尚未处理完毕的事项、可预见的其他事项、领导交办事项及其他注意事项。

5. 值班纪律

(1) 遵守值班时间,坚守岗位,不得脱岗、漏岗、离岗、替岗、串岗。

(2) 严格落实应急信息报告制度,坚决杜绝迟报、漏报、瞒报现象。

(3) 保持通信畅通,不得因为通信原因贻误工作。

(4) 不得带与值班无关的人员进入值班室。

(5) 不得利用值班室电脑、电话机、传真机、复印机处理私人事务。

(6) 不得在值班室看电影、电视剧、玩游戏、吃零食。

拓展阅读

案例一

2010 年 7 月 17 日,涉密人员李某在北京某饭店参加全国某系统内部会议时,中途出去接电话时,将正在使用的存有机密级工程项目资料的笔记本电脑随意放在会议室内的座位上,几分钟后,李某打完电话回来,发现笔记本电脑丢失,造成泄密。

案例二

张某的公司会计辞职后,张某收到一张法院的传票。原来,会计小李曾在一张白纸上盖上公司公章交给某供货商,对方拿着这张"白纸"打印了一份结算单,多算了 20 万货款。如今找小李要不到钱,就把公司告上法院。法院认为:小张认可该结算单上的公章是真的,只要公章是真实的,那么无论是先盖章还是先打印文字,并不影响该结算的有效性。因此,法院判决小张按结算单上的数额支付全部货款。

任务参考

文芳在谈话时无意中透露了公司的重要信息,让罗浪斯公司的张洁抓住了机会,得到了这笔生意。我认为作为秘书,保密工作是非常重要的,企业的机密包括公司的生产流程、工艺技术、组织人事、资金运作、客户资料、流通渠道等;上司正在考虑、讨论而未作定论,未公开宣布的内容；上司的隐私、疾病和公司内发生的事故、人事争端、内部失窃、经济纠纷等。秘书应该做到不该说的不说、不该听的不听、不该记录的不记录，机密内容用专用记录本记并妥善保管，机密文件严密保管，自己的电脑设置密码等。做好保密工作，尽可能不给公司带来不必要的损失。即便是最好的朋友，也不可不分情况畅所欲言，何况是竞争对手，这是文秘人员的基本职业道德。

✦ 思考练习

1. 文秘人员的保密工作主要包括哪些内容？
2. 如何规范使用印章？
3. 秘书在综合值班工作中主要有哪些职责？
4. 案例分析。

假设你是公司一名重要合伙人的秘书，这名合伙人的职责是吸收新职员，与其他合伙者商量特别任命。一位新来的打字员告诉你，他似乎感觉到别人已经知道他的很多个人情况，并在背后议论他，请考虑这种情况是如何造成的？怎样才能避免？

第五节 财 务 管 理

◎ 情景导入

远大公司行政部的几台计算机出了问题，经常死机。行政经理让秘书杨玲联系公司技术部，请技术人员帮忙来修理一下。杨秘书找到技术部，技术部负责人说这段时间技术部都在忙于新产品的开发，实在抽不出人来，只能等以后再说。杨玲向行政经理汇报，行政经理有些着急，说办公室工作不能停。他突然想起什么，说办公室新聘的秘书肖科在学校学的就是计算机，让他试试吧。下午肖科检查了出问题的计算机，说修好没问题，只是要更换一些配件，需要几百元。杨秘书负责办公室零用现金的管理，她从自己办公桌抽屉里的零用现金中拿出 500 元，交给肖科去购买配件。第二天，办公室的几台计算机终于修好了。

第二天刚上班，文印室的小刘来找杨玲，说前些天文印室购买了一批打印用的 A4 纸，她交给杨玲一张发票，杨秘书看了看金额，就把钱支付给了小刘。十点钟，行政助理找到杨玲，说明天动身去杭州出差两天，要杨玲去公司财务部借款。杨玲说正好办公室零用现金还有几千元，你先拿去，回来再报销。行政助理走后，杨玲这才想起办公室支出的费用已达到一定数额，需要到财务部门报销并将现金返还进行周转。她清理了抽屉里的一堆票据，发现有些票据她已想不起经手人是谁，甚至在发票里还夹杂了几张购货收据。果然，当她拿着票据到公司财务部报销时就遇到了麻烦。

任务提示

（1）杨玲秘书到公司财务部报销会遇到什么麻烦？

（2）你认为杨玲秘书在办公室零用现金的管理和公务费用报销的工作中需要做哪些改进？

（3）结合实例说说秘书为何要具备一定的财务常识。

内容提要

本节主要阐述了办公室现金管理、费用管理的定义和适用范围；了解办公室费用申领、保管、支付和报销程序；要求秘书能了解一定的财务知识，学会妥善保管和使用办公室现金。

必备知识

一、现金管理

（一）现金管理的类别

大多数人认为现金是指钞票和硬币。但是从会计学的角度看，现金还包括支票和银行存款等。

1. 支票管理

支票是银行的存款人签发给收款人办理结算或委托开户银行将款项支付给收款人的票据，分为现金支票和转账支票两种。现金支票可以从银行提取现金，也可以转账；转账支票只能通过银行划拨转账，不能提取现金。支票是现代金融业务的标志之一。近年来，人们携带现金越来越少，买东西逐步使用各种信用卡或支票。随着我国金融业的发展和银行货币管理体制的改革，支票等银行凭证将逐步取代现金，成为市场上流通的主要货币形式。

秘书购物需要领用支票时，应先填写支票借单，然后由单位领导签字后领取支票。购物后，应及时将支票存根及购物发票经单位领导签字后在财物部门报销。由秘书人员直接签发的支票，首先要检查一下付账的账单是否正确，如有疑问应找有关人员核对。支票一般分正联和副联，正联付账，副联存根。要把时间、号码、收款人、金额、用途等在正、副联上填写完整，所有内容必须一次书写无误，涂写无效。尽量不签发空白支票，如有些开支的数额不能确定，也要写清收款人单位和用途，万一支票遗失，立即到收款人单位去挂失。签发转账支票的金额，只能在银行存款余额以内，不得签发空头支票。

在接受外单位付账的支票时，首先检查支票的签发时间是否过期，到期如遇假日顺延一天，如逾期，银行拒绝接受。年终开出的支票，不能跨年度使用。然后检查支票上的内容是否填写完全，发现问题后立即提出，并报告有关领导部门处理。支票确认无误后可开给对方收据，并妥善保管好收据的存根，作为记账的原始凭证。每天收到的支票须在银行（或财务部门）下班前送往银行或财务部门。

2. 银行存款管理

任何一个执行预算的单位都要在当地银行开立存款账户，以便办理资金的收付和结算工作。在开户时,由申请单位填写"开户申请书",经主管部门或同级财政机关审查批准,连同盖有单位公章及名章的印鉴卡片送开户银行,经银行同意后开户。

不论是收到现金还是支票,秘书都要尽快将其存入银行。每次存款都要填好存款条,开好存款清单,并在自己的账簿上记录。如果存入的是支票,要逐一列出支票的清单,以备查询。

如需提取现金,要填写特殊的现金支票到指定银行提取。如果是使用存款的信用卡,秘书人员应及时核对付款收据,定期向财务部门报销。

不管是存入支票,还是付出支票,账户上的收支都是通过银行转账处理的。银行会在一定时间通知你账户的收支结算情况。你应检查自己的支票收支记录,看与银行的结算单是否相符。如果有出入,应及时查明,妥善处理。

(二)现金的收入与支出

遇到任何现金收支业务,都应在查审原始凭证合格后再办理收支。一些现金收入业务,如应缴预算收入、预算外收入等,当收到现金后,应该填写收据给交款人。使用收银机的公司,销售收入现金由收款机收存,并要与销售单核对,编制"现金清点汇总日报表",据以收入有关账户和填制送款单。通过信件收取的现金通常采用支票的形式,负责启封信件的人员要编制收款清单,用作存入银行存款和登记会计分录的依据。不管现金是通过收银机还是通过信件收到,都应该记在现金收入日记账上,将现金送存银行。

凡按预算、计划、开支标准有明确规定的支出事项和经会计主管人员或有关领导签批意见的各项暂付款,秘书可支出付款。日常现金的支出须将日期、收据编号、金额和支出用途登记清楚,并让收款人签字。除很小的金额外,支出都是使用支票的,任何支票都应当附有说明支付原因的发票或其他凭证。现金支出的记录反映在现金支出日记账上。

(三)现金的盘点与核对

为防止挪用现金和保留账外现金,每日业务终了时,都要进行账款盘点与核对。核对现金出纳账余额和实际库存是否相符,编制"库存现金日报表"一式2份,连同原始凭证交会计核算。会计复核无误后,将日报表一份加盖印章退回,并根据原始凭证按同类性质的业务进行整理,填制记账凭单。

(四)零用现金的产生

由于用支票来支付小额费用难以实行,单位设立了零用现金来支付这种小额费用,诸如交通费、邮资和少量办公用品。这笔现金应当存放在上锁的办公室抽屉或保险柜中。经单位领导和财务负责人批准后,由秘书人员保管和支出。它的数额根据企业的规模和平时小额支出的数额多少来确定。

(五)零用现金的管理方法

(1)内部员工需要使用零用现金时,应填写"零用现金凭单",内容包括花销项目、用途、日期、金额。

(2)秘书人员要认真核对领用现金凭单和领取者提交的发票等证据,确认一致后,将发票等证据附在零用现金凭单后面。

(3)秘书人员必须建立一本零用现金账簿,注明收到现金的日期、收据编号、金额、支出现金的日期、用途、零用现金凭单编号、金额、余额等。每当支出一笔现金,便及时地在零用现金账簿上记录。

（4）零用现金金额不足时,可以开出一张支票取得现金,并将现金返还到零用现金箱中进行周转。

二、费用管理

（一）报销费用的事项

在公司商务活动中所产生的一些开支,是由公司的财务来进行的。这些商务费用的报销大多是由秘书代为去向公司的财务部门办理报销业务的。

（1）企业工作人员国内外出差的费用,经常由秘书办理。这笔金额要从企业存在银行的存款账户中扣除,所以,秘书要熟悉办理信用卡、旅行支票、快汇等业务的方法。

（2）上司到外地开会的交通费。

（3）工作人员外出办公所需要的资金。可提前向财务部门提出申请以领取,或先由申请人垫付,后再提交相关的凭据以报销。

（二）报销费用的步骤

有些公务费用不能从零用现金中支付,而需要秘书直接到财务部门申请费用和报销结算。通常的工作步骤如下。

（1）申请人提交费用申请报告或填写费用申请表,说明需要经费的人员、时间、用途、金额等情况。

（2）该报告或该表必须经过组织确定的授权人审核同意,并签字批准。

（3）将获得批准的费用申请报告或费用申请表提交财务部门领取支票或现金。

（4）在商务工作中,使用支票或现金时都要向对方获取相应的发票,其中填写的时间、项目、费用等应与使用者实际用途相符。

（5）工作结束,申请者将发票附在"出差报销单"后面,并亲自签字提交出纳部门,由出纳部门进行结算。

（6）如实施工作时,费用超出计划,应提前向有关领导报告,得到许可、批准后,超出部分才可报销。

三、出差费用的办理

领导国内外出差的费用是由秘书办理或协助办理的,要保证领导有足够的资金用于国内外的公差,秘书事先就得做好准备工作。赴银行和办事机关,取得代替现金的票据和各种文件。

（一）信用卡管理

信用卡可以从银行取得,上面开列了支款人的姓名、签名、号码和最高支款金额数等内容。这笔金额要从单位存在银行的存款账户中扣除。旅行者在国外可以持信用卡去指定的银行支取,所支金额记在信用卡上。信用卡一般可以透支,所以一张信用卡通常包括一笔很大的金额。

(二)旅行支票

旅行者可以在各家银行和一些旅行社购买金额较少的旅行支票。支票使用者必须在购买时在支票上签字,支取旅行支票时,必须由使用者在支票上再次签字。

(三)快汇汇票

快汇汇票由秘书购入,可以交给或寄给指定的旅行者。与持有普通支票一样,旅行者可以凭借这种汇票收取现金,或者转让给他人。

(四)费用记录

为计算所得税,单位要从营业收入中减去营业费用,所以,旅行者应当保存好费用记录。会计部门已备有合适的费用记录表格,旅行者须仔细填写,至返回时交给会计部门据以在账本中做成适当的记录。

拓展阅读

宏远公司零用现金管理细则

一、有关零用现金之设置划分

(一)公司本部由财务部负责各单位之零星支付。

(二)工地总务组负责设置零用金管理人员,尽可能由原有办理总务人员兼办,必要时再行研讨设置专人办理。

二、零用金额暂定,工地每月经常保持 5 万元,将来视实际状况或减或增,再行研办。

三、零用现金借支程序

(一)各单位零星费用开支,如需预备现金,应填具零用金借(还)款通知单,交零用金管理人员,即凭单支给现金。

(二)零用现金之暂支,不得超过 1000 元,特殊需要者应由企业部经理核准。

(三)零用金之借支,经手人应于一星期内取得正式发票加盖经手人与主管之费用章后,交零用金管理人冲转借支,如超过一星期尚未办理冲转手续,需将该款转入经手人私人借支户,并于当月发薪时一次扣还。

四、零用现金保管及作业程序

(一)零用现金之收支应设立零用金账户,并编制收支日报,送呈经理核阅。

(二)零用现金每星期应将收到之发票,编制零用支出传票结报一次,送交财务部。

(三)财务部收到零用金支出传票后,应于当天即行付款,以期保持零用金总额与周转。

(四)财务部收到零用金支付传票,补足零用金后,如发现所附单据有疑问,可直接通知各部经手人办理补正手续,如经手人延搁不办的,照第 3 条第 3 款办理。

(五)零用金账户应逐月清结。

五、零用现金应由保管人出具保管收据,存财务部,如有缺少概由保管人员负责赔偿。

任务参考

　　杨秘书到公司财务部报销,公司财务人员在核对报销票据时,会责成杨秘书对没有注明经手人的票据必须要找到经手人并亲自在上面签字证明,否则不会予以报销。另外,按照财务规定,购货收据一般不能作为报销凭据。因此,杨秘书要顺利完成费用报销,必须补齐所有的手续和票据。

　　杨秘书在办公室零用现金管理和公务费用报销的工作中存在很多问题,必须要加以改进,否则麻烦会更多。如办公室零用现金不能随便放置在办公室的抽屉内,这样做存在很大的安全隐患,应将现金锁在办公室保险箱内,如果数额过大,最好存入银行,办公室里不要留太多现金。另外,杨秘书支付给文印室小刘办公费用的做法违反了办公室零用现金的管理操作程序,小刘首先要向领导提出购买办公用品申请,填写相关凭单,经领导签字同意,杨秘书予以认真审核后,才能将现金支付给小刘。杨秘书将办公室零用现金当作差旅费借给行政经理的做法也是不正确的,不能将办公室零用现金等同于差旅费,两者的用途是不同的,杨秘书应按公司相关规定到财务部为行政经理预支差旅费用。

　　杨秘书必须要了解和掌握办公室零用现金管理和公务费用报销的基本知识,否则很难胜任秘书工作。

✦ 思考练习

　　1. 秘书怎样才能管理好零用现金?

　　2. 秘书如何到财务部门申请费用和报销结算?

　　3. 案例分析。

　　(1) 许多企业为了实现对零用现金的管理,都制定了一系列切实可行的制度或措施,拓展阅读中,《宏远公司零用金管理细则》具体规定了该公司在这方面的制度,这个制度的施行有何作用?

　　(2) 拓展阅读中,《宏远公司零用金管理细则》在公司零用金的管理上采取了哪些切实可行的方法?

✦ 本章总结

　　办公室事务涉及人、财、物各方面的管理,面广量大,头绪繁多,是一项难度较大、琐碎庞杂的服务性工作。但是,办公室工作必须做到繁而不杂,纷而不乱,工作虽然千头万绪,秘书必须提纲而挈领。无论是新建企业,还是传统企业,其办公室事务都是从围绕整体工作目标制定发展规划开始,通过建立各种规则,把各种权责和工作制度落实到位,然后采取过程或结果的监控来评估或总结目标的实现程度,进而开始下一个循环。

　　秘书相当于公司或单位的管家,资源整合、优化、分配、管理是秘书部门的一项重要工作。秘书要做好办公用品的预算、采购、管理与发放,才能为正常工作的开展提供保障。秘书不仅要熟悉各种办公设备的性能,还要能熟练地使用和保养各种办公设备,在办公自动化体系中,发挥中枢作用。办公自动化、智能化是现代办公发展的趋势,它能大大解放生产力,

秘书很多工作可以通过计算机，借助互联网这个平台，加上各种现代化设备为辅助来完成。所以，一个合格的秘书，必须熟悉办公自动化系统的操作流程，熟练掌握各种办公软件的使用，会操作使用和维护常用的办公设备，这样才能与时代接轨，提高工作效率，实现规范管理、科学管理，真正做好领导的参谋。

时间管理是提高单位或企业工作效率的关键所在，直接影响秘书自身职能的发挥。秘书不但要管理好自己的时间，制定工作日志和工作计划，并按轻重缓急去完成，做到事半功倍；同时还要做好领导或上级的时间管理，为领导或上级做好时间上的周密安排，在行程安排上做到周到细致，重要事项做到事前提醒，使领导从琐碎事务中解放出来。

办公环境的管理既包括硬件环境的管理，也包括人文环境的管理。当今社会，人们越来越关注办公环境的舒适性、交互性、健康性和安全性。一方面，办公环境就是单位或企业形象的整体展示；另一方面，健康与安全的工作环境能给予工作人员的不但是身体上的安全，更是一种精神上的安全感，这种环境使员工们情绪稳定，没有后顾之忧。我们要熟悉并掌握办公环境的优化与美化方法，创造出一种温馨和谐的气氛，使内部成员充满朝气，使外来人员产生好感，从而提高整个企业的工作效率。

保密工作是秘书部门的一项重要工作。秘书部门处于机关的中枢地位，参与机要事务，保管机密文件资料，组织并参加重要会议；而秘书人员，尤其是在领导身边工作的秘书人员，与领导有非常密切的接触，知密早，知密多。为了维护国家和本企业的利益，我们必须确立明确的保密意识和保密观念，掌握保密工作的内容与措施，做好保密工作，确保国家和本企业的秘密不外泄。

秘书工作中常常会涉及财务管理。公司的商务活动的一些开支，需要秘书向公司财务部门办理报销业务，所以，秘书要有一定的财会知识，才能管理好办公室的现金和各种费用，做好领导的贤内助。

✦ 影像展示

1. 办公室电话礼仪。
2. 办公室事务管理。
3. 办公室场所物理环境安全。

第六章　办公室事务管理
影像展示

✦ 实战训练

1. 以火警为例，值班人员对突发事件临机处置的演示。
2. 办公设备和办公用品的进货、进库与库存控制卡的填写。
3. 零用现金账簿和费用报销。

第七章
沟通与协调

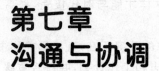本章概要

社会性决定了人与人之间的合作，而合作的前提就是沟通与协调。英国管理学家 L. 威尔德认为，管理者的最基本能力是有效沟通。日本企业家松下幸之助先生则说得更加彻底，他说，企业管理过去是沟通，现在是沟通，未来还是沟通。

对于文秘人员来说，沟通协调无疑是工作中最重要的部分。沟通是人与人之间信息的传递与交流，以此建立和巩固组织内各层次、各单位人员之间的关系。协调是文秘人员在其职责范围内或在领导的授权下，调整和改善各方面关系，促使各方面工作趋向同步，从而提高工作效率的过程。沟通是协调的基础，也是协调的主要方式。不能达成协调的沟通，是无效沟通。

文秘人员的沟通与协调工作，既有面对上司的汇报、请示与沟通，也有面向各单位的调研、沟通与协调，还有面对第三方的接待、洽谈和协商。本章重点讲商务洽谈与谈判，劝谏、挡驾、协调等内容。

学习目标

1. 了解商务谈判的概念与种类；懂得商务谈判的原则和过程；能掌握商务谈判技巧，做好商务谈判工作。

2. 了解劝谏的内涵；掌握劝谏的时机和方法；能做好领导的参谋，纠正领导的偏差。

3. 了解挡驾的内涵和种类；掌握挡驾策略和语言艺术；能为领导挡驾。

4. 了解协调工作的种类和原则；掌握做好协调工作的途径和方法；培养秘书人员的协调能力和素养。

第一节　商务洽谈与谈判

情景导入

　　日本一家有名的汽车公司刚刚在美国"登陆",急需找一个美国代理商来为其推销产品,以弥补他们不了解美国市场的缺陷。当日本公司准备同一家美国公司谈判时,谈判代表因为堵车而迟到,美国谈判代表抓住这件事紧紧不放,想以此获取更多的优惠条件,日本代表发现无路可退,于是站起来说:"我们十分抱歉耽误了您的时间,但是这绝非我们的本意,我们对美国的交通状况了解不足,导致了这个不愉快的结果,我希望我们不要再因为这个无所谓的问题耽误宝贵的时间了,如果因为这件事怀疑我们合作的诚意,那么我们只好结束这次谈判,我认为,我们所提出的优惠条件是不会在美国找不到合作伙伴的。"日本代表一席话让美国代表哑口无言,美国人也不想失去一次赚钱的机会,于是谈判顺利进行下去了。

任务提示

　　(1) 美国公司的谈判代表在谈判开始时试图营造何种开局气氛?
　　(2) 日本公司谈判代表采取了哪一种谈判开局策略?
　　(3) 请结合实例说说在商务谈判中秘书的重要性。

内容提要

　　本节主要阐述商务谈判的概念、特点和原则,重点讲述商务谈判的程序和秘书参与谈判的要求及作用。

必备知识

一、商务洽谈与谈判的定义

　　洽谈是指对某一事项,双方当事人之间进行初步的接洽、商谈,以探索其实现可能性的行为。谈判,就是对有待解决的重大问题进行会谈,以达成一致性的意见和方案。

　　商务洽谈,又称商务谈判。在商务活动中,相关双方或多方通过先期洽谈,就某一商务事项达成可行性意向,再通过进一步谈判,形成一致性方案或签订正式的经济合同。商务洽谈与谈判并非截然分开的两个阶段,而是一个有机的整体,因此,商业洽谈与商业谈判可视为同一概念,它指的是为了协调彼此之间的商务关系,促成商业交易或解决商务争端,通过协商对话以达成一致意见或签署商务合同的行为和过程。当然,有时候商业洽谈与商业谈判在概念上也会有细微差别。一般性、意向性的商业会谈,通常被称为商业洽谈;重大的、针对性的、以达成协议或消除分歧为目的的商业会谈,通常被称为商业谈判。

商务谈判是企业实现经济目标的手段,也是企业获取市场信息的重要途径、开拓市场的重要力量。

二、 商务谈判的分类、特性和原则

(一) 商务谈判的分类

根据谈判参与方的数量,商务谈判可以分为双方谈判和多方谈判。双方谈判的主体只有两家,如果两家主体是两个国家,则称为双边谈判。多方谈判的主体有三个或三个以上,如果主体都是国家,则称为多边谈判。

根据各方参加谈判的人员数量,可以分为大型谈判、中型谈判、小型谈判。大型谈判各方人员在 12 人以上,一般都有明确分工;中型谈判各方代表 4~12 人,小型谈判各方代表在 4 人以下。

根据谈判地点可以分为主场谈判、客场谈判、中立地谈判、主客轮流谈判。谈判在其中一方主体所在地进行,对主办方而言就是主场谈判,对其他各方就是客场谈判。如果谈判地点选择在各方认可的中立地点举行,则是中立地谈判。如果谈判分多轮进行,轮流在各谈判主体所在地进行,则是主客轮流谈判。

根据商务谈判的观念,可以分为立场型谈判、关系型谈判、原则型谈判。立场型谈判又称硬式谈判,谈判者以阐明并坚守立场为目的,很少顾及对方利益。关系型谈判又称软式谈判,谈判者以保持某种关系为目的,通过妥协与退让达成目标。原则型谈判又称价值型谈判,谈判者往往不自设立场或自立标准,秉持社会公认的标准、原则、法律、惯例、宗教等标准,展开基于理性的谈判。

(二) 商务谈判的特征

商务谈判具有以下特征。

(1) 目的性。商务谈判是以追求经济利益为目的的,在满足经济利益的前提下才涉及其他非经济利益。在商务谈判过程中,谈判者可以调动和运用各种非经济因素,但其最终目标仍是经济利益。商务谈判的利益,在买方体现为以最小的代价获取最优质的产品或服务,在卖方则体现为以最优的价格卖出自己的产品或服务。

(2) 互动性。商务谈判是一个互动过程,谈判双方在谈判过程中有来有往,充分交流信息,表明立场,坚守底线,申明厉害,甚至产生激烈争论。商务谈判是一个反复的"争论—妥协"过程。

(3) 互惠性。商务谈判涉及的因素很多,谈判者的需求和利益表现在众多方面,但价值则几乎是所有商务谈判的核心内容。对价值的追求与维护,不可能以一方价值的完全丧失为结果,而必须以互利互惠为基础才能达成共识。因此,不均等的公平,往往是商务谈判最常见的结果。

(4) 严密性。商务谈判的严密性既体现在双方博弈过程中思路、策略上的严谨、缜密,更体现在签署合同的严肃性、合法性、精确性。合同条款实质上反映了各方的权利和义务,合同条款的严密性与准确性是保障谈判获得各种利益的重要前提。如果不注意合同条款的完整、严密、准确、合理、合法,掉入对方设置的条款陷阱,这不仅会把到手的利益丧失殆尽,还要为此付出惨重的代价。

（三）商务谈判的原则

（1）平等原则。虽然商务谈判的各方都在追求自己利益的最大化,将压制对方利益空间作为重要的谈判目标,但是,要达成这一目的,谈判双方还是必须坚持在地位平等、自愿合作的条件下建立谈判关系,并通过平等协商、公平交易来实现双方权利和义务的对等。

（2）合法原则。合法原则是指商务谈判必须遵守国家的法律、政策,国际商务谈判还应当遵循有关的国际法和对方国家的有关法律法规。商务谈判的合法原则,主要体现在谈判主体的合法性、谈判议题的合法性、谈判手段的合法性、谈判成果的合法性四个方面。

（3）信用原则。信用是商务谈判的基础与前提,不讲信用,谈判就无法进行。在谈判中重信用,主要体现在如下几个方面：其一,在谈判中,讲真话,不说假话,做到"言必信"；其二,信守诺言,严格履行协议与合同,做到"行必果"；其三,是遵守诚信无欺的职业道德,不泄露对方的任何秘密信息。

（4）协商原则。商务谈判过程是一个调整双方利益,以求得妥协的过程,每个谈判者所做的一切都是为了维护己方的利益。双方利益的不同,分歧与冲突就不可避免,解决冲突与分歧要求双方都以友好协商的原则解决问题,既要有所坚持,又要有所妥协,原则性和灵活性有机结合,尽量避免硬性碰撞,以便更好地达到谈判目的。

三、 商务谈判的过程

商务谈判是一个复杂的过程,有时候还需要经历多轮艰难的谈判,有的甚至持续数年之久。概言之,商务谈判可以分为四个阶段。

（一）准备阶段

商务风云变幻,谈判者要在复杂的局势中左右谈判的发展,必须做好充分的准备。只有做好了充分准备,才能在谈判中随机应变,灵活处理,从而避免谈判中利益冲突的激化。

商务谈判的准备工作,主要包括选择对象、背景调查、组建谈判团队、制订谈判计划、模拟谈判等环节。

（1）选择对象。不管是买方还是卖方,在选择对象时,往往会有多个选项,选择哪一家作为谈判对象,是最先决的前提。选择对象既要有对市场信息的全面把握,也要有对可选对象的全面了解,更要有对自身利益的坚定追求。在必要的时候,可以通过接触性洽谈进行多方试探,以最后确定正式的谈判对象。

（2）背景调查。知己知彼,百战不殆。这一军事原则同样适用于商务谈判。在谈判开始前,对谈判对手作背景调查非常必要。背景调查的内容包括对方公司的发展概况、财务状况、运营状况、客户状况、发展战略、核心利益等,也包括与谈判内容相关的政策、法规、惯例、先例,甚至可以细到对方高管的文化层次、性格特征、谈判风格、生活习惯等。

（3）组建谈判团队。组建一个精干有力的谈判团队非常关键。组建团队要注意三个问题,一是团队整体素质要高,商务谈判涉及的内容复杂多样,形势发展瞬息万变,这就要求谈判团队在知识结构、心理素质、思想道德、业务能力、身体素质等各方面都要足够胜任。二是知识能力结构要合理。谈判团队的成员不可能都是全才,因此,团队成员之间需要分工明确,各有特长。既要有专业骨干,又要有人熟悉法律政策,还要有沟通协调高手。既要有坚决果断、富有冒险精神的决策者,又要有在艰难时期善于妥协,迂回前进的柔性谈判者。三是要实现有效的团队管理,特别是加强谈判团队的纪律管理,做到统一行动、决不泄密。

(4)制订计划。谈判计划是谈判前预先对谈判的目标、策略、原则及其他相关事项作好书面安排。谈判目标既有最高目标,也有底线目标,有时候还要作好目标调整机制的设计;谈判策略是根据双方实力对比、政策法律环境、己方核心利益所在等因素来制定的。谈判计划是统一全体成员立场的基础,因此在策略上,要充分预判谈判的复杂性、艰巨性、偶然性,其他事项还包括任务分工、资料准备、时间地点的确定等。谈判计划属于商业机密,不可泄露。

(5)模拟谈判。对于某些重要的谈判,还可以实行模拟谈判,将团队成员分成两部分,其中一部分人员扮演对方角色,模拟对方立场、观点、风格,进行谈判预演。模拟谈判可以防患于未然,有效避免在正式谈判中出现各种意外情况。

(6)谈判安排。经过前期接触性洽谈,双方觉得谈判时机已经成熟,就进入谈判前期安排阶段。谈判前期安排包括谈判时间、谈判地点、会场布置、日程安排、餐饮住宿安排等。

(二)谈判阶段

根据谈判进展规律,商务谈判会经历开局、报价、交锋、妥协让步、达成共识(或谈判失败)等过程。

(1)开局。开局阶段主要是建立良好的谈判氛围,明确谈判目标,商议谈判议程,营造谈判氛围,试探对方态度立场。对信息与形势的准确判断,对己方立场的策略性表达,是开局阶段的关键所在。

(2)报价。报价是实质性谈判的开始。报价是泛指谈判中一方向对方提出自己的需求,包括商品的质量、数量、包装、价格、保险、支付条件、索赔、商检、仲裁交易等条件。当然,其中价格条件是重点。报价是一个策略性很强的事项,是己方先报还是对方先报?是一次性报,还是分阶段报?如何设置报价的上限与下限?这些问题既需要事前策划,也需要根据临场形势变化来调整。报价还有个权限问题,现场谈判代表被授权的空间有多大,场内(现场谈判代表)场外(公司决策者)人员要就报价问题,随时保持沟通。

(3)交锋。交锋阶段是谈判过程中关键的环节,双方都会运用策略,最大限度地了解对方企图,达到己方目标。这一阶段的主要任务是,阐明己方优势,指陈对方劣势,申明最坏结果,寻找最大共识。

(4)妥协。妥协阶段也叫作讨价还价阶段,它是谈判的关键阶段,也是最紧张最艰苦的阶段。妥协和让步是为了能够退一步之后进两步。因此,妥协与让步被认为是谈判的最高技巧。在前期报价的时候,双方实际都给自己预留了一定的妥协空间,谈判进入相持阶段,就主要是妥协手段的运用了。

妥协是有原则的,基本原则是以小博大。因此,在谈判中一次让步的幅度不宜过大,节奏也不宜太快,不要做无端的让步,在次要问题上可根据具体情况首先作出让步,不要承诺同等幅度的让步,必要时可撤回自己的让步。

(5)达成共识。经过多轮交锋、妥协,谈判双方或多方利益差距缩小到可以相互接受的程度,就基本达成了共识;反之,谈判失败。如果双方达成共识,可以以备忘的形式记录谈判成果:明确所有事项是否都已明确,是否还有未尽事宜需要进一步磋商;明确双方最终可以让步的底线,决定以何种方式结束谈判,签署协议。

(三)签约阶段

签约是谈判成果的直接体现,因此,谈判是否成功,主要看最终签署的协议、合同是否实现了己方目标。在签约阶段,要注意以下事项。

(1)双方确认谈判达成共识的所有事项,并拟成条款。这时双方都要反复确认合同条款是否达成了自己的目标,是否存在条款陷阱。

(2)合同、协议必须由法务人员介入,并经公司最高会议审核通过,或经最高行政负责人签字认可。

(3)订立合同的条款要符合有关法律规定和要求,不得损害社会共同利益,任何违背法律的合同条款都是无效的。

(4)合同中的违约责任条款必须明确具体。

(5)对对方提出的免责条款要慎重研究,弄清其范围,才能表示是否同意。

(6)仔细拟定适用法律条款和仲裁条款。

(7)要注意中外文本的一致性。

四、文秘人员在商务谈判中的作用

(一)情报收集

根据决策者的指示,做好谈判前的情报收集工作,是文秘人员的重要职责。情报收集的途径有三条:一是实地考察;二是通过网络信息检索;三是市场调查。

情报收集的内容包括:与谈判有关的环境因素,如政治、法律、宗教、气候、商业做法、习俗、基础设施等;有关谈判对手的情报,如决策者的性格、理念、风格、合作欲望,谈判人员的知识结构、性格特征、生活习惯、谈判风格等。

(二)会场布置

谈判地点一经确定,文秘人员就要着手会场布置。

(1)根据谈判人员多少选择空间大小合适的会议室,会议室尽可能安静,封闭。

(2)决定使用什么形状的谈判桌。比较大型、重要的谈判,谈判桌可选择长方形的,双方代表各居一面。但如果谈判规模较小,或双方人员比较熟悉,可以选择圆形谈判桌,彼此交谈容易,气氛轻松。与谈判桌相配的是椅子,椅子要舒适。

(3)会议所需的其他设备和服务也应周到,如烟缸、纸篓、笔、记事本、文件夹、各种饮料等。

(三)食宿安排

谈判是一种艰苦复杂,耗费体力、精力的交际活动,因此,做好用膳、住宿安排非常重要。主场谈判一方要按照国内或当地的标准条件做好食宿安排,做到周到细致、方便舒适。饮食上要根据谈判人员的饮食习惯,尽量安排可口的饭菜。许多外国商人十分注重时间和效率,不喜欢烦琐冗长的招待仪式,要尽量避免奢华浪费和繁文缛节。

必要时,可以适当组织客人参观游览,参加文体娱乐活动,这样不仅能很好地调节客人的旅行生活,也能增进双方私下接触机会,融洽双方关系,有助于谈判的进行。

(四) 谈判记录

谈判过程中,需要作文字记录的有:谈判记录、谈判备忘录。

会议记录是对谈判过程的写实性记录,通常由速录员完成。会议记录必须客观、完整、避免重复。会议记录通常包括会议时间、地点、参会人员、谈判主题、发言记录等。

谈判备忘录类似于会议纪要,主要用于记录谈判的阶段性成果,它不具备协议的法律效果,但可以作为进一步谈判或签署协议的依据。备忘的主要内容是:已经达成的谈判共识,还存在的主要分歧,后一阶段谈判的安排。

拓展阅读

　　欧洲 A 公司代理 B 工程公司到中国与中国 C 公司谈判出口工程设备的交易。中方根据其报价提出了意见,建议对方考虑中国市场的竞争性和该公司第一次进入市场,认真考虑改善价格。该代理商做了一番解释后仍不降价并说其委托人的价格是如何合理。中方对其条件又做了分析,代理人又做解释,一上午下来毫无结果。中方认为其过于傲慢固执,代理人认为中方毫无购买诚意且没有理解力,双方相互埋怨之后,谈判不欢而散。

🔍 任务参考

商务谈判的每个阶段都有一定的技巧,美国公司谈判代表连续指责日本代表迟到,这是一种情感攻击,目的是让日本代表感到内疚,处于被动,美国代表就能从中获取有利条件,开局气氛属于低调气氛。日本公司谈判代表面对美国人的低调开局气氛,一针见血地指出,如果你方没有诚意,咱们就不要浪费时间,想和我方合作的公司很多,与你方不谈也罢。日本人用高调开局气氛进行反击,使谈判顺利进行。所以,掌握商务谈判每个阶段的谈判技巧,对于谈判是否成功起着关键的作用。作为秘书要能熟悉商务谈判的流程及技巧,能在关键时候为领导当好参谋,做好每一次商务谈判工作。

✦ 思考练习

1. 商务谈判要遵循什么原则?

2. 秘书在商务谈判中有什么作用?

3. 根据拓展阅读回答问题。

(1) 欧洲代理人进行的是哪类谈判?构成其谈判因素有哪些?

(2) 谈判有否可能成功?若可能成功欧洲代理人应如何谈判?

4. 案例分析。

1992 年上海甲公司引进外墙防水涂料生产技术,日本乙公司与香港丙公司报价分别为

22 万美元和 18 万美元。经调查了解，两家公司技术与服务条件大致相当，甲有意与丙公司成交。在终局谈判中，甲公司安排总经理与总工程师同乙公司谈判，而全权委托技术科长与丙公司谈判。丙公司得知此消息后，主动大幅度降价至 10 万美元与甲签约。

第二节　劝谏　挡驾　协调

情景导入

　　关厂长四十有五，在工作上严格要求是出了名的，谁要在工作上打马虎眼，他粗大的嗓门会让人受不了。然而，下级有个病痛，他忙到半夜也要亲自探望。小陈是厂里新来的秘书，在她之前，已经有 3 个秘书因为关厂长的坏脾气而离开。小陈听了别人对关厂长的看法，虽然大家都劝她不去为好，但她倒想去见识见识这个关厂长。上班的第一天，一切完全是规范化的。第一次见到关厂长，关厂长礼貌地接待了她，交代了一些工作之后，关厂长便急着去忙事情了。关厂长留给小陈的第一印象还算不错。几天后，关厂长通知小陈随他去与外商洽谈技术合作项目，早上 9：30 出发，同行的有总工和外请的翻译。这个项目小陈在技术科早就知道了，方案也是她在总工指导下制定的。还不到 8：00 的时候，她就到技术科准备资料。没想到，一阵急骤的电话铃声响起，对方的同事转告小陈，说厂长找她，火气很大。小陈立即赶到厂长办公室，关厂长上来就没有好话："上班时间串什么门？我让你在办公室等着，9：30 出发，你到处跑什么？"小陈也火了，不是还不到 9：30 吗？但还是忍住，沉默着听关厂长发威。听到关厂长接下来的话，小陈才知道，原来是总工住院了，翻译也因事不能来，如果推迟谈判，对方可能会去找新的合作伙伴。厂长为此事很着急，知道这个情况后，小陈原谅了关厂长的发火。"您对这个项目熟不熟悉？"小陈问。"主要内容清楚，有些细节不是很熟悉。"关厂长说。"细节和全部内容我都熟悉，我参加过这个方案的起草。"小陈自信地说。关厂长眼睛一亮，但马上又暗了下来："可翻译没有来啊。""外商不是美国佬吗？"小陈问。得到关厂长肯定以后，小陈说道："我认为我能行。"小陈觉得没有必要谦虚。关厂长顿时惊喜万分，也意识到了自己之前的态度不好。他立刻让相关人员做好了准备，和小陈一起出发了。谈判成功了，在谈判当中，小陈又当翻译又和老外谈技术合作的细节，关厂长把关决断，配合得十分默契。由于小陈对对方的情况十分了解，还适当地称赞了几句对方的技术成就和经济实力，对方代表十分高兴，伸着大拇指用简单的华语说："关先生，我羡慕您呀！您的秘书才华出众，年轻有为。"回来的路上。关厂长对小陈的表现非常满意。当他在说着夸奖的话的时候，小陈却提醒厂长要去医院看总工；对于关厂长要特设犒劳的邀请，小陈也婉言谢绝了。大家听说厂里新来的秘书把厂长制服了，都很佩服她。可是小陈却认为，领导也是人，在他为难的时候，作为秘书应该亲近一点、热情一点，尽量帮他分忧；在他成功的时候、高兴的时候，应该离远一点、冷静一点，尽量使他保持清醒。

任务提示

　　（1）秘书如何协调好与领导的关系，当好领导的助手和参谋？

（2）你认为小陈在处理与关厂长的关系时，哪些地方值得借鉴。

（3）秘书在公司中如何才能更好地协调好各部门之间的关系？

（4）结合实例说说怎么为领导挡驾？

内容提要

本节主要阐述劝谏、挡驾、协调的内涵、特点、原则；着重探讨了劝谏的具体方法和技巧，挡驾的基本策略和语言艺术，协调的类型、途径和方法。

必备知识

秘书的沟通协调工作基本上是围绕领导进行的。既有面向领导的劝谏，也有面向外围的挡驾，更有面对多重关系的协调工作。

一、劝谏

劝谏是秘书参谋职能的重要组成部分。《辞海》中对"劝谏"的解释是："直言规劝，使改正错误。一般用于下对上。""在现代参谋活动中，我们把处于下位的参谋人员向上级领导提出规劝或带批评性的意见或建议等称为进谏。"领导或上级在处理政务、做出决策的时候，因信息误导或判断误差，难免会有疏漏甚至错误，这时作为身边人的秘书，就有责任以恰当的方式及时指出，并提出中肯的意见和建议。这就是秘书必须要掌握的劝谏艺术。

新时期秘书工作已呈现出从偏重办文办事向既办文办事又出谋献策转变的趋势，秘书人员越来越像是领导的参谋，向领导进言献策，当领导在工作中出现失误、偏差和疏漏时，及时发出提醒和劝谏，这些已成为秘书工作不可或缺的一部分。由于秘书劝谏的对象是领导或上级，劝谏的目的是让领导明白工作的失误并加以纠正，因此，秘书的劝谏必须讲究时机、方法与技巧，如果不讲究时机、方式方法，不但达不到预期目的，反而会弄巧成拙。

（一）劝谏的时机

在哪些情况下，秘书需要向领导或上级发出提醒或劝谏呢？

（1）当领导决策与判断所依赖的信息明显不实或者不全时，需要向领导发出提醒。

（2）当领导忽视或遗忘重要工作或关键细节时，秘书要及时提示或暗示。

（3）当决策执行过程中，秘书通过调研发现与预期效果差距甚大，或者执行过程中环境与条件发生重大改变，需要对原来的决策做出一定调整时，秘书要及时向领导发出预警。

（4）当领导受到情绪左右甚至情绪失控，可能影响领导做出理性、正确判断时，秘书要及时进谏。

（二）劝谏的方法

（1）认真调研，弄清症结。劝谏的前提是，秘书必须对劝谏的内容有充分、全面、客观、正确的判断，并深刻理解其必要性、可行性、急迫性，这要求秘书有高度的敏感性，并对劝谏的内容有充分的调研和论证。当你感觉到领导在工作出现某些偏差、误解、疏漏的时候，秘书首先要做的是,立即整合各方面信息并作出预判,根据自己的预判再进一步了解情况,核实数据和事实,形成对比性分析,弄清楚问题的症结所在,以免出现误判。这是劝谏之前必须下的功夫。

(2)把握时机,适时进谏。劝谏是一件讲究艺术性的工作,领导在工作中长期处于主导、支配地位,很容易产生超出常人的自信心,对不同意见特别是反对意见的接受程度是因人而异的,如果秘书简单地以"直言不讳"的方式,随时向其进谏,不但不能达成预期效果,而且会给领导留下狂妄自大、以下犯上的印象。因此,掌握进谏的时机非常重要。把握劝谏的时机要注意以下几点。

① 避免在众目睽睽之下劝谏。当众劝谏不但事关领导的面子问题,更重要的是,有可能激化矛盾,引起猜忌,甚至被别有用心者利用。因此,劝谏的第一原则是,尽可能在一对一的情境下劝谏。如果在多人在场的情况下急需当即提醒领导,最好以书面字条或短信、微信的形式提醒领导。

② 避免在领导情绪化的情况下劝谏。当一个人被情绪左右的时候,是很难听进不同意见的。因此,在领导陷入愤怒、亢奋、暴躁情绪中时,秘书需要采取转移注意力的方式,缓解领导情绪,待领导平静下来后,择机劝谏。

③ 避免在鸡毛蒜皮的事上频繁劝谏。一般来说,秘书劝谏主要针对重大事项进行,如领导决策或决定发生重大失误而领导尚未觉察时,决策与当前政策发生冲突时,决策执行中情况发生重大变化时。如果领导在工作中出现一些无关宏旨的细小失误或偏差,秘书可以直接处理或挽回,不必事事劝谏。

④ 避免事后劝谏。秘书的劝谏,一定要在决策形成前进行,事后诸葛亮于事无补。

(3)目标明确,动机单纯。劝谏最大的风险在于,秘书与领导对某件事情的看法是不同甚至对立的,在表达时很容易引起误解,甚至可能被领导理解为别有用心。要避免这样的风险,秘书在劝谏时就必须目标明确,就事论事,做到材料翔实,理论正确,思路清晰,目标明确;切忌吞吞吐吐,东拉西扯。在态度上,一定要动机单纯、光明正大、正直公正、善意劝谏。切忌在劝谏中夹带私念,影响领导决策。

(4)语言委婉,情真意切。劝谏时要目标明确,并不等于可以直来直去、鲁莽劝谏。向领导劝谏要特别讲究语言的艺术,做到委婉、明确、诚恳、易于接受。怎样才能做到语言委婉,情真意切呢?首先要设身处地为领导着想,要理解领导出现偏差或疏漏的原因,然后因势利导进行劝谏;其次,要欲抑先扬,在提出问题之前,要充分肯定原来决策的合理成分,再提出劝谏意见;再次,语言上尽可能以试探性的语气,提出可供参考的选项,如"您看,是不是可以这样……""您觉得这样行不行……";最后,在语言策略上要拾遗补缺,隐性提醒。如果领导遗漏了某些重要信息导致决策失误,秘书可以采取迂回的方式,将遗漏的信息提供给领导,让领导自己做出决策调整。

(5)形成默契,点到为止。在劝谏过程中,秘书最好能与领导形成某种默契,让领导明察秘书话语中的提醒含义。很多时候,秘书无须犯颜直谏,而可以采取迂回的方式提醒领导。例如,如果领导的决策跟当前政策或上级精神有所抵触,秘书可以提醒领导,某条政策、某个文件精神,是不是可以作为这次决策的参考;或者提醒领导,是不是可以借鉴其他单位、部门、企业的做法,这样也可以达到规避风险和错误的目的。这样的迂回提醒次数一多,秘书和领导之间就可以形成某种默契,使劝谏毫无痕迹。

（三）劝谏的注意事项

（1）谨慎劝谏。由于秘书与领导在权力、地位、信息、资源等方面的不对等，在看待事物的高度、角度上有较大差别，对事情的判断也会有较大差距。有时候秘书从局部的、单一视角看起来有所不妥的决策和做法，从全局的、综合角度来看，也许是正确的。因此，秘书在工作中出现与领导不同的判断时，基于秘书工作的辅助性、参谋性、服从性，不宜莽然劝谏，必须三思而后行，谨慎劝谏。

（2）知人善谏。劝谏的对象中，每个人的思维方式、兴趣爱好、性格特点、教育程度、生活经历等都有所不同，作为秘书不能无所区分地生硬劝谏，而是注意区分和了解不同领导的具体情况，有针对性地进行劝谏。

（3）摆正角色。在劝谏中，秘书要认清自身角色、地位，摆正自己的位置，自觉地、心甘情愿地当好助手和配角，做到到位而不缺位、到位而不越位。因此，在工作中，秘书切忌自以为是，骄傲自大，处处彰显自己的能力和知识。

二、挡驾

挡驾意即"谢绝来客访问"。在秘书工作中，挡驾就是为了给领导留出时间空间，集中精力谋划大事、参加重大活动，对其他无关紧要或并不急迫的人和事作出适当鉴别并予谢绝的做法。

挡驾与婉拒不同。前者只是在时间、空间上暂时阻滞或阻隔，在对方来访目的的达成或相关问题解决之前，通常需要重新预约；后者则是以委婉的方式拒绝对方要求。在领导公务繁忙时，婉拒也是挡驾的手段之一。

（一）挡驾的类型

挡驾是秘书的日常工作之一。根据来访的途径，挡驾可分为来访挡驾、来电挡驾两类。来访挡驾是指对直接登门来访的人员进行挡驾。来访人员可能是业务伙伴、单位同事、前来请示汇报的下属、上访者、投诉者。来访人员有的是事前有预约的，有的没有预约，这些情况需要区别对待。来电挡驾是指对以电话的方式联系领导的人给予谢绝或另约。

根据来访者诉求内容，挡驾可分为联络挡驾、公务挡驾、邀约挡驾、上访挡驾。联络挡驾是指对上门与领导联络感情、私人造访、礼节性造者的挡驾；公务挡驾是指对正常办理公务的人员进行挡驾；邀约挡驾是指对来人来函邀请领导出席会议、活动的挡驾；上访挡驾是指对上访者、投诉者甚至寻衅滋事者的挡驾。

根据挡驾的理由与背景，可将挡驾分为办公挡驾、会议挡驾、保密挡驾。办公挡驾是为了让领导集中精力处理重要公务、办理重要文件而执行的挡驾；会议挡驾是为了避免领导重要会议、商务洽谈受到打扰而执行的挡驾；保密挡驾是为避免领导行踪泄密而执行的挡驾。

（二）挡驾的准备工作

在执行挡驾之前，秘书需要做好充分的准备工作。

1. 深刻领会领导意图

当领导需要集中精力和时间处理重要工作或参加重要会议时,秘书要领会领导工作中的重要性,领会哪些人和事可以谢绝或阻滞,哪些人和事需要重新预约,哪些人和事需要立即办理,哪些人和事需要向领导请示并按领导指示办理。如果对这些事项不能做到心中有数,就无法做好挡驾工作。

2. 做好各种预备方案

针对来访、来电者的来访目的、急切程度、重要程度、情绪状况,秘书要做好工作预案。切记生硬地一概拒绝。预案通常分为以下几种情况:无关紧要的人和事一般婉言谢绝,必要时做好解释说明;比较重要的人和事可以另约时间;紧迫的事项可以寻找替代方案;直接谢绝可能会产生不良后果的要及时向领导汇报;上访投诉的转至相关部门处理。

3. 详细了解来访者的背景和目的

对于来访、来电,秘书首要的任务是了解其背景、详细情况、来访来电目的、是否有预约,以便对其重要性、急迫性作出判断。如果有来访者有介绍信、推荐性、采访证、委托书等,要尽快核实清楚。一般来说,重要人物来访、为紧迫重要事项来访的、有预约来访的,要优先处理。

(三)挡驾的基本策略

秘书要实现挡驾的目的,主要的理由或策略有四条。

1. 领导太忙,没有时间接待

这是最常见的挡驾理由,要用这一条理由说服来访者,就要提供充分的事实依据。例如,领导正在召开重要会议,正在主持商务谈判,20分钟之后领导乘航班出差,最近领导身体不舒服正在就医,最近半年领导下基层调研。

2. 问题还在研究中,请来访者耐心等待

这是一种欲抑先扬的策略,先告诉来访者,事情正在研究中,暗示正在进展,同时劝告他暂时回去,等候消息。这一策略容易被来访者理解成推诿,因此,在使用这一策略时,要避免简单生硬。

3. 为来访者寻找替代方案

最积极的挡驾方式是主动为来访者找到解决的办法与途径,从而消解了来访者找领导的必要性和紧迫性。如果来访者需要了解的信息秘书可以直接回复,就直接回复;来访者找领导办理的事情在秘书的范围内可以部分或全部解决的,秘书就应该着手加以解决;如果来访者的诉求,可以通过别的部门或单位来解决,就主动引导到相关部门去办理;如果来访者的诉求必须由领导来解决,秘书可以先为来访者解决一些前期问题,如引导来访者进一步完善材料,进一步修订方案等。

4. 问题暂时不能解决,建议不要再来找领导

有些问题应该委婉但坚定地告诉来访者,这件事情在领导这里无法解决,希望来访者另找途径。在婉拒来访者时,秘书必须有足够的政策依据,否则会被指责为推诿塞责。

（四）挡驾的语言艺术

1. 委婉语言的应用

委婉语是将某些令人不悦、对人不敬的语言内容用另一种能使人感到愉快和尊敬的语汇表达出来。狭义的委婉语指的是在表达触犯禁忌内容（如鬼神、裸体、排泄、新盖、生育、疾病和死亡等）时所使用的"吉利之语"或"优雅的说法"，例如，用"升天"代替死亡，用"身体有恙"表达疾病等。广义的委婉语是将某些不便直接表达的语意用另一种婉转、善意的词汇表达出来。

秘书在为领导和上级挡驾时，要学会使用委婉语，将可能让对方感到难堪、不快甚至愤怒的答复，用另一种间接的、含蓄有礼的、听起来顺耳的词语表达出来，以消除对方的负面情绪，从而达到挡驾的目的。

委婉语的使用，有以下几种方法。

（1）直意曲达。在挡驾时，经常会碰到"不宜直说"的情况，这时可以采取迂回、间接的方式来表达。例如，碰到有单位干部向秘书打听领导行踪、家庭住址，如果直接告诉对方"我不能透露给你"，势必得罪对方，让对方难堪。这时秘书可以拍拍对方肩膀："老实说，我也很想知道；但我想我们还是知道得少一点好。"

（2）消解反感。在挡驾中，秘书要表达的意思，往往与对方所期待的结果会有很大的距离，这时就需要使用委婉的方式来消解这个距离。例如，要避免使用"不行""不可能""已经被否决""没有希望""坚决反对""没有回旋余地"这样的拒绝方式，而要使用相对比较缓和的说法，如"恐怕行不通""不赞同你的观点""可能性不大""没有得到所有人的支持""希望不大""可以理解""你说的也有一定道理""再研究研究"，这样对方更易于接受。

（3）含蓄暗示。在挡驾过程中，有时候会有来访者坚持要在值班室或秘书办公室等待面见领导的机会，这时秘书要学会含蓄地下达逐客令。例如，频繁为他倒茶，查看手表，询问对方小孩几岁，要不要去接小孩。

（4）动之以情。委婉拒对方来访者的另一个技巧是，尽可能使用委婉话语拉近与对方的距离，达到以情动人的目的。在深入了解对方来访的目的和诉求之后，首先要表达对对方的深度理解，并表示愿意尽最大的努力传达他的意愿，帮助他解决问题。这里常用的是"一波三折"的表达方式。例如，你可以说："我非常理解你的难处和要求，但是，目前确实存在很多困难，即使见了领导，也不一定能立刻解决。您的事我记在心里了，只要有机会，我会就向领导汇报，一有结果，就向您通报。"

（5）诚恳致歉。当来访者的诉求和愿望无法实现时，秘书要真诚致歉，以获取来访者的谅解。

2. 模糊语言的应用

模糊语就是外延不确定、内涵不定指的弹性语言。在日常生活中，我们总是要求语言简洁明了，直接明确；但在挡驾中，过于明确的语言有时候容易造成来访者反感，甚至激化矛盾。这时就需要使用含义相对比较模糊的语句来争取回旋的余地。

在挡驾中，模糊语主要有以下几种类型。

（1）使用语义模糊的副词，为来访者留下想象空间：例如，可能、大约、也许、恐怕、未必、不见得、不一定、不确定等。

（2）使用具有两可性的表达方式。当来访者带着明确诉求面见领导时，秘书可以先给他一个两可的答复,让他回去等候消息。例如,"这很难说,可能性还是有的""领导已经知道,目前正在论证中""这个需要在政策上进一步明确,但不是领导一个人可以说了算的""以前是有过先例,但现在政策有了调整,不知道是否可以沿袭惯例""这件事情既牵涉到政策问题,又牵涉到法律问题,我帮你咨询一下法律部门"。

(3) 使用流行语达到模糊语义的作用。例如,当来访者打听某些敏感信息时,秘书可以说:"这事很微妙,你懂得。"当来访者有流露出贿赂意向时,可以委婉地告诉他:"我们这些人长不成老虎,但也不愿意被当苍蝇给拍了。"

(4) 使用安慰性语言消解其诉求的急迫性。如果来访者要求非常急迫,秘书在挡驾中就必须想办法消解他的急迫性,使用含义模糊的安慰性语言是有效的方式之一。如"领导会充分考虑您的意见,在适当的时候给予回复""你的事情正在研究,请给我们一点时间""您别急,领导一回办公室,我就帮您汇报""估计领导一时半会不会出来,您留个书面材料我帮您转交吧"。

3. 幽默语言的应用

幽默是一种挡驾智慧,也是一种修辞艺术。在挡驾中,秘书要善于使用幽默的语言,消除与来访者之间的距离感和紧张关系。钱钟书老先生为自己挡驾的例子就展现了幽默的巨大力量。据说,钱钟书的《围城》出版后,有个外国女作家佩服得五体投地,到北京后便打电话给钱先生,一定要见见他。钱钟书先生说:"如果你吃了几个鸡蛋,觉得味道还不错的话,为什么非要看看那下蛋的老母鸡呢?"钱钟书采取这种幽默的方式,成功地挡住了外国女作家的求见。再如,一位平时关系较好的同事想跟秘书打听总经理的行程安排,秘书凑到她耳边说:"你能保守秘密吗?"对方回答"我能。"秘书笑着说:"我也能。"因为秘书的幽默,同事一听就心领神会了。

三、 协调

协调就是管理者从整体利益出发,正确处理组织内外各种关系,为组织正常运转创造良好的条件和环境,促进组织目标的实现。协调是管理最基本的手段与途径,马克思说:"一切规模较大的直接社会劳动或共同劳动,都或多或少地需要指挥,以协调个人的活动……一个单独的提琴手是自己指挥自己,一个乐队就需要一个乐队指挥。"任何一个组织的运转,都需要组织协调。

协调的核心是围绕一个共同的目标,组织和指挥各个子系统、每一个个体,消除内耗,消除矛盾,相互配合、和谐统一地开展工作。因此,美国现代管理学者迪克·卡尔森明确指出:"协调的功能在于使一个组织中的所有单位的活动同步化、和谐化,以便达到共同的最终成果。"

(一) 协调的原则

(1) 调查研究原则。协调必须建立在深入调查研究,全面掌握情况的基础之上,所以毛泽东主席说:"没有调查,就没有发言权。"一般来说,行政决策做出之后,各部门和全体成员都会按部就班地整体推进各项工作,当工作出现阻力或问题,就需要协调解决,因此,协调的基本前提就是弄清楚问题的所在,汇总各方面信息,分析矛盾产生的原因,然后才能提出协调意见。因此,秘书在协调各方关系时,切忌偏听偏信、主观武断,必须深入调研,全局考虑。

（2）服从大局原则。协调的关键在于解决矛盾，各类矛盾中，首先要解决的矛盾就是整体利益与局部利益之间的矛盾、个人利益与组织利益之间的矛盾。全局的利益带有战略性、长远性、根本性，相对而言，局部的利益则属于战术性的、短期性的、非根本性的。因此，局部利益必须服从于全局利益，个人利益必须服从于组织利益，这是秘书在协调工作中必须掌握的原则。

（3）协商处理原则。协调各方关系，化解各方矛盾，有一条基本的思路，就是协商、协商、再协商。在开展协调工作时，秘书要让相关工作人员了解全部信息和政策，在此基础上相互理解、相互谅解，寻求一个各方都可接受的解决方案。在协商的过程中，秘书始终要保持对各方的尊敬，切记摆出"二号首长"的做派，将个人意见强加于人。

（4）逐级负责原则。在一个组织中，各个子系统都有自己的权利与职责边界，秘书在开展协调工作时，要注意自己的权力与职责边界，防止越权协调。一般来说，工作中相关各方出现矛盾与问题，通常由相关各方的共同上级或共同上级指定的部门和个人出面协调。坚持分级协调的原则，要求秘书在协调工作中，既不能向下推诿，也不能矛盾上交。

（5）公平公正原则。秘书开展协调工作，必须恪守公平公正的原则，这要求秘书必须坚定地站在全局的高度，以妥善解决问题为目的，广泛深入开展调研，全面客观掌握信息，平等听取各方面意见，尊重各方面利益，严格在政策、制度、法规的范围内处理协调工作，不可以偏概全，不可顾及私交，不可拉山头画圈子，不可徇私舞弊，不可借重一方打击另一方。

（二）协调的类型

秘书的协调工作，分为哪些类型呢？按照沟通方式，可以分为口头协调与书面协调两种。根据层级关系可以分为对上协调、对下协调、平级协调、外围协调。根据信息流通方向可以分为单向协调与双向协调。对于秘书这个岗位来说，协调还可以根据人员关系分为与直接领导之间的协调、面向领导群体之间的协调、面向同事的协调、部门关系协调等。

根据协调的内容，协调工作可以分为关系协调、政策协调、工作协调、项目协调四种。

1. 关系协调

关系协调本质上是权责协调，即明确相关各方的权利与责任边界，理顺各方的工作关系。关系协调的目的，是明确权责，统一认识，协调行动，做好工作。

关系协调又分为领导关系协调、内部关系协调、纵向关系协调、横向关系协调四种。

领导关系协调是秘书特有的协调工作，其中既有秘书本人与直接领导之间关系的协调，也包括面向领导集体的关系协调，后者尤为重要。由于秘书面对职责、权限、性格、学识各不相同的多位领导开展工作，这就要求秘书站稳立场、等距离开展协调工作。面向领导集体的协调，包括目标协调、权力协调、信息协调、领导活动协调等。

内部关系协调是指秘书所在的部门内部各子系统关系的协调，主要处理本组织内部同级部门、平行部门之间的关系。

纵向关系协调又称上下级关系协调，即对同一组织中不同层级的各部门之间关系的协调，这里既包括对下属单位的协调，也包括与上级机关的协调（请示、汇报、联络等）。

横向关系协调又称外部关系协调，即面向组织、单位以外其他相关组织、单位的协调。

2. 政策协调

政策协调，顾名思义就是针对某一项政策的制定、执行所开展的协调工作，它既包括政策出台前的调查研究、征求意见、专家论证、草案修改,也包括政策出台后面向各级各部门的政策宣讲、组织学习,还包括对政策执行情况的了解与督查。

3. 工作协调

工作协调主要是指日常工作的协调,包括工作安排协调、文件处理协调、值班协调、车辆管理协调、差旅协调、经费协调、资产协调、会议协调等。

4. 项目协调

项目协调就是围绕某项具体工作或某个项目展开的协调工作。协调工作包括组织机构的构建,工作职责的划分,工作(项目)计划的制订,参与该工作或项目有关单位、个人关系的协调,资源的分配与整合,计划执行情况的调查与督办,工作(项目)总结等。

(三) 协调的程序

秘书并非权力岗位,对于秘书来说,协调工作本质上是经领导授权开展的,因此,秘书开展协调工作要遵循授权、调研、沟通与协商、执行与督查、办结的程序进行。

1. 授权

授权来源于领导交办。有时候是领导发现问题需要协调,直接交代秘书介入协调;有时候是秘书发现问题,向领导反映,领导指示秘书协调处理;有时候是领导接到他人投诉,转交秘书办处;有时候是上级单位部署下来的综合性工作,需要本单位多部门协作完成,领导交由秘书协调办理。

领导交办可以是口头交办,也可以是文件批示,还可以通过文件形式授权办理。

2. 调研

在开展协调之前,秘书必须全面了解情况,调研是必不可少的环节。调研的形式可以是个别走访,也可以召开调研会议,还可以实施问卷调查。

调研的内容包括:工作的目标与任务、问题的症结及其形成原因、各方意见即分歧的原因、可支配资源情况、相关政策与法规、惯例与先例、可资借鉴的信息等。

3. 沟通与协商

沟通与协商是协调的核心环节。沟通主要是了解各方面的信息与意见,消除信息壁垒,分析问题的症结,探寻解决的途径。沟通可以是一对一背靠背的沟通,也可以是一对多的沟通。

在充分沟通的基础上,确定大致的解决方案,可以进入协商阶段。协商的目的,主要是破除认识上的障碍,消解情绪上的冲突,排除外界的干扰,明确大局利益所在,划定权责边界,形成解决方案。

4. 执行与督查

制定方案行程后,秘书应该根据时间表对执行情况进行督查。督查的内容主要是了解进度和工作效率,发现新问题并及时处理,为执行单位提供资源和政策支持等。

5. 办结

协调事项完成后,秘书要及时向领导汇报,并做好工作总结,需要执行奖惩的,要上报领导落实奖惩。

（四）协调的途径与方法

秘书开展协调工作的途径主要有电话交流、个别谈话、召开协调会、发布文件等。

对于简单的协调事项，往往只需要将有效信息传达给相关部门，即可迎刃而解，这种情况可以通过电话沟通完成协调。

个别谈话是针对协调事项中的关键人物进行的，通过个别谈话，了解各方人员的想法和意见，分析问题的症结，探寻解决问题的方案。

召开协调会是处理综合性事务时常用的途径。协调会通常由一位领导或领导指定人员主持，会前，秘书应在前期调研与沟通的基础上，起草一个可供讨论的解决方案，与会者围绕方案交换意见，达成共识，以共识为基础形成正式方案，贯彻落实。

发布文件是落实协调结果的重要途径。发布文件有利于统一思想，协调行动，明确职责，并约定追责机制。

秘书开展协调工作的方法有：行政协调法、经济协调法、法律协调法、疏导协调法。

行政方法就是依靠行政组织，通过行政渠道，动用行政手段进行协调的方法。行政方法主要有动员体制力量、发布行政指令、执行工作奖惩、颁发等行政公文（通知、决定等），以此达到协调的目的。

经济方法就是依靠经济规律，动用经济手段和经济形式进行协调的方法。简单来说就是通过绩效激励、经济目标管理等手段实现协调目标。

法律方法就是依靠现行的法律、法令和法规进行协调的方法。

疏导方法就依靠思想教育、个人前途激励等方案，达成协调目的。

（五）秘书应该具备的协调素养

1. 要有敏锐的洞察能力

在协调的过程中，秘书要有发现问题的洞察力，通过观察、倾听、了解被协调者情况（含语言信息和非语言信息），加以整合、分析，快速地作出精确判断，提出解决方案。在了解情况或调研阶段，秘书要对被协调者的知识经验、表达方式、履职经历、认知水平等迅速形成判断，并据此分析其认识障碍、利益障碍、信息障碍、情绪障碍、外界影响等。

2. 要有审时度势的能力

审时度势，顾名思义就是"审视时局，估计情况发展的变化"。万事万物是变动不安的，根据局势发生的变化调整协调思路，是秘书人员必备的技能。秘书的审时度势，主要体现在三个方面：一是要时刻掌握政策方向与法律条文的变化，做到合规合法；二是要掌握环境与条件的变化，以便及时作出工作调整；三是要善于"察言观色"，领会领导意图的调整与变化，避免误会与误导；四是要善于灵机应变，秘书协调往往会遇到一些突发事件，在处理突发紧急事件的过程中，秘书应根据情势发展灵活应对，并随时向领导汇报。

3. 要有有效沟通的能力

在协调工作中一定会涉及人与人之间的沟通，掌握好这门艺术，对秘书来说至关重要。沟通，是一种能力，需要去努力学习、努力经营。首先，学会聆听。沟通并不只是你一味地自己说，更要听别人说，在别人说话的时候要专注、仔细，从别人的话语中准确抓住他要表达的意思。其次，说话要有目的性、针对性，不能满河撒网，让人不知所云。最后，要言简意赅，有条有理,做到思路清晰、重点突出。

4. 要有良好的心理素质

良好的心理素质,是秘书做好协调工作的重要因素。秘书的心理素质体现在四个方面,一是要有明晰的角色意识。在领导面前,秘书是服务者、辅助者,身位要低,态度要谦卑,工作要勤勉;在协调过程中,秘书代表领导的权威,在吃准政策的同时,说话要自信果断,传达信息要明确无误。二是要自信乐观。在协调工作中,作为综合协调者,秘书一定要表现出高度的政策自信、决断自信,这样才能将不同意见统一起来。三是要有抗压能力。协调中,秘书会面临各方面的压力,如决策后果的压力、各级领导的压力、群众议论的压力、媒体曝光的压力,等等。承受不住压力,就会导致决断变形,影响协调工作的推进。四是要有博弈意识。要敢于博弈,善于博弈,在博弈中要善于坚守底线,同时善于适时妥协。

拓展阅读

案例一

富康公司总经理出差外地了,公司的一件重要事项急需三位副总经理协商决定。但在商量时,三位副总经理发生了严重的分歧,开了一上午的会议,还未达成统一意见,而事情又十分紧急,这使得具体经办人兰秘书苦恼万分。会后,好心的兰秘书分别再向三位领导请示,三人仍各持己见,每位副总经理都要求兰秘书传话给其他两位,听话的兰秘书均如此照办,但事情最终未成。总经理回来后,再次召集开会,三位副总经理的情绪更坏,隔阂更大,而且都表明自己的原话或说话的真正意思不是传话的那样,是兰秘书在传话时加进了自己的意思,使原意走了样。这样一来,兰秘书真是“猪八戒照镜子——里外不是人”。

案例二

最近环保局要进行一次分房,解决一些符合条件的人的住房困难问题。据说这是最后一批福利分房,以后国家要调整国有单位的住房政策。听到这个消息,局里议论纷纷,那些住房困难的人,都想找关系,以便赶上这最后一趟分房的末班车。所以,这些天找局长的人和电话特别多,局长叮嘱秘书杨迪遇到此类的人和电话一律挡驾。这下可难为坏了杨秘书,来找局长说情的人大多死缠烂打,摆出见不着局长誓不罢休的样子,闹得杨秘书一个头两个大,什么事情也做不了。还不能对他们发火耍态度,否则更是火上浇油。又不能直截了当地说局长不想见他们,只能态度坚决地推托局长到市里开会去了或说局长到下属单位视察去了等。由此,得罪了很多人,他们都在背后骂杨秘书,说她是“狐假虎威,瞎神气”。有人偷偷告诉杨秘书背后的闲言闲语,杨秘书也只能苦笑作罢。有一天,财政局经常和他们局打交道的刘科长来了,要见局长。这时候来,明摆着也是来说情的,为在他们局里上班的妹妹家分房子的事来找局长走走后门。杨秘书来到局长办公室跟局长一说,局长也不想见他。因为见了答应也不是,不能一碗水端平,后患无穷;不答应也不是,得罪了财神爷,将来不好办事。所以也让杨秘书挡驾。杨秘书还没来得及出去,刘科长已经敲门自己走了进来,问道:“怎么,李局长,连我也不想见啊?”李局长很尴尬,马上说:“哪里,哪里,欢迎,欢迎,很忙啊。”这时,杨秘书见状,急中生智对李局长说:“对不起,局长,我是来提醒您,您该出发了,自来水厂的问题还急等着您去现场处理呢。”

李局长一听,马上接过来说:"对,对,你看我都忙糊涂了。对不起啊,老刘,那边的事情很棘手,你的事要是不急,咱们改天再谈,或者你跟杨秘书先谈一下,我有急事先走一步。"局长说完,如释重负地走了。杨秘书请刘科长坐,捧上热茶,对刘科长说:"刘科长请喝茶,您有事请说吧,等局长回来,我替您转达。"刘科长淡淡地说:"也没什么大事,改天再说吧。"喝了口茶,悻悻地走了。

任务参考

人际关系的协调是秘书职能的重要方面。秘书首先要协调好与领导之间的关系。秘书人员与领导者的关系是对立统一的关系:秘书活动源于领导活动的需求而产生,又伴随领导活动的进行而展开,两者相互补偿,不可或缺。秘书人员与领导者的关系是一种上下级关系,秘书人员要遵从领导指挥,领会领导意图,为领导活动服务,不可固执己见乃至越职越权,才能成为领导者的得力助手。秘书小陈在追求一致与积极适应的原则下,正确处理了与关厂长的关系,积极发挥参谋作用,协助关厂长谈判成功。由此可见,人际关系协调在秘书工作中处于非常重要的位置,所以,秘书人员要加强人际关系协调能力,增强公共关系意识。

秘书要协调好各部门之间的关系,要能敏锐地捕捉信息,善于发现线索、抓住有利时机和条件,并加以利用进行协调。在协调的过程中要掌握一定的语言技巧,利用行政协调法、经济协调法、法律协调法、疏导协调法等不同的方法进行协调。

秘书的职责之一就是为领导排忧解难,领导不方便出现的场合或不方便说的话,秘书应该挺身而出,代领导出席,代领导沟通。但也要在领会领导意图的基础上既坚决执行领导交给的任务,又要注意沟通和处理的方式方法。要与领导在工作中形成一种默契,能够在遇到尴尬的或不利的处境时,运用自己的专业知识和职业素养,巧妙地予以化解,为领导做好挡驾工作。

思考练习

1. 秘书劝谏要采用什么方法?
2. 秘书在为领导挡驾的过程中有些什么策略?
3. 秘书应该具备哪些协调能力及素养?
4. 案例分析。

将近年底,公司特别忙,就要召开董事会了,由于销售大幅度滑坡,王总心情不太好。这天上午 10 点左右,广告公司的赵总来电话,想就明年的广告代理问题与王总交换一下看法。王总正忙得焦头烂额,听秘书说赵总要谈明年的广告问题,就对陈秘书说了一句:"不就是明年的广告吗?现在没时间!"陈秘书只好回复赵总说:"您的事我们王总基本知道,但是今天基本没空,下次再约时间吧。"请你说说陈秘书的挡驾是否合理。如果你是陈秘书怎么回答更好。

本章总结

秘书的工作具有辅助性、中介性、综合性,这"三性"都与沟通协调相关。沟通是秘书工作的关键环节之一,处理好各种日常事务都离不开有效沟通,沟通在工作中具有普遍性。组织的各部门之间,各部门的人员之间,都将通过有效沟通来实现组织有效地运转,因此沟与协调对秘书工作来说,显得尤为重要。

沟通几乎贯穿秘书工作的全过程。在日常管理中,秘书每时每刻都在与人打交道,每时每刻都在与人沟通。特别是在商务洽谈、谈判、劝谏、挡驾、协调工作中,秘书主要是通过沟通来实现工作目标的。

在现代企业中,商务洽谈或商务谈判是最重要的工作之一,秘书人员是商务洽谈和商务谈判的参与者之一,他们承担着前期准备、文本拟订、会务组织、食宿安排等重要工作,这些工作看似琐屑,实则关系公司业务拓展甚至发展前景,其重要性不言而喻。

劝谏与挡驾是针对领导的重要服务性工作。劝谏是秘书履行决策参谋职责的重要途径,处在领导身边的秘书人员虽然没有决策的权力,但他们了解决策的全过程,对每一项决策的延续性、可行性有深入了解,对决策的政策背景非常熟悉,最适合担当拾遗补缺的职责。因此,秘书要加强自己的政策学习,提高自己的知识与认知水平,做好劝谏工作,为领导决策多设一道防火墙。

挡驾的工作非常重要,一个善于为领导挡驾的秘书,可以为领导营造更加宽松的工作环境,让领导从琐碎的事务性工作中解放出来,有更多的精力集中处理重大事项,这对一个单位来说是非常重要的。

协调职能是秘书最基本、最重要的职能,协调是确保组织内部认识统一、沟通感情、增强合力、步调一致、政令畅通的重要工作,没有协调,管理就无从谈起。要做好协调工作,秘书必须具备有效沟通的能力、审时度势的能力、洞察人心的能力。

✦ 影像展示

1. 商务谈判开局技巧。
2. 商务谈判技巧——保持平衡。
3. 秘书助理常犯的错误及应对技巧。

第七章　沟通与协调
影像展示

✦ 实战训练

1. 协调领导与领导关系演示。
2. 上司的家属、亲友等频繁求见时给上司"挡驾"演示。
3. 模拟一场商务谈判。

第八章
信息工作与调查研究

本章概要

在信息社会与大数据时代下,信息处理与管理是秘书工作的重要内容,也是秘书做好辅助管理的关键。本章重点讨论了秘书信息工作处理的内容、范围和方式、要求等。秘书人员在辅助领导实施管理的过程中,必须为领导提供必要的信息服务,而调查研究是获得信息的重要途径之一。因此,本章还着重介绍了秘书调研工作的基本内容、程序及方法等。

学习目标

1. 了解信息与信息工作的含义。
2. 掌握秘书处理信息的基本方法,提高信息处理能力。
3. 熟悉市场调查的方法与过程。
4. 掌握研究与预测的主要内容及方法。

第一节　信息处理与管理

情景导入

大学同窗王芳和李兰几乎同时应聘在某农产品超市当办公室文员。不久,李兰受到了总经理的青睐,一再被提升,很快就做到了部门经理,可工作起来同样肯吃苦的王芳却一直在做着文员。终于有一天王芳忍无可忍,向总经理提出辞呈,并痛斥总经理用人不公。

总经理耐心地听着,若有所思。忽然他说:"年轻人,别忙着辞职,先帮我到今天的集市上看看,有什么可卖的。"王芳很快从集市回来说:"只有一个农民拉了一车土豆在卖。""一车大约有多少袋,多少斤?"总经理问,王芳又跑回去,回来说有 10 袋。"价格是多少?"总经理又问,王芳欲再次跑回集市,总经理望着气喘吁吁的她说:"请休息一会儿吧,你可以看看李兰是怎么做的。"说完,叫来李兰对她说:"请你马上到集市上去看看,今天有什么可卖的。"

　　李兰很快从集市上回来了,汇报说到现在为止,只有一个农民在卖土豆,有 10 袋,价格适中,质量很好,她带回几个让总经理看看。这个农民过会儿还将弄几筐西红柿上市,据李兰看价格还公道,这种价格的西红柿总经理可能会要,所以,她不仅带回了几个西红柿做样品,还把那个农民也带来了,他现在正在外面等着回话呢!

　　面对这一切,王芳忽然明白了,李兰比她多想了几步,所以她在工作上总会取得成功。

任务提示

　　1. 王芳与李兰的差距在哪儿?
　　2. 秘书应该如何为领导提供优质的信息服务?

内容提要

　　本节主要介绍了信息的概念、类型及特点,着重探讨了秘书信息工作的作用,强化了信息管理工作的基本要求和程序。

必备知识

一、 信息的基本常识

(一)信息的概念

　　广义的信息指能为人们感知的事物的状态、特征、联系和变化,以及直接或间接反映、描述它们的符号和信号。广义的信息普遍存在于自然界、人类社会和人们思维的过程。例如,浓云密布是大雨即将来临的信息,公鸡打鸣是天快亮的信息;记载人类对自然和社会认识成果的知识,报道最新政治经济动态的消息,人们思维过程中运用的概念、判断以及表达它们的语言符号词语、句子等,都属于广义信息的范畴。

　　狭义的信息指接受者原先不知道的、有用的消息。这是一个相对概念,因为接受者的情况不同,对一位接受者来说是新的有用的消息,对另一位接受者来说可能是早已知道的或毫无价值的。例如,一条某大学知名教授的周末专题讲座的消息,对于这所大学的学生来说是极为重要的信息,而对于建筑工地上项目经理来说,则没有什么价值,也算不上信息。

　　秘书部门信息工作对象,主要是指狭义的信息,即对领导和本单位相关工作来说一切有用的新的信息。但由于狭义信息的相对性,对目前面对的领导或部门没有用的信息,或暂时没有价值的信息,将来可能有价值。因此,不能把秘书部门信息工作的对象范围限制得太窄。

(二)信息的特征

1. 可增长性

　　随着人们认识能力的提高和记录、传输信息手段的进步,整个社会所拥有的信息总量处于不断增长的过程中。对个人而言,当一个人将自己得到的信息转告他人时,他自己掌握的信息并未减少。

2. 可传递性

信息可借助于各种手段由一个人传递给另一个人,由一个地方传递到另一个地方。在传递过程中,信息的发出者叫作信源,信息的接受者叫作信宿,信息的传递通道叫作信道。传递信息的手段主要有视觉信号传递、听觉信号传递。视觉信号主要有文字、图像、表情、动作等,听觉信号主要有语言、音乐等。

3. 可分享性

信息一经传播,所有接受信息的人都可以利用它,这就是信息的可分享性。因此,对于那些涉及国家、单位或个人利益的不宜公开的信息,必须控制传播,注意保密;而对于那些传播出去有利于国家、有利于社会、有利于工作的信息,则要疏通传播渠道,加快信息的扩散,以促进社会经济发展,提高工作效率。

4. 时效性

任何信息对于整个人类社会来说都是有用的,否则它就不会存在。但是,某一具体信息对于信息的接受者来说,其价值的高低主要取决于信息的时效性。一般来说,超前信息和及时的信息具有很高的价值,而滞后信息则价值很小甚至完全失去价值。

5. 可储存性

人们所获取的信息可以用一定的方式加以储存,以便在将来提取供自己或他人利用。储存的方式有两种:通过人的大脑的记忆功能加以储存;借助于纸张、胶片、磁盘、光盘等物质载体加以储存。正是因为信息可以储存,人类社会所拥有的信息总量才会不断增长。

(三)信息的类型

按照不同的标准,信息可划分成不同的类型。

1. 直接信息和间接信息

直接信息是人们在社会实践活动中,通过实地调查或直接观察得到的信息。间接信息是人们从传播渠道和信息载体所获得的信息,它通常是经过了他人加工制作过的信息。一般来说,直接信息是来自工作实践的第一手资料,生动、鲜活,比较可靠,但数量有限;间接信息是大量的,但可靠性程度差别很大,必须加以鉴别。

2. 动态信息和静态信息

动态信息是关于正在进行中的事物的信息,它通常具有极强的时效性,新闻媒介每天发布的新闻、某项工作的进展状况、某种商品的销售情况、股市指数的涨落等,都属于动态信息。静态信息是记载过去事物情况的信息,它一般不具有明显的时效性,图书资料、文献档案中所记载的信息是静态信息。动态信息通过记载和储存可以转化为静态信息。

3. 无记录信息和有记录信息

无记录信息是没有物质载体的转瞬即逝的信息,如人们的口头语言、动作、表情,人们对事物表象的感知,以及凭大脑记忆的信息等。这类信息方便、快捷、形象,但不够严谨、正规。有记录信息又叫物化信息,包括文字信息和声像(电讯)信息,如记载在纸张、网络、胶片、磁盘、光盘等材料中的信息。

4. 初级信息和高层次信息

初级信息是指零散的、粗浅的原始信息,是尚未经过深度加工、开发和处理的信息。它是对工作、生活中和网页上的信息以及各地各部门报送材料的初加工,如新闻报道、情况报告、统计报表等。其特点是生动、具体,是对信息进一步作精加工的基础。但不成熟、不稳定、不系统、不完整、缺乏针对性,领导机关可以用它了解动态,但不能据此决定政策。

高层次信息是指经过对零散的、粗浅的初级信息的深度开发和处理后形成的信息,如调查报告、可行性研究报告等。其特点是真实、系统、完整,而且有情况、有分析、有对策意见,参谋咨询价值的更大。高层次信息还可分为三类:一是经验型高层次信息——其特点是做法具体、经验典型、可操作性强。二是问题型高层次信息——其特点是所反映的问题具有普遍性和典型性。三是建议型高层次信息。它是针对某些人所共知的热点、难点问题而提出的解决方案,且具有可行性。

二、 信息工作的作用

信息工作就是为满足信息使用者或信息利用者的需要而进行的信息处理和传递活动。秘书部门在一单位中处于信息中心地位,现代科学管理必须建立在准确而全面的信息基础之上,因此信息工作是秘书工作的重中之重,而满足并切合领导者的需要是秘书信息工作的核心任务。

(一)为领导参谋决策提供可靠的信息根据

决策是领导机关最基本的职能。无论是企业还是政府机关,领导人的职责主要是两件事情:用人和决策(或预测)。任何正确决策都不能仅凭领导者的主观意愿和经验,而必须建立在充分而准确的信息基础之上。领导决策的需要包括两个方面:一是制定方针政策、行政法规、重大商务决策的需要;二是解决实际问题的需要,包括对某些经验的宣传推广或对某些问题的处理所采取的措施。正确、有效的信息是决策的基础,也是一个单位生存发展的保障。

(二)为领导人日常工作提供信息咨询

面对咨询化的时代、网络化的工作环境,秘书必须是个小小的"咨询专家"。凡是对领导交办所需的各种咨询信息,都要能及时检索到。比如,秘书平常应熟记本地交通、旅行社、食宿、娱乐场所等基本信息,秘书要在自己的办公桌周围,准备随手就可以取来的应答信息,这些信息被称为"案头必备"。

(三)信息工作是秘书部门做好其他工作的重要保证

秘书部门的信息工作除了直接为领导的决策和机关管理服务外,还是做好秘书部门其他工作的重要保证。举例来说,秘书经常要为领导或机关起草各种文件和材料,其内容必须依赖于平时的信息积累,而写作过程实际上就是信息的处理加工。另外,单位内外存在着大量有用并具有共享性的信息,在一定范围实现信息的共享,可以最大限度地发挥信息沟通、扩散、增值的作用。

三、 信息工作的基本要求

（一）准确完整

准确就是要求提供的信息真实地反映客观事物的本来情况。真实性是信息的生命，因为科学决策和有效管理以及秘书的自身工作，必须建立在真实准确的信息基础之上。因此，秘书工作者在信息工作中，要以高度负责的精神，坚持实事求是的科学态度，尊重客观事实，如实收集、提供准确的信息。完整，就是要求提供的信息能够全面、系统、完整地反映事物的各方面情况。为了保证提供信息的完整性，秘书人员必须以系统的观点和辩证的方法去观察事物，收集信息，既要注意正面信息，也要注意反面信息；既要注意上层信息，也要注意基层信息。如果只注意收集或提供某一方面信息，即使信息本身是真实的，也不能全面反映事物的真实面貌。

（二）及时高效

及时是指秘书工作者在信息工作中应有强烈的时间观念，以最快的速度收集新的动态信息，并且及时将其中有价值的信息提供给领导和有关部门。高效，主要指信息的加工整理、传输等环节要讲求效率，要做到用最少的时间、花最少的精力、通过最快的途径传递出高质量、大容量的信息。对信息工作及时高效的要求，是由信息本身的时效性决定的。领导工作固然需要利用一些过去的信息资料，但大量需要的则是关于正在进行中的工作和"短线热点"信息，这种信息的价值是建立在及时利用的前提之下的。

（三）适用适量

适用就是信息工作要有针对性、选择性，要符合领导工作和机关工作的实际需要。不同性质的单位需要不同的信息，不同层次和不同分工的领导，对信息的需求也不一样，同一单位、同一领导在不同时间对信息的需求可能有很大差别，这就要求秘书部门根据不同情况，收集并提供对当前工作有较大参考价值的信息，避免盲目性。适量就是秘书部门提供的信息量既要满足领导工作和单位工作的需要，又不宜过多过滥。信息不足固然会使领导耳目闭塞，信息过量也会分散领导的精力，对领导工作形成干扰。

四、 信息处理

（一）信息的收集积累

信息的收集就是秘书部门通过平常积累和临时突击收集等各种方式，有意识、有目的地获取各类与本单位相关信息的过程，是信息处理程序的第一步，也是整个信息工作的基础。

1. 信息收集的范围

不同性质的单位，收集信息的范围应有所区别，但一般情况下应包括以下几个方面的信息：第一，各级党政机关颁布的方针、政策、法规等，特别要注意新发布和作了补充改动的内容。这些信息都是硬指标，是机关、单位办事的依据，关系到全局性的重大问题。第二，上级领导机关或主管部门发布的与本机关、本单位有关的指挥性、指导性或参考性意见。第三，本机关、本单位所辖地区、所属单位的基本情况,包括对上级领导机关和本机关的重要决策或重要工作部署的贯彻执行情况、正常工作和经营情况、工作中存在的主要问题、典型经验和先进人物、干部和群众的思想动态等。这些信息是机关、单位制定和调整政策、进行有效管理的主要依据,是秘书部门信息工作的重点。第四,对本机关、本单位工作或产品的反馈信息,如群众或用户的评价、意见、要求、建议等。第五,相邻或相似地区、性质相同的单位以及国外相同行业的新进展、新做法、新经验、新产品、新技术等,这些信息可与本单位的情况进行比较,具有重要的参考价值。

2. 信息收集的渠道

(1)信息网络

通过单位专门建立的信息机构、信息联络点或信息联络员,组成纵横交错的信息网是收集信息的重要渠道和普遍做法。这条渠道的特点是,通过各个信息部门、联络点和联络员,把分散在各地的有价值的信息,用建议的形式直接、及时地汇总上来,提供给领导参考利用。

(2)文件资料

文件包括上级机关下发的文件、下级单位上报的文件以及平级单位抄送的文件,这些文件中通常都包含着比较重要的信息。除了正式公文外,各种内刊、简报、统计报表等也是重要的信息来源。

(3)大众传媒

通过报纸杂志、电视广播、互联网等能得到国际国内大量的政治、经济、文化、科技方面的动态信息。党报、党刊上的重要文章,通常是领导机关意志的反映,应予以特别注意。

(4)会议

各种会议是重要的信息集散场所,参加会议往往能获得大量的重要信息。

(5)来信、来访、来电

信访是一个非常重要的信息来源,能够提供大量而直接的民情、民意和其他社会信息,从中检索有价值的信息,做好值班记录和分类统计。

(6)调查研究

调查研究是秘书部门根据领导交办的问题或围绕本单位热点、难点问题,有目的、有重点地收集第一手可靠信息的方法。

3. 信息收集的方法

(1)阅读法

从报纸、杂志、文件、资料中收集信息主要靠阅读法。不同的材料要采用不同的阅读方法。对文件要精读,有的甚至要反复阅读,务必领会文件的实质,以提取重要信息。对报刊资料则必须用速读法。对大多数文字资料,秘书可用标题扫描和正文浏览的方法,如发现其中有价值的信息,赶快把它剪贴、复制或摘录下来,并进行科学分类,以备不时之需。

(2)观察法

观察法是直接用感官来认识客观事物的方法,在调查研究以及日常工作实践中,观察法是收集直接信息的主要方法。用观察法收集信息需要有敏锐的观察力,有的人到一个单位走一趟可能什么有价值的信息也得不到,另一个人到相同的单位走一趟却能得到许多重要信息,这就由观察能力的差别造成的。

（3）听记法

听记法是通过声音信号，主要是语言，收集信息的方法。在调查访问、接待来访、参加会议、日常交谈、接听电话以及收听广播时，秘书要善于当一个好的听众，要集中注意力，以防止曲解原意。秘书要养成随身、随时携带笔记本的习惯，随时随地将声音信号转换成文字信号，以便保存利用。

（4）交换法

各个单位、各个行业都有自己的信息刊物，如简报、内参等，这些信息属于内部信息，资料的适用性、指导性很强，一般不对外公开，可以通过交换或购买等方式获取有关信息，为我所用。

（5）索取法

当领导工作或秘书本身的工作需要某一方面信息资料时，可用文件、信函或电话向有关单位要求提供相关信息。索取信息的对象可以是上级信息部门，也可以是下级基层单位的有关人员，还可以是不相隶属的其他单位。

（6）购买法

随着市场经济的发展，近年来社会上出现了商业性信息服务公司，有偿为需要者提供信息服务。企业、事业单位以及党政机关在必要的情况下，可以向他们购买所需的信息，或付给佣金委托立项研究收集某一方面的信息。

（二）信息的筛选和校正

信息的筛选和校正就是将获得的大量信息，进行分析研究，剔除过时的、虚假的、重复的或对本单位意义不大的信息，从中选取内容新、情况真、事实准、针对性强、有利用价值的信息。筛选信息的过程实际上就是对信息辨别真伪、取舍和校正的过程。

（三）信息的加工和综合处理

筛选之后的信息常常要经过初步加工形成初级信息。加工的方法主要如下。

（1）文字加工，即用文字概括信息中实质性的内容，提高其利用价值。

（2）信息提要，即将大量信息提炼出若干条信息的要点，供深度加工或速报领导。

（3）信息分类，即按不同的内容、性质和作用，对信息进行分类，使其系统化、条理化，便于检索。

按管理层次分类：可分为宏观信息管理、中观信息管理、微观信息管理；

按管理内容分类：可分为信息生产管理、信息组织管理、信息系统管理、信息产业管理、信息市场管理等；

按应用范围分类：可分为工业企业信息管理、商业企业信息管理、政府信息管理、公共事业信息管理等；

按管理手段分类：可分为手工信息管理、信息技术管理、信息资源管理等；

按信息内容分类：可分为经济信息管理、科技信息管理、教育信息管理、军事信息管理等。

此外，信息的综合处理是从总体上对信息进行系统分析、判断和归纳整理，提出较系统、深刻的意见和建议，形成切合决策需要、有深度的高层次信息。

五、 信息管理

信息管理,是指对人类社会信息活动的各种相关因素(主要是人、信息、技术和机构)进行科学的计划、组织、控制和协调,以实现信息资源的合理开发与有效利用的过程。它既包括微观上对信息内容的管理——信息的组织、检索、加工、服务等,又包括宏观上对信息机构和信息系统的管理。

(一)信息管理的对象

1. 信息资源

它是信息生产者、信息、信息技术的有机体。信息管理的根本目的是控制信息流向,实现信息的效用与价值。但是,信息并不都是资源,要使其成为资源并实现其效用和价值,就必须借助"人"的智力和信息技术等手段。因此,人是控制信息资源、协调信息活动的主体,而信息的收集、存储、传递、处理和利用等信息活动过程都离不开信息技术的支持。

2. 信息活动

它是指人类社会围绕信息资源的形成、传递和利用而开展的管理活动与服务活动。信息资源的形成阶段以信息的产生、记录、收集、传递、存储、处理等活动为特征,目的是形成可以利用的信息资源。信息资源的开发利用阶段以信息资源的传递、检索、分析、选择、吸收、评价、利用等活动为特征,目的是实现信息资源的价值,达到信息管理的目的。

(二)信息管理制度

没有完善的管理制度,任何先进的方法和手段都不能充分发挥作用。为了保障信息管理系统的有效运转,秘书必须建立一套完整的信息管理制度,作为信息工作的章程和准则,使信息管理规范化。信息管理制度主要包括以下几个方面。

1. 建立原始信息收集制度

一切与组织活动有关的信息,都应毫无遗漏地收集。为此,要建立相应的制度,安排专人或设立专门的机构从事原始信息的收集工作。在组织信息管理中,要对工作成绩突出的单位和个人给予必要的奖励,对那些因不负责任造成了信息延误和失真,或者出于某种目的胡编乱造、提供假数据的人,要给予必要的处罚。

2. 规定信息渠道

在信息管理中,要明确规定上下级之间纵向的信息通道,同时也要明确规定同级之间横向的信息通道。建立必要的制度,明确各单位、各部门在对外提供信息方面的职责和义务,在组织内部进行合理地分工,避免重复采集和收集信息。

3. 提高信息的利用率

信息的利用率,一般指有效的信息占全部原始信息的百分率。这个百分率越高,说明信息工作的成效越大。反之,不仅在人力、物力上造成浪费,还使有用的信息得不到正常的流通。因此,必须加强信息处理机构和信息工作人员的业务水平,健全信息管理体系,通过专门的训练,使信息工作人员具有识别信息的能力。同时,必须重视用科学定量分析方法,从大量数据中找出规律,提高科学管理水平,使信息充分发挥作用。

4. 建立信息反馈系统

组织必须把管理中的追踪检查、监督和反馈摆在重要地位,严格规定监督反馈制度,定期对各种数据、信息作深入地分析,通过多种渠道,建立快速而灵敏的信息反馈系统。

(三)信息管理程序

对已经进行过微观处理的信息,要使其有效地被宏观利用和管理,还包含以下程序。

1. 传输与反馈

信息的传输即信息的传递、报送、发布等,是指把收集、加工、编辑后的信息,通过不同的传输手段和途径提供给信息的利用者或使用者,达到信息服务、沟通或利用的目的。加快信息传输,使信息的收集、加工成为有效劳动。信息的传递方法则可以区分为口头传递、文书传递和电讯传递三种类型。

信息反馈,指的是输出的信息所产生的结果又作为新的信息被输送回来。在管理系统中,信息反馈主要指下属单位或员工、客户等,将贯彻执行决策方针的情况及时向上反映。信息工作的最终目的是被利用或被采纳。信息利用是指经过收集、加工和传递的信息被领导(决策层)采纳,或被有关的信息报刊登载,或被内外公众知晓等。秘书人员根据这三种使用对象反馈来的利用情况,分析原因,研究对策,及时调整和改进信息处理流程,从而最大限度地提高信息的利用率,尤其是提高领导采纳信息的比率。比如,新闻或信息发布会后,秘书要查阅相关所有报刊,剪下各报对新闻或信息发布会的评论。通过这些评论可以了解到外界对公司组织此次活动的反响如何。

2. 编码和编目

按一定的体系给每一份信息材料一个独特的编码,进行登记,并编制目录索引等检索工具以方便今后的检索。在电子类信息中,这项工作在信息输入阶段即可以建立一些特征,然后利用计算机的强大功能,进行多种方便快捷的检索,大大降低了这方面的工作强度。

3. 存储

对信息进行存储有多种方法。随着信息量的增加,需要存储的信息越来越多,对信息存储的要求也越来越高。因此,传统的手工存储已满足不了需要,必须借助于现代化的手段,如计算机、缩微技术等,目前,常用的存储方法主要有以下几种。

(1)手工存储。存储信息的传统方法是在纸上记录,并人工保存在档案室或其他处所,这在今天仍然是最常用的方法。所有企业都有纸面记录,需要排序和存储在合乎逻辑的、可访问的系统中。人工存储信息容易理解和使用,一旦找到就能阅读,不需要特别昂贵的设备,但大量的纸质材料会占据很多空间,而且需要长期保存的材料还有较高的环境要求。

(2)缩微存储。缩微技术是另一种信息存储技术。所谓缩微技术就是将资料或图书通过专用设备利用照相原理缩小到底片上,使用时再用专用设备阅读或复印。

(3)光盘存储。光盘存储是指将文字、影像等信息以数字的形式存储在光盘上。使用光盘进行存储有很多优点,如光盘信息存储的密度非常高,可以进行海量存储,与纸质文件相比,可以节约大量空间、存储成本,总体核算较低;信息的检索存取操作简单快捷;可以与计算机联机使用等。信息存储必须满足存取方便、迅速的需要,否则就会给信息的利用带来不便,计算机存储应对数据进行科学合理的组织,要按照信息本身和他们之间的逻辑关系进行存储。

4. 信息服务

信息服务是信息管理活动的出发点和归宿,是用不同的方式向用户提供所需信息的一项活动。信息服务活动通过研究用户、组织用户、组织服务,将有价值的信息传递给用户,最终帮助用户解决问题。其主要方式如下。

(1) 信息检索服务:根据用户的需求或提问,从各类不同的数据库或信息系统中,迅速、准确地查出与用户需求相符合的一切有价值的资料和数据。

(2) 信息报道与发布服务:信息机构对收集到的大量资料和信息进行整理、加工、评价、研究和选择之后,及时报道出去,满足用户的信息需求。

(3) 信息咨询服务:帮助用户解决信息问题的一种专门咨询活动。

(4) 网络信息服务:是指在网络环境下,信息机构和行业利用计算机、通信和网络等现代技术从事信息采集、处理、存贮、传递和提供利用等一切活动。

(四) 网站信息管理

网络是最便捷的信息传播工具。各类组织大多建有自己的网站(或网页),网站管理成为秘书机构一项重要的常规业务。网站有对外展示形象和对内进行管理的功能,但网站最主要的功能是传播信息,展示形象或内部管理的功能也是通过网站信息流通的手段来实现的。

1. 网站管理制度

秘书管理机构应建立严密的信息管理制度,包括分级管理和专职管理制度、信息发布审查制度、保密制度和奖惩制度、网站内容定期更新制度等,并严格执行。

2. 网站信息的处理和利用

网站是获取用户反馈信息的有效途径。公众通过网站对领导工作提出许多非常具体的要求、意见和建议,秘书机构应将这些反馈信息视为重要的信息资源,按照信息工作的要求广泛收集,认真研究。此外,秘书从网站管理的角度还要对公众反馈的信息加以及时地处理。同时,网站可以开设以下交互功能:会员注册、网站留言板、客户调研、在线沟通、首长信箱、公众论坛、博客和微博等。

(五) 信息管理系统

随着科学技术特别是信息工程、计算机技术等高科技技术的飞速发展和普及,当今世界已进入了信息时代。企业和组织要求信息处理的数量越来越大,速度越来越快。为了让管理者及时掌握准确、可靠的信息,以及执行之后构成真实的反馈,必须建立一个功能齐全和高效率的信息管理系统。信息管理系统采用以电子计算机为主的技术设备,通过自动化通信网络,与各种信息终端相连接,利用完善的通信网,沟通各方面的联系,以保证迅速、准确、及时地收集情况和下达命令,如 OA(办公自动化)系统。

拓展阅读

20 世纪 90 年代初,国内钢材市场价格上扬,某钢铁公司仅仅根据暂时的市场行情,没有掌握国际市场钢材供大于求和国内电价将要大幅度上调的有关信息,决定从国外引进一套能够在短期内装备投产的电炉炼钢设备,结果电炉尚未装配完毕,国内钢材价格在进口钢材的冲击下已开始回落,而电价则由于煤炭价格的影响而大幅上涨;经过核算,电炉如果投产,每炼出1吨钢就要亏损几百元,几千万元的设备只好被闲置,给国家造成极大的损失,也给企业的经营带来了极大的困难。这种因信息不灵、不准、不全、不快而使决策失误的例子,比比皆是。

（资料来源：https://max.book118.com/html/2016/0731/49755343.shtm,2016 - 07 - 31)

🔍 任务参考

两人的差距很大,一个工作被动、依赖,事事等领导吩咐,作为秘书,这是大忌;另一个工作积极主动,行事周到而严谨,所收集的信息准确且全面,能为领导的决策提供充分的依据。秘书应该通过各种渠道及时高效地为领导层提供准确完整、适用适量的信息。

✦ 思考练习

1. 什么是信息工作?秘书部门的信息工作有何特点?
2. 秘书工作的作用和基本要求有哪些?
3. 秘书收集信息的渠道有哪些?
4. 案例分析。

小赵是一家仪器仪表经销公司的总经理秘书。一天她在网上看到一条最新消息,一家跨国公司在墨西哥的工厂发生火灾,造成停产,它生产的产品正是自己经销的仪表上的一个关键部件,而该厂的产量占全球市场供货量的30%以上。专家估计在这家工厂要恢复生产的话至少得三个月。停产期间,供货量肯定减少,因此,小赵估计在最近一段期间,本公司经销的产品价格至少要上涨20%。

小赵要不要把这个消息透露给自己的客户,让他们重新制订销售计划?她该如何处理?

第二节　市场分析与预测

🖱 情景导入

某市机关办公室抽调一些秘书人员组成一个调查工作组,下基层进行卫生工作调查研究。在调查中了解到这样一个情况:有大批麻风病人从周围的几个地区流入该市,其中该市的一个县在两年多时间内就流入麻风病患者600多人。这个情况引起了调查组的高度重视。他们就此进行了认真细致的分析,认为麻风病是一种慢性传染病,传染速度不会这么快,更不可能在短期内增加这么多的麻风病人。同样,其他省市也不可能让这么多的麻风病人到处流窜。为了弄清情况,他们又做了进一步调查了解,结果发现,原来是一些不法之徒,为了骗取民政部门的钱物,假冒麻风病人流窜骗钱。

任务提示

(1) 你认为秘书做好调研工作对领导形成正确的决策有何重要作用?

(2) 对于秘书如何获取最真实有效的调研信息,请谈谈你的看法。

内容提要

本节主要阐述秘书调研分析工作的基本内涵,着重探讨调研与分析的基本程序和工作要求,强调秘书调研分析工作的重要性。

必备知识

秘书人员在辅助领导实施管理的过程中,必须为领导提供必要的信息服务,而调查研究是获得信息的重要途径之一。通过广泛而有目的的调查,掌握大量富有价值的信息,并通过对信息的分析研究,认识事物的本质和规律,提出解决问题的意见和建议。因此,调查研究是秘书工作的一个重要内容。

一、 调研工作概述

(一)调研工作的含义

调查研究包括调查和研究两个方面。调查是运用各种方法、手段和工具,收集信息材料的行为过程;研究是在信息收集的基础上描述和解释情况、提出解决问题的方法和措施,预测事物未来发展状况的行为过程。调查研究简称调研,是人们在实践中,通过一定的途径和方法,对特定客观事物进行有意识的探索和把握,从而获得关于客观事物规律性认识的活动过程。

(二)调研工作的作用

1. 收集原始信息,支持领导决策管理

决策就是人们对未来的实践活动做出的寻求最理想预定目标的决定。决策科学与否,主要取决于它是否符合客观实际,是否合乎事物本身的发展规律,而调查研究就是证实了解客观实际、把握事物发展客观规律的主要方法。因此,领导机关在作任何重要决策之前都必须对决策事项进行充分的调查研究。

2. 解决常规问题,处理突发事件的必要手段

秘书工作内容繁多,不管是辅助决策,还是协调沟通、办理事务,都离不开调查研究,它渗透在秘书工作的方方面面,对于秘书来说,它是一项常规性的事务。当然,领导工作中,不可避免地会遇到各种各样的具体问题,其中一些比较复杂棘手的问题或突发事件也必须通过调查研究才能得到妥善解决。

3. 提高秘书人员自身素质的重要途径

能够顺利开展调研工作的秘书人员至少要具备以下几方面的能力:一是公关能力,善于与人进行沟通交流;二是观察能力,能准确找到领导的调研需求点,能捕捉与调研课题有关的真实的、有价值的信息;三是分析能力,能够从原始信息中获得对于事物本质的认识;四是表达能力,能够准确向被调查者表达意向和问题,能够向领导准确表达调研的结果。

二、 调查研究的内容

秘书人员的调查研究内容主要包括以下几个方面。

(一)基本情况调研

为了更好地实施辅助性管理工作,秘书应主动地、经常地对本地区、本单位的基本情况做调查,全面准确地掌握基本情况。如政府机关的秘书应对本机关的行政机构、干部配备、人员状况、主要工作和规章制度等进行调查。而对于现代企业秘书来说,更要学会用前瞻性的眼光来进行调研,及时而敏捷地了解和预测市场动向,为领导决策提供科学的市场信息,才能使组织在激烈的市场竞争中稳步而迅速地发展。

(二)指导工作调研

领导部门不仅要做出决策,而且要指导和控制决策的实施。秘书应主动协助领导,跟进决策的实施过程,以便能及时改正错误,完善不足,总结经验。这种调研既督促检查工作,又解决某些带有普遍性、倾向性的问题,也为了起草文稿总结典型经验。

进行经验性调研要选准调查对象,应具有一定的代表性。秘书可采访单位或部门负责人,听取介绍,访问当事人,召开座谈会,听取意见等。对带有普遍性、倾向性问题调研时,要求秘书眼光独到、思维敏捷、行动迅速,否则调研课题的时效性会削弱,影响领导的决策。

(三)辅助决策调研

秘书部门的一切工作都要以领导为中心来展开,而秘书在辅助领导实施管理的过程中,必须针对决策课题进行全面深入的调查,及时为领导提供准确有效的信息,提高决策的可行度。

(四)热点或突发事件调研

秘书部门的调研工作既有常规性的,又有临时性的。对于社会或市场聚焦的热点事件,秘书有责任收集相关信息,并及时向领导汇报。同时,对于突发事件和事故,要求秘书迅速查明事实的真相,分清责任,以便领导能及时做出决策处理。调查时,秘书可采用现场查看、访问当事人和知情人、查阅资料等方式进行。重大事件或事故有秘书人员配合保安、公安部门共同进行。

三、 调查研究的程序

(一)准备阶段

1. 确定调查研究的课题和具体目标

任何调查研究都应有明确的目的,秘书在接受任务之后,应认真领会领导的意图,明确课题的目的、内容、要求等。虽然秘书的调研课题大都是由领导交代,但秘书比领导更接近实践,有可能更早地发现问题,因此,秘书也可以提出调查研究的课题供领导参考。总之,秘书人员需深刻领会课题的重要性和必要性,领会领导的意图,才能把意图变为现实。

2. 选定调查研究的对象和范围

调查对象包括参加调查会的人员、个别访谈对象、专家咨询的对象和专家论证会的参加者、问卷调查中问卷发放的对象范围、统计数据的提供者、现场观察的线路和范围等。

3. 收集资料

秘书在进行调查之前,必须先获得相关的材料,特别是与课题有关的方针政策、法律法规以及相关的业务知识等,为调查的全面展开做好充分的准备,如涉及企业的中外合资合作的调研,还必须了解双方国家在这方面的有关规定,有关产品的市场行情等。

4. 制订调研计划

为了保证按时按质地完成任务,在调查前应制订好完整的计划,调研计划一般包括以下几点。

(1)调查的指导思想和目的、要求。

(2)调查的各项具体内容(即调查的项目)。

(3)调查的地点、单位和对象。

(4)调查的方法。

(5)调查的步骤和进度。

(6)调查人员的具体分工。

(7)调查中可能遇到的问题和对策。

5. 组织调研人员并合理分工

如果是集体调研,秘书还应根据课题的特点及项目的具体情况来组织好调研人员,并进行合理分工,以取得良好的整体效应。

(二)调查阶段

全面实施正式调查,深入实际,做好材料的收集和整理工作,材料的数量和质量,在很大程度上影响着调研成果的大小,也影响着决策的科学与否。因此要做到:第一,收集材料要全面,不能断章取义,更要正反结合,点面兼顾。第二,挖掘材料要深入。细致深入的调查,可以获得丰富的、深层次的材料。如果浅尝辄止,调查则难以突破,也无法打开关键的局面。第三,获取材料要可靠。调查过程中获取的材料必须是客观真实的,不能主观,更不能随意夸大或缩小,没有了真实性,材料也就失去了存在的意义。

(三)分析研究阶段

指在调查活动基本结束后,对调查材料进行综合研究。目的是揭示事物的本质和规律,了解事物之间的因果关系,预测事物的发展趋势。在此环节中,秘书要对调查得来的材料分类有序整理,并进行深入的分析和综合,去粗取精,去伪存真,由表及里,从而形成对事物的理性认识。

（四）成果总结阶段

将对事物的理性认识形成书面报告，供领导参阅使用。调研报告的结构一般包括调查目的、调查过程、调查结果三个部分。写作时要观点明确，层次清楚，实事求是。此外，还要将调研材料及时归档保存，以备不时之需。

四、调查研究的主要类型和方法

（一）调查的主要类型

根据调研的内容、性质、目的、要求的不同，调查可以分为不同类型。

（1）普遍调查，简称普查。它是指对总体对象中每一个具体的单位无例外地进行调查。它适用于重大的基本情况调查，如全国人口调查等。

（2）典型调查。指从总体或不同类型的对象中选择个别有代表性的单位进行调查。其调查结果用来推断、推广到总体或同类对象。如 20 世纪 30 年代费孝通农村社区典型调查，其调查对象是两种不同类型的典型，一类是未受近代工业影响的内地农村典型，另一类是深受近代工业影响的沿江农村典型，以此为对象研究"现代工商业发达过程中农村社区所发生的变化"。

（3）个案调查。指对个别的对象进行调查。此类型调查针对性很强，主要用于社会的特定个体或新生事物，侧重于调查其存在状况和社会背景。如民工个案（生存状况）、组织个案（运行效率）等。

（4）重点调查。就是对调查对象总体中部分起主要作用的单位进行调查，其结果推及其他一般单位。如调查我国彩电生产情况，可以把"中国彩电之王"长虹集团作为重点调查对象。

（5）抽样调查。是在调查总体范围内，抽一定数量样本作为调查对象，并以此来推算全体，即以其结果推算出调查总体的一般情况。

（二）调查的主要方法

（1）文献法。即通过查阅书面资料获得信息。查阅文献一般遵循先近后远、先大后小、先具体后抽象、先简单后复杂、先正面后反面的顺序，可以采用做记录、复印、翻拍等方法。

（2）观察法。通过调查者直接观察而进行的调查。此方法侧重于调查对象的外观、形态或变化特征及过程。

（3）访问法。通过与对象进行交流讨论而获得较深层次信息的方法。访问法既可以表现为个别访谈，也可以表现为开座谈会的形式。

（4）问卷法。将需要了解的问题设计成书面问卷的形式，由被调查者书面作答。可以表现为开放式问卷，即采用填空、问答的形式，答题者自由回答不受限制；也可以是封闭式答卷，即采用选择、是非题的形式，只能有限选择。

（5）网络调查。这是网络时代兴起的一种调查方法。即调查者和被调查者通过网络建立联系，从而开展调查的活动。网络调查可以获得巨大的信息量，越来越受到人们的青睐。

（三）研究方法

（1）归纳法。就是将多件的同类个别事物归在一起，从中概括出共同属性或特征加以加深认识的研究方法。归纳法是建立在直接经验的反复基础上，有一定的可靠性，但其中某一方面也具有反例的可能，会产生"以偏概全"的差错。

（2）综合法。就是将众多零散事物组合串联成为一个整体的研究方法。采用综合法的目的是把个体统一为整体，把片面概括为全面，以达到对事物整体本质的认识。

（3）统计法。就是运用统计数据来描绘事物状况和变化，以得到规律性认识的研究方法。统计法是一种定量研究的方法，通过定量分析可以使问题的陈述变得清晰、简洁，使问题的分析变得准确深刻。

（4）比较法。就是把两个以上的事物放在一起进行比较，从而更深刻认识各自特征的研究方法。这是一种初级的、最基本的逻辑思维方法，可以区分不同的事物，找出它们的共同点和相异点，但由于比较往往只涉及某一方面或某几方面，不能全面地认识事物，无法解释事物产生的原因。

（5）演绎法。就是从一般理论或普遍法则出发，依据这一理论推导出一些具体的结论，然后将它们应用于具体的现象和事物的研究方法。最常用的演绎法是演绎三段论，即由大前提、小前提推导出结论，其基本形式是：所有 M 都是 P，所有 S 都是 M，所以，所有 S 都是 P。

拓展阅读

2018 年中国宠物行业发展趋势分析及市场规模预测

宠物一般指出于非经济目的饲养的，作为人类伴侣动物的狗、猫、淡水观赏鱼、鸟、爬行动物等。宠物行业则是指与宠物有关的宠物食品、宠物医疗、宠物服装、宠物窝笼、宠物用品等所有行业。1860 年美国电气工程师 James Spratt 发现并发明专门的宠物食物，自此，宠物行业从宠物食品开始逐步发展和完善。至 2017 年，全球宠物商品市场规模已经达到 1098 亿美元，同比增长 4.77%。2009 年—2017 年，全球宠物商品市场规模从 790 亿美元增长至 1098 亿美元，年复合增速为 4.2%，增速持续稳定。

我国宠物行业发展呈现明显由上游至下游的趋势，下游率先崛起的宠物服务如宠物医疗、洗澡美容等服务业也迅速崛起。下游宠物服务细分行业中，宠物医疗因直接与宠物健康相关，故而需求较大，由于消费升级的推进过程周期很长，故下游其他服务需求也将顺次被激发，从而最终推动宠物经济步入下半场。宠物医疗目前市场规模约 200 亿元，其中以疫苗和驱虫等基础需求最大。宠物美容市场也以浴液等基础需求为主，由此可见，目前宠物服务市场仍以基础服务需求为主，可提升空间大。

宠物食品可以分为宠物主食、宠物零食、宠物保健品和处方类食品等，宠物主食又可以细分为干粮和湿粮，干粮作为最主要的食品有着方便、便宜的特点，而湿粮更容易进食，也能补充水分。宠物零食可以细分为咬胶、肉质零食和除臭饼干，有一定的功能性，能为宠物提供磨牙、助消化、除臭、奖励的作用。很多宠物生病后不会进食药物，处方类粮完美解决了这个问题，用肉、淀粉和药物结合，兼备了口感和药效。

早期人们对待宠物多以自家剩饭剩菜为主,对待宠物的观念是将其看作功能性宠物居多,宠物充当的多是保护看守的角色。如今宠物食品向更加专业、有品质的干粮、湿粮此类主粮转变,甚至加入了零食,如咬胶这种同时兼备营养食品和磨牙功能的食品。人们对待宠物食品的消费观念变得如重视自己的饮食一样,宠物食品的未来方向是高品质、高营养、专业化。国内宠物食品子行业相对于其他细分行业来说竞争最为激烈。2016 年宠物食品在中国宠物市场规模占比达到 33.8%;中国宠物食品市场 2008 年仅有57 亿元,到 2017 年近 500 亿元,复合增长率达 27%,增速较快,如图 8-1 所示。

中国宠物市场食品市场规模占 33.8%（2016年）

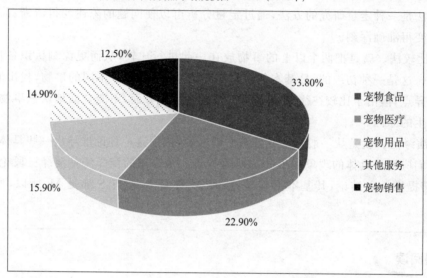

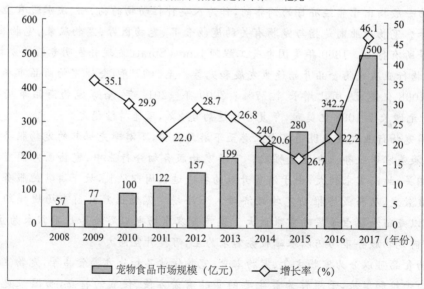

图 8-1　2017 年宠物食品市场规模分析

　　人均收入水平提升促使居民消费不断升级,而饲养宠物也具有较高的成本,在双向影响下,经济水平与宠物食品市场规模正向变动。2017 年我国人均 GDP 为 59660 元,

同比增长 10.52%，全国居民人均可支配收入 25974 元，同比增长 9.04%。国际经验表明，经济水平与宠物市场的发展紧密相关，当国家人均 GDP 为 3000～5000 美元时，该国宠物经济将进入高速发展时期。2008 年，全国人均 GDP 首次超过 3000 美元，目前已达到 8826 美元，具备了宠物市场快速发展的经济基础。从整个人均 GDP 和宠物食品规模的绝对值和增速来看，二者具有一致性。

我国宠物行业 20 世纪末开始兴起，短短几十年间宠物产业从无到有，并逐步繁荣。2017 年我国已统计的宠物猫狗数量约 9000 万只，养宠家庭达到 5912 万户，同比增长 2%，在国内家庭总户中占据 17%，宠物行业总体消费规模达到 1340 亿元，同比增长 11%，在 2010—2020 年将保持年均 30.9% 的高增速，预测到至 2020 年，我国整个宠物市场规模将达 1885 亿元。

（资料来源：中国信息产业网 http://www.chyxx.com/，2018 - 08 - 01）

🔍 任务参考

领导决策的科学与否，主要取决于它是否符合客观实际，是否合乎事物本身的发展规律，而调查研究正是了解客观实际、把握事物发展客观规律的主要方法。因此，领导机关在作任何重要决策之前都必须对决策事项进行充分的调查研究。

秘书在进行了充分的市场调查与研究之后，对所获得的信息要进行全方位的筛选、鉴别、提炼和分析研究，以求提供给领导最真实有效的信息。

✦ 思考练习

1. 调研工作的内容有哪些？
2. 调研工作的准备阶段需要做哪些工作？
3. 市场调查的方式、方法有哪些？
4. 案例分析。

"狗不理"是 1858 年河北武清县一名 14 岁的农家子弟"狗子"在天津打工时创立，传说袁世凯将"狗不理"献慈禧时，老佛爷夸，山中走兽云中雁，腹地牛羊海底鲜，不及狗不理包子鲜。狗不理是天津三绝之一，具有 140 年的历史，以其水馅半发面，口感柔软，鲜香不腻，形似菊花而享誉中国大江南北。自改革开放后，狗不理寻求多元化发展，发展成为国内外拥有 40 家直营和特许连锁店及食品加工为一体的饮食集团公司，但近年来，狗不理的名声已不如从前，光顾狗不理的顾客也有这样的感觉，"狗不理不如从前了"。从经济运行上看，狗不理的经济指标已明显下滑。

如何对老字号进行市场调查？尝试分析其没落的原因。

✦ 本章总结

信息工作是围绕信息进行的一系列工作，包括对信息进行收集、整理、传递、利用和储存等程序。信息工作在秘书工作中具有重大作用:一是从秘书部门的工作性质看,它作为单位的枢纽部门,其位置决定了它必然成为联系上下左右、沟通四面八方的信息集散地,这就为秘书部门做好信息工作创造了条件。二是从秘书部门的工作内容看,除辅助领导决策必须依靠信息外,联系各方也必须依靠信息。秘书经常性的工作是起草各种文件和材料,这一写作过程实际上是收集信息和加工信息的过程。信息越多,耳目越灵,办事能力就越强。秘书部门经常与各方面打交道,无论是调查研究、回复问题还是协调关系都离不开信息。

近年来,面对新形势、新任务对工作提出的新要求,秘书们也在积极探索新方法,不断提高调研工作的质量和效果,提升服务工作水平。当然最主要要抓好以下三个方面:①拓展思维,精心选题。围绕领导需要选准调研题目是关键,它是通过调研为领导服好务的前提条件。这就需要秘书们用心关注和把握组织的全局工作发展动态,把握各项重点工作进展的脉络和趋势,于细微处挖掘大题材,平淡处提炼新观点,在潜移默化中提高发现问题、解决问题的能力。②广调细查,精研深析。一是要做好调查前的准备工作,克服盲目性。对调研的目的、意义、所针对的问题了然于胸;对调查地点的选取、访谈人员的选定、座谈会的参加范围提前设计;对调查的对象、重点、难点以及素材的选择要做到心中有数,事先拿出调研方案,做到有的放矢。二是要进行全面细致的调查,克服片面性。坚持多层次、多方位、多渠道的调查,既通过汇报了解情况,又深入一线获得感性认识。三是要进行深入的研究,克服表面性。要抓住倾向性、症结性问题进行分析研究,从现象中把握本质,从实践中发现解决的办法,提出解决问题、推动决策落实的对策和建议。③凝练思想,精雕细刻。语言为思想服务,思想靠语言表达,调研既是思想认识反复提纯的过程,也是语言反复提炼的过程。调研文章如果思想性不足,参考价值不大,可读性不强,没有足够的吸引力,就很难引起领导的关注,其调研的价值也就无从体现。因此,调研必须在内容上有一定的思想性、在对策建议上有较强的可操作性、在文字表述上有一定的语言艺术性。

✦ 影像展示

1. 信息处理:杜拉拉与人工智能。
2. 调查研究:唐卡艺术和泰坦尼克。
3. 调查报告的市场分析。

第八章　信息工作与调查研究
影像展示

✦ 实战训练

1. 请将国内某大牛奶品牌近三年内推出的新品(包括牛奶和所有奶制品)的有关信息收集起来,分析其产品创新(新品推出)的频率及所取得的经济效益。
2. 调查长沙百年老字号杨裕兴的连锁经营情况,并提出合理化建议。
3. 作为某大型国企的总经理助理,请你拟定该企业的信息管理制度。

第九章
督查与危机管理

📋 本章概要

督查工作就是对领导机关重要决策或工作部署贯彻执行情况，以及各级领导同志批示、交办事项的办理情况进行督促检查，秘书在此项工作中要明确督查工作的意义。本章阐述了督查工作的内容和程序，以及原则和处理方法，着重探讨了紧急事件的处理方法及原则，以及化解危机的方法及程序等。

✏️ 学习目标

1. 熟悉督查工作的基本原则与内容，理解并能运用督查工作程序及方法。

2. 了解紧急突发性事件的种类，理解紧急突发性事件的处理程序。

3. 认识危机的种类及处理原则，熟悉危机处理的一般程序。

第一节　督促检查工作

🎯 情景导入

2012年9月，怀远县城乡居民保险（以下简称居保）工作已开展一年有余，县、乡、村各级单位在工作的不同方面分别取得了一定的成绩。9月10日，县人社局书记、社保局书记带领城乡居保管理中心的工作人员赶赴唐集镇，深入基层一线督查乡镇居保的工作情况。

考察之后，督导组与唐集镇居保工作的分管领导及具体业务经办人员进行了细致的交流。唐集镇的居保工作在启动之初就一直深得镇党委政府的重视，在以镇长为组长，各相关业务部门同志为成员的领导小组带领下，镇、村两级工作单元统一部署、步调一致，建立起有创新意识、高素质的工作队伍；健全了科学、规范、长效的工作考核机制；确保了国家养老政策的宣传落实到位；为顺利开展居保工作夯实了基础。截至 2012 年 8 月底,唐集镇居保基金入库 310 万元,群众参保率达到县下达任务的 65%,超过任务时序进度,位于怀远县各乡镇排名的前列。此外,督导组还听取了唐集镇在工作思路上的一些创新。

此次督查系统了解了唐集镇居保工作的开展情况,总结了前期的经验,肯定了当前的成绩,收集了存在的问题,鼓舞了工作人员的干劲。县人社局、居保管理中心也要提高自身学习和工作的能力,有条不紊地为各乡镇的居保工作的开展提供指导和帮助,推动全县范围内的城乡居民养老保险工作又好又快地发展。

任务提示

(1)假如你是督导组成员,你将如何开展此次督查工作?

(2)你认为督查工作的意义何在?

内容提要

本节主要阐述秘书督查工作的基本含义和作用,着重探讨现代秘书督查工作内容、方法及程序、应遵循的原则等。

必备知识

一、督查工作概述

(一)督查工作的含义

督查就是督促检查的简称,包含有督办、催办、查办等内容。督查工作就是对领导机关重要决策或工作部署贯彻执行情况,以及各级领导同志批示、交办事项的办理情况进行督促检查的工作。领导机关做出重大决策,颁布重要政策,部署一项重要工作,都需要督查工作的跟进,否则都有可能落空。

(二)督查工作的意义

1. 督查工作是实现决策目标的重要手段

对于上级组织或上司来说,制定正确的决策固然重要,但再好的决策、再好的部署,最终都需要承办单位落实。通过督查工作,可以把有关力量组织到实施决策上来,可以消除和避免"中间梗阻"现象,保证决策落实到每一个执行部门。

2. 督查工作是改进工作作风的重要途径

官僚主义是领导工作和管理工作中常见的一种不良作风,在工作上表现为一般号召多,检查督促少,"开始轰,中间松,过后空",表面上轰轰烈烈,实际上没有实效。通过督查,可以克服理论与实践相脱离,敷衍塞责,决而不行,拖而不办,以及部门之间互相"踢皮球"等官僚主义现象,从而发扬实事求是的优良作风,形成讲效率、求质量、重实效的良好风气。

3. 督查工作是获取信息反馈的重要渠道

通过督查,可以及时地发现和反馈决策执行中遇到的新情况、新问题,然后对决策做出补充、修正和调整,使决策更加科学化,更加切合实际,使我们的改革、建设事业少走弯路。同时,通过督查发现问题,也可以对实施决策偏差起矫正作用,使其不偏离轨道。

二、 督查工作的内容

督查工作要求紧紧围绕组织在各个时期的中心工作,贯穿于狠抓落实的全过程。其主要内容一般都包括以下几个方面。

(一)决策督查

决策督查的主要任务就是要通过不同形式的督促检查活动,发现领导决策即大政方针、重要文件精神、重要工作部署在贯彻落实和实施过程中的不落实问题和不落实环节,及时采取补救措施,狠抓落实;同时,发现决策的不完善方面,及时加以调整、充实、完善,为再决策提供依据,以便实行科学管理。

例如,国务院有关"十三五"期间的工作部署、地方政府经济工作会议布置的工作任务、公司董事会或总经理就公司经营战略做出的具体决策,对于整个国家、地区、公司的发展都具有重要的战略意义,只有这些决策不折不扣地得到落实,才能保证政令畅通、步调一致。

(二)专项督查

与决策督查偏重于面上的、系统性、连续性的工作监督不同,专项督查多是采用点上的、个案式的监督方式,协助领导对某些具体问题进行督促检查。因此,根据督查立项信息的来源和方向,我们又可以进一步将其区分为"批示交办类"督查和"批评建议类"督查两种情形。

1. 批示交办类督查

批示交办类督查的立项依据主要包括两个方面:其一是上级组织或领导、本级领导批示和交办的事项;其二是上级或本级组织重要会议指派的工作任务。秘书应增强主动督查意识,及时、准确、全面地了解批示精神和领导的工作意图,深入基层开展督查调研,及时向领导报告和通报督查项目的落实情况和存在问题,提出工作意见和建议。

2. 批评建议类督查

批评建议类督查的立项依据主要来源于组织外围信息与内部基层的反馈,具体而言,就是媒体舆论、对象群众关注的热点、难点和焦点问题,提出的批评建议;合作伙伴、内设机构反馈材料中反映的重点问题;秘书的调研信息、建议意见等。

三、 督查工作的程序

(一)立项

凡需督促检查的事项,由秘书部门提出督查立项。其中涉及重大决策或重要工作部署的,以一个决策、一个部署为单位立项;专项督查事项应一事一立项。立项的依据是督查工作的职责和领导机关有关文件或领导人的重要批示。立项要明确督查的内容、对象、要求及时限。凡有两个以上承办部门(单位)的督查事项,要确定主办或牵头部门。承办时限,除特殊情况即办即报外,一般为 10～15 天。

立项时要进行编号登记。立项登记单项目和格式如表 9-1 所示。

表 9-1　督查立项登记单

编号：　　　　　　　　　　　　　　　　　　　　　　　　　年　　月　　日

交办单位		交办日期	
交办内容			
领导批示			
承办单位		承办日期	
办理结果			
备　注			

(二) 交办

根据立项督查事项的内容、性质和领导要求,按照分工交负责查办的有关部门,请他们核实情况,予以处理,并规定处理时限。交办的方法,原则上由督查部门在立项当天向有关部门发出督查通知。对突发事件或督查时限较紧的督查事项,要同时采取打电话或发传真的形式进行通知。《督查通知》的主要项目和格式如下。

督 查 通 知

××(单位):

　　根据领导批示,现将关于＿＿＿＿＿＿＿＿＿问题的事项一件转去,请抓紧办理查处,并将结果于×月×日前报市政府办公室督查室。

　　　　　　　　　　　　　　　　　　　　　　　　　　××市政府办公室(章)
　　　　　　　　　　　　　　　　　　　　　　　　　　　　年　　月　　日

联 系 人：×××
联系电话：12345678
传　　真：87654321

(三) 承办

承办单位接到督查任务后要明确经办部门和人员,认真及时予以办理。对重大督查事项,领导要亲自负责。在办理过程中,主办与协办单位、各部门之间要加强沟通、配合。要严格按照督查要求,将办理情况以书面形式按时反馈上级机关督查部门。

（四）催办

催办,就是将督查事项通知有关部门办理后,要及时了解办理情况。催办工作做得如何,直接关系到督查工作的效果。对催办中发现的重大问题要及时向办公室和有关领导报告。对逾期未结的督查件或处理件,要下达《督办催办单》,以示慎重。

> ××（单位）：
> 　　关于 ＿＿＿＿＿＿＿＿＿＿＿＿ 问题的办理查处情况和结果,请务必于×月×日前报
> 市政府办公室督查室。
>
> 　　　　　　　　　　　　　　　　　　　　　　　　　　××市政府办公室
> 　　　　　　　　　　　　　　　　　　　　　　　　　　　年　　月　　日
>
> 联系人：×××　　　联系电话：12345678　　　传真：87654321
>
> 办理结果：
>
> 　　　　　　　　　　　　　　　　　　　　　　　　　　主办单位负责人
> 　　　　　　　　　　　　　　　　　　　　　　　　　　　年　　月　　日
>
> （阅办后连同附件退回）

（五）反馈

反馈有两层含义:第一,承办单位将督查事项办理的结果,采取专题报告的形式,向上级交办单位反馈报告。其基本要求是一事一文,文中要注明原《督查通知单》的编号,重要督办事项应由承办单位负责人签字,作为正式文件处理,一般事项可由承办单位秘书部门负责人签字上报。这个意义上的反馈也称"结办"。

反馈的第二层含义是将领导批示的督查事项办理情况采用《督查事项专报》《督办反馈专刊》等形式及时向领导人报告督查事项办理结果,同时做好汇总统计和归档工作。

四、督查工作的原则和方法

（一）督查工作的原则

1. 领导负责、秘书协办的原则

领导负责就是要将督查工作置于领导的有效控制之下,以上级组织或领导者的决策作为督查工作的依据,以上级组织和领导者的权威保证督查工作的效能,重大督查项目的立项、督查工作的开展和督查结果的上报均需以领导的审批同意为程序要件。秘书协办是指秘书部门和人员对领导授权和职责范围内的督查事项,要主动地做好综合协调工作,根据督查对象的特点和领导授意进行分解立项,明确承办单位,做好催办工作。

2. 实事求是、尊重客观的原则

首先是要求主管督查工作的上级和协办的秘书人员一切从实际出发,尊重客观事实。其次是要求避免先入为主和主观随意,坚持客观、全面地看问题。在调查情况时善于倾听各方意见,重视第一手资料,必要时亲自深入现场进行调查研究,避免工作中的形式主义和简单化、平面化和片面化的倾向。

3. 归口管理、分级负责的原则

"归口管理"是按照督查事项所涉及的行业、系统或业务范围所进行的一种分工管理方式,实质就是要求各职能部门按照法律或组织赋予的权利和承担的责任,各司其职,按特定的管理渠道实施管理,以避免重复管理和多头管理。"分级负责"就是按照权力层级,将督查事项从"纵"的方面分级分工,各负其责,属于哪一级职权范围内的问题,就由哪一级负责处理,不允许上下推卸,矛盾上交。

4. 注意实效、讲求时效的原则

督查工作要做到这一点就必须防止形式主义,把注重实际效果作为督查工作的出发点和落脚点,在推动决策的落实上下功夫。讲求时效要求督查工作要坚决按统一布置的步骤和时间要求精心组织实施,并及时报告结果,不可推诿,不可延误。

(二)督查工作的方法

1. 领导督查与专业队伍督查结合法

1990 年 1 月,全国党委秘书长、办公厅主任会议根据中央领导的指示,提出了《关于党委办公厅(室)进一步开展督促检查工作的意见(讨论稿)》,要求强化各级秘书部门的督查职能。会后,全国各地市以上单位成立了督查室,地市以下单位设立了督查员。

2. 转办与组织协办结合法

对于一般性问题和事项,多采取转办方法,即将办理事项用电话或当面口述的方法,或召开会议部署,或用书面通知的形式,通知转告有关部门或人员进行办理。对重要的或紧急的事项的督查工作,应坚持由负责督查的领导出面,进行检查督促和落实。对于涉及几个单位的事项则由负责督查的领导或主要督查人员牵头,组织协同有关部门或人员,共同查办落实。

3. 催办与帮办结合法

督查工作主要是自上而下的督促检查,催促下面办理。在督查过程中,应视情况给承办单位以必要的帮助,把催办与帮办结合起来,做到催中有帮,帮中有催。实行催办与帮办结合,既可促进问题的解决,又可密切上下左右的关系。

4. 督查与调研结合法

督查工作离不开对情况的了解,离不开调查研究工作,督查过程也是调查研究的过程,同时也是收集、传递和处理信息的过程。它既可以寓调查研究于督促检查之中,边督查边调研,也可以围绕某一中心工作或就某一问题开展调查研究,进而形成调研成果,为领导决策出谋献策。

拓展阅读

某公司市场部督导经理岗位说明书

职务名称	督导经理	专业/技术类别	管理
部门	督导中心	直属上级	督导总监

工作概要	负责协助督导总监监督各分公司、各区域、各门店的运营行为与运营活动是否符合公司要求的标准与规范，并及时提供帮助与指导，对违规或不利行为进行纠正或处罚；同时负责监督总部各部门对连锁门店服务的针对性、及时性和有效性，调查连锁门店的满意度，向对应部门反馈合理化建议；负责对各督导专员工作的监督、管控、审核及指导等。
工作内容	1. 负责对公司各部门的运营行为、运营活动的监督、指导、纠正、反馈及建议； 2. 负责协助督导总监监督各分公司、各区域、各门店的运营行为与运营活动是否符合公司要求的标准与规范，并及时提供帮助与指导，对违规或不利行为进行纠正或处罚； 3. 负责协助督导总监监督总部各部门对连锁门店服务的针对性、及时性和有效性，调查连锁门店的满意度； 4. 对所检查到的内容及信息进行汇总分析，组织相关部门的负责人及相关人员落实问题的解决方案，督导协调各部门跟踪问题的解决，有效服务到各区域及连锁门店； 5. 向公司反馈门店各阶段实际情况与各项工作执行成效，为公司连锁店的工作方向与提升、改善做建设性建议； 6. 负责制订本部门内的工作目标与计划，并落实实施工作； 7. 负责对各督导专员工作的监督、管控、考核及指导； 8. 不断寻求创新，制订门店各项工作的提升方法和激励方案，促进连锁门店运营能力的全面提升； 9. 整合所有连锁店中的优秀工作方法，向所有连锁店进行交流与共享； 10. 对收集到的市场信息、竞争信息等资料，要及时与相关部门沟通与反馈，对市场做出及时、有效的反应； 11. 负责对本部门内工作的统筹、协调及资源配置； 12. 完成上级布置的其他工作任务。

（资料来源：百度文库）

 ## 任务参考

一是进行督查立项；二是明确规定督查活动的起讫时间、期限，要求在一定时间内将落实情况、存在问题及对策，写成书面材料上报；三是要列出督查的具体内容并明确规定各地领导要逐项加以检查，找出存在问题，限期解决；四是将各地督查汇报材料综合整理，以督

查专报形式上报有关领导。

这次督查引起各级领导对这项工作的高度重视，获取了许多重要的信息，使方针政策得到有力的贯彻落实，效果良好。

✦ 思考练习

1. 秘书的督查工作的内容有哪些？

2. 督查工作应遵循哪些原则？

3. 督查工作的主要方法有哪些？

4. 案例分析。

1993年底，某县经反复论证，结合本县实际情况，制定了"一城四基地"的发展规划。"一城"就是把县城建设成为某市的卫星城。"四基地"是把该县建成糖业、建材、水果和畜牧水产基地。到2000年力争甘蔗种植面积达45万亩，原料蔗产量180万吨；水果总产18万吨；肉类总产3万吨；水产品产量1.38万吨。为了实现上述目标，该县先后制定了关于加快甘蔗、水果和农业综合开发等三个决定，制定一系列政策和具体措施，促进基地的建立和发展。县委督查室则切实围绕县委的中心工作，协助县委抓好各项决策的落实。特别要把甘蔗生产作为重点，开展立项督查。一是将甘蔗生产任务落实到各乡镇，并层层签订责任状，向上级交纳风险抵押金。二是加强跟踪督查和情况反馈。在1995年内就组织有关部门开展了三次督促检查，并及时做好反馈工作。三是协调有关部门及时解决工作中出现的各种问题，推动决策的落实。该县的这次立项督查活动，由于重点突出，形式灵活多样，效果十分显著。1994年，该县蔗糖产量在全国即排位第10名。1995年甘蔗种植面积已达29万亩，原料蔗产量达120万吨，产糖7.38吨。甘蔗生产已成为全县经济发展的支柱产业，生产基地的规模已形成。

试分析该县委督查室的督查工作为何会取得如此良好的效果？

（资料来源：http://www.gzu521.com/，2006-10-01）

第二节　突发事件处理

◎ 情景导入

秘书于雪所在的公司是一家开发生产医疗麻醉设备的高科技公司，公司正准备明年在香港上市。于雪星期一早晨一上班，就收到一份传真。传真是青海一家医院发来的，说是本公司生产的麻醉机出现质量问题，造成严重的医疗事故，病人家属情绪很大，不仅提出巨额赔偿要求，而且准备向新闻界投诉，因此，院方要求公司尽快派人过去处理。

任务提示

面对此突发状况，于雪可能会采取哪些紧急措施来应对？

内容提要

突发事件情况错综复杂,不同行业之间,同行业不同单位之间,情况往往不相同,有时甚至差别很大,但它并不是无规律可循的。秘书人员了解应急性、突发性事件主要类型,有的放矢,选择最佳的方式进行处理是十分必要的。本节重点阐述了突发事件处理的一些基本规律。

必备知识

一、突发性事件概述

当今时代,社会结构复杂,利益矛盾凸现,环境变化多端,紧急突发性事件日益增多。面对新的形势和任务,不断提高应急处置能力,最大限度地减少社会冲突和自然灾害造成的损失,是目前摆在秘书面前的一个紧迫而现实的问题。

(一)突发性事件的含义及特点

突发性事件是指社会和组织内发生的、事先没有预料到的或超过预料而发生的不平常的大事件。其特点如下。

(1)事发突然。紧急突发性事件往往是人们难以预测或没有预料到,或超过预测突破了常规,似乎违背了一般规律,在一个较长的时期内或在一个较广的地域内是罕见的。

(2)后果严重。紧急突发性事件出现后,对局部乃至全局产生较大的影响,造成财产的严重损失,打乱人们正常的工作和生活秩序,乃至悲剧发生,对人们的心理产生较大的震动,产生的后果和副作用在短时期内难以消除。

(二)突发性事件的类型

一般来讲,突发性事件大致有以下几种。

1. 自然灾害

自然灾害包括狂风暴雨、水灾洪涝、酷暑干旱、森林大火、火山爆发、地震地陷等。这类事件多带有季节性,一般来势猛,造成的损失大,人力难以抗拒。

2. 事故

事故包括生产事故、产品质量事故、设备事故、交通事故(汽车肇事,火车倾覆,相撞,轮船倾覆、触礁,飞机失事等)、人身伤亡事故、厂房坍塌、井喷、矿塌、瓦斯爆炸、断水、停电、有害物质泄露、食物中毒、医疗事故等。这类事件多是安全事故,是比较高发的,并有行业性特点。

3. 社会环境及组织内部环境诱发的事件

国际政治风云、国内社会环境以及组织内部关系到员工切身利益的问题,如国外势力煽动、社会财富分配不公、贫富差距悬殊以及招工、裁员、调整工资、分居、子女就业、落实政策等,若处理不当,往往会诱发员工、员工家属集体上访,或围攻党政机关、企业机构及主要负责人等。一些大的改革措施、新政策出台超出人们接受能力,也往往容易引起较大的社会影响,产生连锁反应。

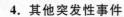

4. 其他突发性事件

其他突发性事件包括经济技术资料、信息泄密,单方终止合同,谈判受阻,重要原材料供应中断,产品被假冒,货款被骗,关键设备被盗等。这类突发事件影响面虽小,但对部门和企业造成的损害,仍不可小视。

二、 突发性事件的处理程序

在现实工作和生活中,秘书难免会遇到一些紧急突发性事件,能否处理好突发性事件或临时性紧急任务,是对秘书人员组织协调能力、快速反应能力和现场处置能力的综合考验。因此,学习和掌握紧急突发性事件的处理程序,对秘书人员具有非常重要的现实意义。

(一) 接受任务

当接到任务后,秘书人员首先应保持沉着冷静,及时弄清楚事情的来龙去脉。对事件的内容,包括时间、地点、找什么人、办什么事情、完成任务时限和要求都应该了解清楚,做到胸中有数。

(二) 具体办理

秘书接到临时、紧急的任务以后,除深入现场,及时了解全面情况外,还应根据上司的意图或指示,冷静分析事态的发展,及时制订切实可行的应急方案,并积极协助上司做好相关的组织调度工作。同时还应该注意隐伏在事件背后的一些潜在问题,譬如一个事件的发生可能连带引发几起事件的同时发生,这就要根据多起事件的性质、规模、损失程度的大小,按照轻重缓急分列为几类,依次逐项进行处理。

(三) 完毕汇报

事情处理完毕后,首先应及时向上级部门或本企业主管汇报事件的处理情况。汇报的形式有:书面汇报、口头汇报。一般情况下,如果是影响面较大的应急事件,应采用书面汇报形式;如果是一般性事故,也可根据实际情况,采用口头汇报。在有准备的前提下应尽量把两种形式有机地结合起来,使汇报更加准确全面。其次,要把握好汇报的内容。无论是书面汇报还是口头汇报,都应把事件发生的原因、造成的后果、产生的影响以及处理善后情况说清楚。如果是人为因素造成事件的发生,还应说明应该吸取的经验教训和对当事人的处理意见。

三、 突发性事件的处理要求

一旦发生突发性事件,秘书部门和秘书人员首要的、压倒一切的任务是及时弄清事情的真相,掌握情况,采取正确的对策,迅速果断地处置,周密细致地做好善后工作,稳定大局,稳定人心,尽快恢复组织的正常秩序。其具体要求如下。

(一) 正确执行国家有关规定

突发性事件一般具有牵涉面广,情况复杂,问题敏感,而且来得突然、要求迅速处理的特点。因此,秘书在协助上司或相关部门处理类似事件的过程中,必须保持较强的原则性和高度的敏感性,正确执行国家有关规定,妥善处理,切不可感情用事,乱作主张,更不能为了使事件暂时得到平息而隐瞒不报或弄虚作假,致使矛盾激化,事态扩大。

(二)积极主动,准确无误,不擅权"越位"

突出性事件发生后,秘书人员要以最快的速度赶赴现场,了解情况,沟通信息,沉着冷静,及时将事件发生的时间、地点、影响范围、损失大小、人名、地名、数字等,一一落实,报告上司。绝不能用"大概""差不多"来搪塞。对上司的意图、指令,要及时传递,搞好协调;切不能因情况复杂,事情棘手而回避矛盾。如果上司一时不能到场,秘书在处置过程中,要把握分寸,注意权限范围,要及时将事态处理的进展情况向上司汇报,尤其是对一些政治性、敏感性事件的处置,要慎之又慎,不能超越上司的授权范围,更不能违背上司意图,自作主张。

(三)迅速及时,灵活果断,对策无误

凡是紧急情况、突发事件、重大事故,以及有损单位安全,或直接关系到员工生命和单位利益、稳定的事件,秘书人员必须反应敏捷,行动迅速,做到在第一时间报告上司知晓,第一时间赶赴现场处理。这就要求秘书人员平日多关注各方面的动态,发现异常情况迅即采取措施。同时,要注意对常用通信、交通设备进行定期维护和保养,如对讲机、移动电话平时要充好电,专用交通工具平时要加好油,交通图册、手电筒、雨衣等,均要作为基础装备,随时备用。重要联络电话要随身携带,招之即来,不误大事。在这一过程中,秘书人员还要注意划清和区分原则性与非原则性的界限,把握灵活的尺度,确定执行政策的边缘条件。这样,才不致墨守成规,生搬硬套。对于有把握、有能力处理的事件,应当机立断,果敢处理。如果对应该处理、也能够处理好的事件,因怕承担责任而犹豫不决,必然会延误时机,造成不良后果。处理突发性事件的成败取决于对策。及时果断地采取灵活正确的对策,就能及时控制事态的发展,减少损失,化险为夷。

(四)加强预测防范

尽管突发事件或紧急情况具有突发性、不可预料的特点,但有些则可以通过日常工作了解情况、掌握信息、综合分析,对事物动态的变化发展进行预测跟踪,把握动向,做好应急准备。如对于火灾事故、安全生产事故、中毒事件等,平日应加强管理和防范,经常检查、监督,发现问题,及时整改。即使对于一些无法预料的事件,也应进行必要的准备,防患于未然。一旦事件发生,也能使损失减小到最低限度。做好突发性事件预测、防范工作,要求秘书人员平时要注意收集各方面的信息,学习和掌握应急知识,积累经验,当遇到紧急情况时,就能作出正确的分析判断,快速反应,妥善处置。

拓展阅读

像往常一样,我早早地来到公司办公室,还没站稳脚,经理就说早上有两百件龟甲胶要到货,我们现在必须马上去仓库接货。由于是冬天,所以我们的保健医药公司生意特别好,来货量不断。对于接货大家已经见怪不怪了。于是作为秘书的我马上就和另一个同

事一起赶到仓库。可能天气特别冷,大家只想赶快把货收完就回办公室烤火,所以就稍微点了下数量,确定和单子上的数量一样的就去办了入库,供货方就让我签了字。没多久下面的业务员就开了单子准备把早上的货发到市场上各药店去。有些货已经发出去了,有些还在待验区。这时公司的提货员去拿货才发现其中有两件箱子上的批号对不上。当时提货员的脸一下子变得铁青,赶紧叫来质检部部长开箱检查,才发现原来里面的货装的都是鹿甲胶,而不是包装箱上标的龟甲胶,并且发现所有的货都存在这样的问题。必须打电话把早上发出去的货追回来,趁它们还没流通到市场上去。一旦货到了市场被药监局查到的话,轻者要吊销执,重者公司停止上市,特别是当那些药被顾客买走的话可能会危及生命。当时我吓坏了,不知道怎么办,脑袋一片空白。因为一些已经送到货运站了,而且全都是我签的字。对于刚出来的一个实习秘书,我从来就没遇到过这样的事,而且也承担不了这么大的责任。幸亏一个有经验的老秘书,她非常有经验,也非常冷静。第一时间打电话给货运站,让他们尽一切努力截住了那些货,把货给退回来。由于处理及时,我们成功截住了那些货。然后把剩下的货一起退回厂家,并严重警告,让厂家赔偿了我们的损失。

幸亏这个经验老到的秘书帮我处理了这件事,及时追回了那些货,才使得这次危害降到最低。由于我的粗心和认真,差点让公司蒙受巨大的损失。我深感自责同时,也让经理对我的办事能力产生了怀疑。我必须认识到自己的错误,在以后的工作中多向有经验的同事请教学习。当然这件事更让我深深地明白做任何事都要认真负责,不管事大事小都不能掉以轻心,遇到事情也不能慌张,必须冷静。希望我的事例对于即将走到工作岗位的同事能够有所帮助。

(资料来源:百度文库)

任务参考

于雪可能会采取以下行动:马上与医院联系,了解事故发生的具体原因;与正在香港出差的姜总通电话,向他汇报情况,并听取他的指示;向有关技术人员咨询,这类医疗事件到底是设备质量问题还是医务人员操作失误;与公司内有关部门联系,商量这次事件有可能对本公司的影响而采取相应的对策。

✦ 思考练习

1. 突发事件有哪些类型?
2. 突发事件的处理程序是怎样的?
3. 处理突发事件有哪些要求?
4. 案例分析。

1989年10月1日晚8时,广州市政府接到报告:省农资公司在人、船、码头均没有被批准装卸危险品的情况下,在塞坝口专用码头雇用芳村劳动服务队为市侨港务所"港务货运6号"船装运剧毒品砒霜,一桶重100千克的砒霜,在4时30分从船上滚下河里,直接威胁食用珠江水的数十万人的生命安全。

值班秘书接到这个报告后,应如何处理? 而应付这一突发事件在心理上应特别注意哪些问题?

（资料来源：http：//www.exam8.com/zige/mishu/rending/liyi/200611/295253.html）

第三节　危 机 公 关

情景导入

大白兔奶糖中被披露的所谓食品添加成分甲醛是公认的高致癌物。这条官方信息一经公开立刻引起连锁反响,大白兔奶糖的食品安全在全球都受到广泛质疑,产品出口和销售受到严重影响。

2007年7月18日,新加坡政府的检验机构从冠生园新加坡经销商福南公司仓库中抽样大白兔奶糖进行检验,检测结果：大白兔奶糖不含甲醛,符合世界卫生组织的安全标准；7月19日,国际公认的权威检测机构 SGS(通标标准技术服务有限公司上海分公司)对大白兔奶糖检测得出结果：未检出甲醛(福尔马林)；7月20日,文莱卫生部发表声明,宣布经过该部检测表明,中国产的大白兔奶糖不含甲醛,完全可以放心食用……这些完全一致的检测结果,让中国产的大白兔奶糖含甲醛这一说法不攻自破。

随着掷地有声的新闻发布和权威检测报告的公布,海外经销商对"大白兔"的疑虑消除,纷纷来电要货,在经过4天的滞销后,十个货柜大白兔奶糖被迅即解冻,其中七个发往新加坡、哥斯达黎加、马来西亚、印度、尼泊尔、美国等国。

任务提示

1. 如何理解企业危机?
2. 冠生园公司成功地化解了此次危机,作为秘书,你得到了哪些启发?

内容提要

企事业单位万一发生危机时,如何帮助领导渡过难关? 这是现代秘书必须随时应答的考题,本节阐述了危机的概念及类型,着重探讨了危机公关的原则和危机的处理程序。

必备知识

一、危机公关概述

（一）危机公关的概念

危机公关一般是指由于企业的管理不善、同行竞争甚至遭遇恶意破坏或者是外界特殊事件的影响,而给企业或品牌带来危机,企业针对危机所采取的一系列自救行动,包括消除影响、恢复形象等,即危机公关。

对于各种组织来说,在管理中都可能遇到各种意想不到的危机事件,因此危机公关针对所有的组织而言,还有另外一个定义,即危机管理。它是组织在自身运作中对发生的具有重大破坏性影响,造成组织形象受到损伤的意外事件进行全面处理,并使其转危为安的一整套工作过程。

(二)危机的种类

1. 形象危机

错误的经营思想,不正当的经营方法,忽视产品质量,忽视经营道德,延误交货日期,恶劣的服务态度或不完善的经营服务体制,以及企业某领导、某职工的不妥当或错误的言行,都会造成企业形象的危机。

2. 经营危机

经营危机是单位或企业决策者在开发、生产、经营方面,战略、策略的失误及管理不善造成的危机。

3. 商誉危机

商誉危机是指企业信誉下降,失去公众的信任和支持而造成的危机。

4. 素质危机

素质是指企业生产诸要素通过科学管理,在生产经营中形成的各种能力的综合。企业素质的高低取决于企业的人员素质、技术素质及管理素质。由于素质的低下,不适应市场经济和现代管理的需要,会给企业带来危机。

5. 突发性危机

突发性危机是指人们无法预测和人力不可抗拒的强制力量。

二、 危机公关 5S 原则

(1) 承担责任原则(Shouldering the matter):无论是谁的责任,都不要企图推卸。

(2) 真诚沟通原则(Sincerity):企业应把自己所做、所想的,积极坦诚地与公众沟通。

(3) 速度第一原则(Speed):危机发生后,能否首先控制住事态,使其不扩大、不升级、不蔓延,是处理危机的关键。

(4) 系统运行原则(System):在逃避一种危险时,不要忽视另一种危险。在进行危机管理时必须系统运作,绝不可顾此失彼。

(5) 权威证实原则(Standard):企业应尽力争取政府主管部门、独立的专家或机构、权威的媒体及消费者代表的支持,而不是自己去徒劳地解释或自吹自擂。

三、 危机处理程序

当危机发生时,考虑采取以下策略。

(1) 及时表明自己的立场,并采取应对措施。如果自恃自己没有错,或者认为危机不过是空穴来风,而对其坐视不管,则只会使公众产生种种对组织不利的揣测,导致危机扩散。所以,危机发生后,组织要及时站出来说话,以积极的态度去赢得时间,以正确的措施去赢得公众。同时要制订危机的解决方案,以便能有条不紊地化解危机。

(2)成立危机处理小组,并视情况设置危机控制中心。

(3)与媒体积极合作,争取媒体的支持和理解。当危机发生后,组织应及时与媒体取得联系,耐心地向媒体做出解释,争取媒体的舆论支持。这样,可以防止负面报道,也可以使公众通过媒体及时了解事情的进展。

(4)取得组织内部员工的支持,统一口径。危机发生后,组织单位应及时向员工通报危机的现状,以及公司准备采取的应对措施,让员工相信企业在努力化解危机,增强员工的信心和企业的凝聚力。企业还应要求员工统一口径,不要对外传播任何对于组织不利的言词。

(5)公众利益放在首位。危机事件发生后,纵使企业本身无错,但如果企业一味为自己辩解或态度强硬,只会引起共公众的反感。所以,无论发生任何危机事件,企业都应该把公众利益放在首位。

(6)查明原因,并及时向公众公布。企业应该查明发生危机事件的原因,若由企业自身的原因造成的,应该向公众坦诚的承认错误,采取补救措施,并承诺以后不会有此类事情发生。即使危机的原因是由外部客观原因引起的或是公众的误解导致的,企业也应该及时告知公众。

(7)组织力量,落实措施。这是危机处理中心环节,公众不仅要看企业的宣言,更要看企业的行动。

四、秘书的危机公关素质

好的危机公关可以使组织即使在危机事件面前也能够与公众保持良好的关系,从而维持该组织的正常运营,维护其公众形象,将危机的负面影响降到最低。秘书工作者只有顺应时代发展的新形势,不断拓宽知识结构,提高工作能力,才能跟得上日新月异、飞速发展的时代潮流。

(一)树立积极的危机公关意识

危机重在防范,超前的、全面的危机意识才是防范危机最坚固的防线。危机公关的目的在于预防、化解危机,甚至转危为机,秘书人员所做的一切努力毫无疑问都是围绕这一中心进行的,因此秘书人员要树立积极的危机公关意识。

1. 全局意识

秘书在实施工作目标的过程中,要做好调配工作和信息反馈工作,取得正反两面的第一手资料,协助领导发现潜在的危机,并有效防范和控制危机。

2. 责任意识

秘书必须具备对本职工作的强烈的责任意识,只有具备责任意识,秘书才能将组织和公众的利益放在首位,对组织产生归属感,从而有效地发挥危机公关职能,控制甚至预防危机,解决组织存在的或潜在的问题。

3. 服务公众意识

公众或消费者的利益是至关重要的,可以说这是组织工作的着眼点。秘书进行危机公关的过程中,应本着诚信的态度,理智地对事实做出分析、判断,将真相公布给公众以争取主动,求得公众的谅解和信任。

(二)构建完善的危机公关知识结构

现代秘书需要广博的知识,这是由秘书工作的综合性决定的,也是由危机公关本身的复杂性、多样性所决定的。因此秘书应当完善知识结构,增强自身的理论素养,使知识体系的各组成部分发挥出最佳功能。

(三)培养过硬的危机公关能力

1. 协调能力

在秘书的危机公关能力结构中,协调能力占有举足轻重的地位。组织既要将自己的信息传递给公众,又要收集公众的信息,秘书部门在这里必须发挥中介作用,成为组织上下、内外沟通协调的桥梁。

2. 调研能力

调查研究是组织获取信息的主要手段之一,是一种主动的组织行为。由于秘书人员能够更系统、全面地接触实际操作,往往具有更敏锐的触角,能够及时发现问题、深入挖掘真相,并能够及时反馈给相关部门和组织决策层,有助于组织预测危机、规避风险。在危机发生时秘书则可以协助组织查明真相、公布事实,进而解决问题、澄清误解、化解危机,维护组织的形象、恢复组织信誉。

3. 沟通能力

秘书有时候可能作为领导的代言者向外界发布有关信息,作为组织的代言人,除了具备专业的知识外,还要有灵活的头脑,并且要以训练有素的姿态及有利于组织的形象出现。在发布信息时,要避免使用专业术语和含糊不清的语言,尽可能使用通俗易懂的语言,不用隐瞒、对抗、搪塞的态度。此外还要注意言辞、语速和语调,注意和面部表情协调一致,以便更好地表词达意,增强说服力和影响力。

4. 宣传能力

危机突发时,可能会造成一定程度的混乱,并给人们心理上造成紧张、恐惧,各种谣言也最易流传,如何引导舆论、稳定人心、恢复信心,便成为处理危机的重要任务,秘书要懂得利用宣传时机,善于选择不同的传播媒介,做好宣传工作以维护组织形象。

拓展阅读

广西"桂林仔"公司是一个全国连锁的饭店,以泉水加秘方烹饪鸡鸭和桂林家常菜为特色。由于顺应绿色消费潮流、味道鲜美以及定位中低档消费而颇受顾客欢迎。

2000 年 7 月的一天,桂林仔公司在广西南宁的一个分店遭到消费者投诉。一个消费者来到该分店,说前一天他们一行 8 人在此店吃饭,6 人发生腹泻。到医院看病,医生说

是食物中毒,并开了药。消费者要求该分店赔偿昨天的餐费,否则给予曝光。当时,主持工作的是饭店经理助理,他说食品卫生绝对没有问题,要来人出具证明。消费者对这种处理不满,于是告到《南宁日报》。记者从南宁打电话到桂林仔公司总部经理,告知将予以曝光。总经理伍品芳接到电话,意识到曝光对于一个连锁店的严重性,当即告诉记者第二天到达南宁市亲自处理。记者同意在没有与总经理面谈之前不报道。但是第二天由于有教授来公司讲学,伍总没有去南宁市。第三天,《南宁日报》即以醒目标题报道了此事件,也就是在同一天,伍品芳总经理派助理去了南宁市,向受害者表示赔礼道歉并赔偿了损失费。《南宁日报》决定跟踪报道桂林仔的处理结果。

但是,伍品芳总经理认为记者言而无信,报道失实,给公司造成名誉损失,使得公司赔了夫人又折兵,要起诉该记者。当时日报社给予"桂林仔"的答复如下。

1. 如果起诉,"桂林仔"会胜诉。但是对于记者本人不会有大的损失。

2. 如果不起诉,《南宁日报》答应免费连续报道一下桂林仔公司。

"桂林仔"经过讨论,认为对于公司来讲,重要的是公众形象。与记者打官司,胜败并没有谁去关注,反而浪费了自己的精力。所以,当时决定不起诉,写出公司的连续报道资料,同时与媒介搞好关系。桂林仔公司意识到加强卫生的重要性,改变了过去由分店经理负责食品卫生的做法,成立了卫生质量检查部,制定食品卫生标准和检查程序,定期对所属二级分店进行检查,使公司更加正规化。

(资料来源:http://xiongjiangpeng.bokee.com/,2000-08-01)

🔍 任务参考

对于企业来说,在管理中可能遇到各种意想不到的危机事件,具有重大破坏性影响,但如果处理得当,企业将会转危为安,甚至有时还会给企业带来新的转机。

冠生园一系列的危机公关行动,让我们看到了公司应对危机的丰富智慧、良好素质、有序管理和层层递进。在突然遭遇"甲醛门"事件后,冠生园公司积极应对,在4天时间内便成功"突围",专业人士认为,此危机事件的处理也可以给其他企业一些启示:即应对危机公关必须主动、积极、统一、及时、诚恳、权威。

✦ 思考练习

1. 什么叫危机公关?

2. 危机公关应遵循哪些原则?

3. 秘书应具备哪些危机公关素质?

4. 案例分析。

2005年4月中旬,国内各大媒体转载英国《旗帜晚报》的一则报道:包括高露洁等品牌在内的数十种超市商品均含有三氯生。三氯生会和自来水中的氯生成三氯甲烷,而三氯甲烷被美国环保署列为可能的人类致癌物。这则报道是根据美国弗吉尼亚工学院的研究者Peter Vikesland 的《太爱干净可能对你的健康和环境有害》一文写出的。

随着这则消息在中国的传播,高露洁在中国消费者中的品牌信任度急速降低,高露洁牙膏的销量比以前有大幅下降,销售商持观望态度,随时准备撤柜。截至 4 月 20 日 0 时 15 分,共有 60025 人参加了新浪网的网上调查,其中 54118 人表示将不再购买高露洁牙膏。

假如你是高露洁公司的秘书,你将采取哪些措施来化解这次危机?

✦ 本章总结

督查是促进上级政令、领导决策贯彻落实的重要保证,也是秘书发挥参谋助手职能的有效途径。要加强督查工作的针对性,提高督查工作实效,秘书必须学会紧密围绕部门中心工作,正确地把握督查工作特质,有序、合理地运用督查工作的方法,不断提高督查工作的权威性。

同时,单位发生突发状况时,秘书人员应了解突发性事件主要类型,有的放矢,选择最佳的方式进行处理。在全球化语境下,组织的危机管理成为组织管理的重要分支,危机公关更成为组织必不可少的经营课题。作为组织决策者的助手和外脑的秘书工作者,除了承担辅助管理和综合服务的职能外,参与危机公关工作日渐成为他们日常工作的一部分。在高度市场化与经济全球化的今天,组织的生存和发展很大程度上依赖于它所面临的环境,以及组织与这种环境之间的良好的公共关系,任何来自组织内部或外部的不利因素,如果处理不当,将会产生很严重的后果。因此,秘书协助组织中的各部门和个人如何面对不利因素、科学而有效地建立和维护良好的公共关系,将危机处理好,从而发挥危机公关的优势,已经成为一项生死攸关的课题。

✦ 影像展示

1. 古今督查。
2.《穿 Prada 的女王》:名人手稿事件应急处理。
3. 危机公关与突发事件处理。

第九章　督查与危机管理
影像展示

✦ 实战训练

1. 作为总经理秘书,请自拟某一督查事件的立项登记单。
2. 当地突发森林火灾,作为镇长的秘书,该如何处理,请模拟演练。
3. 针对所在地的酒店、超市或某大型企业的某种产品在当地产生的影响,组织一次实地调查,根据发现的不良问题,策划一次危机公关专题活动。

参 考 文 献

[1] 王健.文书学[M].北京：中国人民大学出版社,2005.

[2] 冯惠玲.政府电子文件管理[M].北京：中国人民大学出版社,2004.

[3] 林培明.现代通用应用文写作教程[M].北京：现代教育出版社,2012.

[4] 金振邦.应用文写作教程[M].北京：人民教育出版社,2006.

[5] 赵映诚.文书与档案管理[M].3版.北京：高等教育出版社,2016.

[6] 张俊妮.公文管理中承办、催办的重要性[J].办公室业务,2013(20).

[7] 黄立新.会议与会务工作[M].北京：高等教育出版社,2007.

[8] 史玉峤,谭一平.秘书工作情景案例[M].北京：高等教育出版社,2011.

[9] 罗春娜,张智.秘书实务[M].北京：清华大学出版社,2010.

[10] 蒋蔚.如何做好会后工作[J].办公室业务,2002(2).

[11] 张大成.组织会议和活动[M].北京：中国人民大学出版社,2002.

[12] 罗烈杰.会议实务[M].深圳：海天出版社,2003.

[13] 陆瑜芳.秘书学概论[M].上海：复旦大学出版社,2001.

[14] 中国会议网,http://www.chinameeting.cn/.

[15] 李丽霞.商务社交礼仪[M].北京：机械工业出版社,2017.

[16] 方尤瑜.秘书礼仪[M].北京：中国人民大学出版社,2011.

[17] 黄良友.办公室工作与管理[M].北京：首都经济贸易大学出版社,2015.

[18] 胡鸿杰,马仁杰,魏芬.办公室管理[M].合肥：安徽大学出版社,2008.

[19] 李强华.办公室事务管理[M].武汉：华中科技大学出版社,2016.

[20] 蔡超.企业秘书礼仪[M].广州：暨南大学出版社,2009.

[21] 向国敏.现代秘书实务[M].北京：首都经济贸易大学出版社,2005.

[22] 沈卫.职业秘书商务活动教程[M].北京：清华大学出版社,2008.

[23] 胡伟,王凌,成海涛.会议与商务活动[M].北京：科学出版社,2010.

[24] 王敏杰.商务会议与活动管理实务[M].上海：上海交通大学出版社,2008.

[25] 胡鸿杰,马仁杰,魏芬.办公室管理[M].合肥：安徽大学出版社,2008.

[26] 李强华.办公室事务管理[M].武汉：华中科技大学出版社,2016.

[27] 王首程.会议管理[M].北京：高等教育出版社,2008.

[28] 钟筑.商务秘书实务[M].重庆：重庆大学出版社,2012.

[29] 蔡超,杨锋.现代秘书实务[M].广州：暨南大学出版社,2006.

[30] 葛红岩.秘书与会议组织和服务[M].北京：人民出版社,2007.

[31] 黄良友.办公室工作与管理[M].北京：首都经济贸易大学出版社,2015.

[32] 刘勇,白永毅,等.高校办公室工作实用读本[M].北京：中国人民大学出版社,2008.

[33] 汪绍鹏.论秘书如何做好办公环境的管理[D].济南：山东师范大学,2006.

[34] 朱磊.论人性化办公室空间创造的几种主要方法[J].大众文艺,2012(6)：10-11.

[35] 袁国维.秘书学[M].北京：高等教育出版社,1990.

[36] 王玉霞.办公室事务管理[M].北京：清华大学出版社,2010.

［37］鹿小艳.浅谈办公室管理中秘书必备素质与能力［J］.中国商界,2009(9)：279.

［38］伍聪.怎样做好印章管理工作［J］.秘书,2007(9).

［39］高迪.现代创意办公空间［M］.大连：大连理工大学出版社,2014.

［40］杨树森.秘书实务［M］.合肥：安徽大学出版社,2006.

［41］钱立静.秘书原理与实务［M］.合肥：合肥工业大学出版社,2005.

［42］蔡超,杨绛.现代秘书实务［M］.广州：暨南大学出版社,2006.

［43］芜君.成功秘书跟我学［M］.呼和浩特：内蒙古人民出版社,2013.

［44］文杰.办公室文秘工作标准［M］.北京：蓝天出版社,2004.

［45］陈南京.秘书务实［M］.南昌：江西人民出版社,2001.